Thomas Schulz

Was Google wirklich will

Wie der einflussreichste Konzern der Welt unsere Zukunft verändert

PENGUIN VERLAG

Verlagsgruppe Random House FSC® N001967

PENGUIN und das Penguin Logo sind Markenzeichen
von Penguin Books Limited und werden
hier unter Lizenz benutzt.

3. Auflage 2017
Copyright © 2015 Deutsche Verlags-Anstalt, München,
in der Verlagsgruppe Random House GmbH,
Neumarkter Straße 28, 81673 München,
und SPIEGEL-Verlag, Hamburg, Ericusspitze 1, 20457 Hamburg
Umschlaggestaltung: any.way, Hamburg, nach einem Entwurf
von Büro Jorge Schmidt, München
Typografie und Satz: Andrea Mogwitz, DVA
Druck und Bindung: GGP Media GmbH, Pößneck
Printed in Germany
ISBN 978-3-328-10143-7
www.penguin-verlag.de

Dieses Buch ist auch als E-Book erhältlich.

Für meine Eltern und Diana

Inhalt

»*Wir sind vielleicht bei einem Prozent dessen,
was möglich ist. Wir bewegen uns noch immer langsam
angesichts der Möglichkeiten, die wir haben. Einer der Gründe
dafür ist die ewige Negativität. Immer geht es um Google gegen
irgendjemanden. Das ist langweilig. Wir sollten uns darauf
konzentrieren, Dinge zu bauen, die es noch nicht gibt.*«
Larry Page, Google-Gründer

»*Die Gefahren der digitalen Revolution liegen
zum einen in autoritären oder gar totalitären Tendenzen,
die den Möglichkeiten der Technologie selbst innewohnen,
zum anderen darin, dass neue Monopolmächte
Recht und Gesetz aushöhlen.*«
Sigmar Gabriel,
damaliger SPD-Vorsitzender und deutscher Vizekanzler

Einleitung:
Das digitale Jahrhundert

Das Büro von Lawrence »Larry« Page, Gründer und Vordenker von Google, liegt versteckt am Ende eines langen Flurs im vierten Stocks des Konzern-Hauptquartiers in Mountain View, Nordkalifornien, rund eine Autostunde südlich von San Francisco. Es ist leicht, daran vorbeizulaufen, denn es fehlen fast alle klassischen Insignien eines mächtigen Konzernführers: Die zahlreichen Vorzimmerdamen, die eleganten, schweren Möbel, die grandiosen Räume. Stattdessen ein simples Zimmer, kaum mehr als 25 Quadratmeter, dunkelgrauer Teppich, heller Holz-Schreibtisch, gekennzeichnet nur mit einem weißen Namensschild, kaum größer als eine CD-Hülle. Vor der Tür sieht es aus wie in einem unaufgeräumten Studentenzimmer: An der Wand lehnt ein schwarzes Rennrad, ein voll behangener mobiler Kleiderständer steht mitten im Gang, und aus unerfindlichen Gründen liegen drei Motorradhelme auf dem Boden. Die Besuchercouch ist leicht abgewetzt und wirkt, als sei sie seit den 1990er Jahren nicht mehr ausgetauscht worden. Ein paar Meter weiter arbeiten der Finanzvorstand, die YouTube-Chefin und andere Führungskräfte in noch kleineren, kastenförmigen Minibüros mit verglaster Front. Es ist totenstill.

Wenn man Page trifft, begegnet man einem höflichen, ruhigen Mann, ein wenig fahl im Gesicht und mit Anfang 40 schon stark ergraut. Er spricht leise und unaufgeregt. Wenig deutet darauf hin, dass Page einer der mächtigsten Männer der Welt ist, Konzernlenker, brillanter Protagonist der digitalen Revolution, wichtigster Technologie-Ideologe. Page ist introvertiert, fühlt sich oft unwohl in sozialen Situationen, war als Kind ein Nerd, ein Außenseiter.

Es ist nicht leicht, ihn zu treffen. Er meidet die Öffentlichkeit mit großem Aufwand. Interviews gibt er zwei, drei Mal im Jahr. Im Fernsehen taucht er so gut wie nie auf. Seitdem er aufgrund einer Immunkrankheit Probleme mit seiner Stimme hat, verzichtet er selbst auf die jährlichen Google-Veranstaltungen. Fragen zu seinen privaten Interessen, wen er schätzt, wofür er sich interessiert, woran er Freude hat, wie er lebt, was er in seiner Freizeit macht, weicht er aus. Man weiß, dass er mit einer Bioinformatikerin verheiratet ist und zwei Kinder hat, aber nicht einmal deren Namen sind bekannt: verbannt aus dem digitalen Gedächtnis der Welt. Für jemanden, dessen erklärtes Lebensziel es ist, alles Wissen der Welt zu sammeln und für alle zugänglich zu machen, ist Page sehr darauf bedacht, das Wissen über ihn selbst zu verknappen.

Dabei gibt es wenige Menschen auf der Welt, über die wir mehr wissen sollten, die wir besser verstehen sollten als Larry Page. Innerhalb weniger Jahre hat er Google zum wohl einflussreichsten Konzern der Welt, zur ersten Supermacht des digitalen Zeitalters gemacht. Doch das reicht ihm nicht. Seine Ambitionen sind größer.

Als USA-Korrespondent des SPIEGEL beobachte ich Google schon lange und seit einigen Jahren auch aus nächster Nähe. Die immer rasanter voranschreitende digitale Revolution haben den SPIEGEL und mich Ende 2012 veranlasst, meinen Dienstsitz zu verlegen, weg von New York und mitten hinein ins Zentrum dieser Bewegung: ins Silicon Valley. Es gibt Dutzende Unternehmen hier, über die man zwar inzwischen vieles hört, aber trotzdem noch viel zu wenig weiß, die genauer beobachtet, erklärt und hinterfragt werden müssen. Apple, Facebook, Uber gehören sicher in diese Riege. Am Ende aber ist es vor allem ein Unternehmen, das im Mittelpunkt dieser transformativen Zeit steht. Google, und das wird aus der Nähe noch viel deutlicher, ist ambitionierter und klüger, aber auch kontroverser als alle anderen. Durch nahezu wöchentliche Besuche auf dem Unternehmens-Campus in Mountain View und in der Konzernniederlassung in San Francisco, durch unzählige Interviews und Hintergrundgespräche mit Ingenieuren und Managern, mit ehemaligen Mitarbeitern und eingefleischten Gegnern habe ich mich in den vergangenen Jahren mit Google intensiver auseinandergesetzt als mit irgendeinem anderen Unternehmen in 15 Jahren als Wirtschaftsjournalist. Dabei gab es auch immer wieder Momente, selten, aber intensiv, in denen Begegnungen mit Konzerngründer Page möglich wurden. In diesen Momenten gibt er erstaunlich offen Einblick in seine Ideen, seine Agenda, seine Ambitionen, seine Pläne für Google und die Welt. Denn das ist tatsächlich der Rahmen, in dem sich sein Denken bewegt: die Zivilisation als solches, die gesamte Menschheit. Page macht daraus keinen Hehl, im Gegenteil, die Welt zu verändern ist sein erklärtes Ziel. »Mein ganzes Streben geht dahin herauszufinden, wie die Zukunft aussehen kann, und sie dann zu erschaffen«, so sagt er es etwa bei einer Begegnung im Frühsommer 2015.

Weniger als zwei Jahrzehnte nach seiner Gründung nimmt Google einen so zentralen Platz in unserem Leben ein wie kein anderes Unternehmen. Wann immer wir online gehen: Google wartet schon. Kein Tag vergeht, ohne dass wir die Suchmaschine mit unseren Fragen bombardieren. Im Schnitt sind es weit über 100 Milliarden Suchaufträge im Monat. Gmail ist der meistgenutzte E-Mail-Dienst der Welt. Android das weitverbreitetste Smartphone-Betriebssystem. Kein Unternehmen löst so viele widersprüchliche Gefühle aus: Bewunderung und Respekt, Wut und Angst. Und mit jedem Jahr, in dem Google wächst, noch bedeutungsvoller wird, werden diese Gefühle heftiger. Vor allem die negativen. Warum?

Während die Amerikaner mit der Macht des Konzerns fast fatalistisch umgehen, wird in Europa immer wieder ernsthaft seine Zerschlagung gefordert. In den Regierungsvierteln von Paris und Berlin wurde mit dem Gedanken gespielt, den Konzern in seine Einzelteile zu zerlegen.

Dazu muss in Erinnerung gerufen werden: Zerschlagungen sind in der modernen Wirtschaftsgeschichte der westlichen Welt extrem selten, am berühmtesten sind drei Fälle: Standard Oil, erster und größter Ölkonzern aller Zeiten, geschaffen von John Rockefeller und aufgebaut zu einem Giganten, der die Ölversorgung der Welt fast nach Belieben steuerte; AT&T, das amerikanische Telekommunikationsunternehmen, das den US-Markt komplett beherrschte; und die IG Farben, ein Zusammenschluss deutscher Chemiekonzerne, Instrument des Nazi-Regimes im »Dritten Reich«. All diese Unternehmen haben ihre Monopolstellung systematisch ausgenutzt, teils mit verbrecherischer Energie, und im Fall der IG Farben sogar tausende Zwangsarbeiter zugrunde gerichtet. Wie konnte sich ein Informatikprojekt, das einst von zwei schrulligen Doktoranden gegründet wurde, zu einem solchen Drohbild entwickeln, dass manche den Konzern nun in eine Reihe stellen wollen mit nachweislich verbrecherischen Monopolisten?

Sicher ist: Google war nie ein normales Unternehmen. Es beruht nicht auf einem konventionellen Geschäftsmodell und wurde nicht entwickelt, um möglichst schnell möglichst viel Geld zu verdienen. Die Unternehmensgründer Larry Page und Sergey Brin haben früher als alle anderen erkannt, dass Daten die relevante Währung der digitalen Welt sind. Google hat sich deswegen früh darauf konzentriert, das Sammeln und Verarbeiten von Daten zu perfektionieren. Das sorgt bei vielen Nutzern für Unbehagen. Schon früh begann sich das Bild des Konzerns zu wandeln, sah man nicht mehr den liebenswert-lässigen Internet-Pionier mit seinem bunten, fröhlichen Logo, ohne den die Online-Welt nicht vorstellbar wäre. Das scheinbar naive Unternehmensmotto »Don't be evil« – Tue nichts Böses – erscheint heute vielen als schlechter Witz. Durchgesetzt hat sich stattdessen das Bild des unersättlichen Datenkraken, der alle Informationen abgreift, der nicht stoppt vor dem, was höchst privat oder intim ist, der alles durchdringt und einsammelt, um es dann zu Geld zu machen. Doch auch dieses Bild ist unscharf geworden, es verschwimmt zusehends, zeigt allenfalls eine Facette. Wer genau hinschaut, sieht, dass Google begonnen hat, sich zu bewegen, mit großem Tempo. Die Frage ist: Wohin? Und was bedeutet das für uns? Denn wenn Google sich bewegt, dann sind die Erschütterungen nicht selten rund um die Welt zu spüren.

Der Wandel von Google begann an dem Tag, als Larry Page wieder die Führung des Konzerns übernahm. Zehn Jahre lang hatte Eric Schmidt das Unternehmen als Vorstandsvorsitzender geführt, der erfahrene IT-Manager war 2001 an Bord geholt worden, um das rasante Wachstum von Google zu steuern und für einen gelungenen Börsengang zu sorgen. Die Unternehmensgründer Page und Brin waren in dieser Zeit präsent, ließen Schmidt aber freie Hand, bis es ihnen nicht mehr schnell genug, nicht mehr gewagt genug voranging. Anfang Mai 2011 übernahm Page den Chefposten, Brin leitet nun vor allem als eine Art Chef-Forscher die Entwicklungslabore.

Page ist seither dabei, den Konzern grundlegend neu zu formieren. Schon lange ist Google für ambitionierte Wetten auf die Zukunft bekannt: den Versuch, alle Straßen der Welt zu fotografieren, einen Übersetzungscomputer zu bauen, die Erde zu digitalisieren. »Wir waren immer, immer, immer schon ein ambitioniertes Unternehmen«, sagt Amit Singhal, führender Ingenieur bei Google und Mitarbeiter der ersten Stunde. »Aber unter Larry haben sich unsere Ambitionen deutlich verändert: Sie sind heute noch größer. Noch gewagter.«

Solche Sätze sagen in diesen Tagen viele Google-Manager und sie klingen dabei nicht skeptisch, sondern euphorisiert. Wenn der Konzern über seine Pläne spricht, fallen oft Begriffe wie »Menschheit«, »jeder Winkel der Erde«, »Milliarden von Nutzern«. Wer kleiner denkt, wird schnell korrigiert, von den Kollegen oder von ganz oben: Das ist zu mickrig! Denke größer! Sei ambitionierter! So fordert es Page bei fast jeder Gelegenheit. So erzählen es seine Mitarbeiter aus allen Bereichen des Konzerns. Page hat die Philosophie des »10x« zum obersten Mantra des Konzerns erklärt: Alles, was der Konzern in Angriff nimmt, muss zehn Mal größer, besser, schneller sein als alles vorher Dagewesene. Es gehe schließlich darum, »die Welt zu verändern«, so wiederholt es Page wieder und wieder, um zu zeigen: Das ist keine Plattitüde, ich meine das ernst.

Ist das eine große Vision? Oder eher schon Größenwahn? Google ist längst kein reines Internet-Unternehmen mehr, sondern ein globaler Hightech-Konzern. Das Handy-Betriebssystem Android dominiert die Smartphone-Welt. Der Konzern verlegt Glasfaserkabel, produziert Laptops, Tablets und Software aller Art. 2014 machte Google 66 Milliarden Dollar Umsatz und 14 Milliarden Dollar Gewinn. Eine einzige Aktie des Konzerns kostete im Sommer 2015 über 660 Dollar. Sein Marktwert lag Anfang 2015 bei knapp 470 Milliarden Dollar. Zweifelsohne ist Google das erfolgreichste neue Unternehmen des frühen 21. Jahrhunderts.

Apple, der einzige Konzern der Welt mit höherem Marktwert, aber 30 Jahre älter, hält Google heute für seinen Hauptkonkurrenten. Aber das tun auch Facebook, Microsoft, Amazon und zahllose kleinere Technikfirmen. Und zunehmend tun dies auch Konzerne wie Siemens, Bosch oder Daimler, denn Google wagt sich auch in deren Geschäftsfelder vor. Die Metamorphose von Google zu einem weltumspannenden Industriekonzern wird jedoch nur ein Zwischenstopp sein. Page ist dabei, Google gezielt in eine Zukunftsmaschine zu verwandeln, mit der die Welt von morgen fabriziert werden soll. Doch will er die Welt auch beherrschen, wie Kritiker fürchten, auf die eine oder andere Art?

Ursprünglich lachte die Autoindustrie, als Google ankündigte, ein selbstfahrendes Auto entwickeln zu wollen. Inzwischen ist die Fantasie zur Realität geworden. Das Google-Auto gleitet sicher durch den dichtesten Stadtverkehr, ohne menschlichen Fahrer, gesteuert von einem Computer, einer lernenden Maschine. Die Massenproduktion von selbstfahrenden Autos ist nur noch eine Frage der Zeit. Vor sich hergetrieben von den Ingenieuren aus Mountain View, arbeiten inzwischen alle führenden Autokonzerne an eigenen Varianten fahrerloser Autos. Bei näherem Hinsehen ist auch das herkömmliche Auto längst ein rollender Computer: Navigation, Entertainment, Bordelektronik, alles wird durch Software betrieben. Und geht es nach Google, soll das vor allem die eigene Android-Software sein. Erste Kooperationen gibt es bereits, denn die Autokonzerne tun sich immer schwerer, auf diesem Gebiet mitzuhalten. Und auf das Google-vernetzte Auto sollen folgen: die Waschmaschine, der Kühlschrank, der Fernseher, die Heizung und das ganze Haus. Das Internet der Dinge, vernetzte, smarte Geräte stehen ganz oben auf der Agenda des Konzerns. Google wünscht sich eine Art Betriebssystem für die Welt. Macht diese Entwicklung unser Leben leichter, wie der Konzern hofft? Oder macht sie es nur leichter für Google, unser Leben zu kontrollieren?

Neben diesen naheliegenden Plänen, die schon so weit vorangeschritten sind, dass sie in der einen oder anderen Form fast sicher realisiert werden, wird in den mitunter höchst geheimen Google-Laboren systematisch an weit waghalsigeren Projekten gearbeitet, von denen viele nach wildem Science-Fiction klingen. Google Glass, der wie eine Brille tragbare Computer, oder eine Kontaktlinse, die den Blutzucker misst, waren nur der Anfang. In einer neuen Abteilung basteln die besten Google-Ingenieure daran, intelligente Roboter zu bauen, auch an Drohnen wird immer intensiver geforscht, sie sollen als fliegende, autonome Postboten eingesetzt werden. Auch als Datensammler?

Das Projekt Google Brain entwickelt Computer, die das menschliche Gehirn simulieren. Gemeinsam mit der Nasa erprobt der Konzern einen Quantencomputer, der tausende Male schneller rechnet als herkömmliche Supercomputer. Fliegende Windturbinen sollen Strom billiger und in größeren Mengen produzieren als Solaranlagen.

Die Suchmaschinen-Ingenieure bauen an einer riesigen Datenbank, die das ganze Wissen der Welt miteinander verknüpft und per Spracheingabe abfragbar macht. Eine neue Tochterfirma forscht an Möglichkeiten, das Leben zu verlängern, eine andere konzentriert sich auf die Krebsforschung. X, das Geheimlabor des Konzerns, gegründet von einem deutschen Ingenieur, arbeitet parallel an zahlreichen weiteren Projekten, die mitunter klingen, als wolle man die Welt der Fernsehserie »Star Trek« Wirklichkeit werden lassen. Das Forschungsbudget von Google hat sich unter Page mehr als verdoppelt. 2014 lag es bereits bei knapp zehn Milliarden Dollar.

Was der Konzern nicht selbst entwickelt, kauft er dazu, Firmen genauso wie Patente. 65 Milliarden Dollar Bargeld hat Google inzwischen angehäuft. Mehr als genug, um jedes aufstrebende Start-up, das irgendwie in die Strategie passt, mal eben im Vorbeigehen einzukaufen. Aber auch genug, um sich selbst große, namhafte Unternehmen einzuverleiben. Wenn Page wollte, könnte er problemlos zwei Dutzend führende deutsche Mittelständler, Maschinenbauer, Elektrotechnikfirmen, übernehmen, ohne dass es in der Bilanz groß auffiele. Anfang 2014 etwa kaufte der Konzern für 3,2 Milliarden Dollar Nest, das Unternehmen des iPod-Designers Tony Fadell, das intelligente Geräte wie Thermostate entwickelt. Ein eigentlich viel zu hoher Preis – aber Google rechnet nicht in Buchwerten, sondern in Strategie. Gleichzeitig umwirbt der Konzern führende Wissenschaftler aus allen Forschungsbereichen: Genetiker, Hirnforscher, Elektrotechniker, Maschinenbau-Ingenieure, Chemiker.

All diese Projekte, Ideen, Einkäufe und Experimente verbindet vor allem ein Gedanke: unser Leben mit intelligenten Maschinen zu füllen. Auf dem Weg dorthin versucht Google, eine Art Erweiterung unseres Ichs zu werden, ein allgegenwärtiger digitaler Assistent, der uns in allen Lebenslagen unterstützt: beim Autofahren, beim Buchen einer Reise, beim Energiesparen oder Fernsehen. Und der uns dabei zwangsweise auch ständig über die Schulter schaut.

Im preisgekrönten Kinofilm »Her« spielt, oder besser spricht, Hollywoodstar Scarlett Johansson ein solches omnipräsentes Computersystem, das zum besten Freund des Menschen geworden ist. Der Film ist Science-Fiction, aber die Frage ist, wie lange noch. Denn genau darum geht es den Google-Ingenieuren: Computer zu schaffen, die »menschlicher« sind, die selbständiger funktionieren, die lernen und auf »natürliche« Art mit Menschen interagieren. Es ist der Versuch, den ersten großen Schritt hin zur Erschaffung künstlicher Intelligenz zu machen. Wie weit sind wir entfernt von diesem Punkt, der den Kurs der Geschichte für immer verändern wird?

Auch nach außen hin wurde der rasant voranschreitende Wandel des Konzerns für jeden deutlich sichtbar, als Page unvermittelt im August 2015 ein ganz neues Google vorstellte: Die neuen Zukunftsprojekte, das selbstfahrende Auto etwa oder die Medizinforschung, und das alte Google, die Suchmaschine, Maps,

YouTube, Android, sind seither voneinander getrennt und separate Unternehmen. Zusammengehalten werden sie unter einem neuen Dachkonzern namens Alphabet mit Page als CEO. Formalerweise müsste man ihn nun stets als Alphabet-Chef betiteln und in diesem Buch auch vor allem von den Plänen und Strategien von Alphabet sprechen. Doch das ist verwirrend, zumal die neue Form des Konzerns vor allem auf dem Papier existiert und es höchst fraglich ist, ob sich die Namenstrennung im allgemeinen Sprachgebrauch einbürgern wird. Aus Gründen der Verständlichkeit verwende ich deshalb hier durchgängig den Namen Google – auch für alle Bereiche, die nun technisch gesehen der neuen Holding Alphabet unterstehen.

Was zunächst nach einem radikalen Schnitt aussieht, ist nur der logische nächste Schritt des grundlegenden Konzernumbaus, den die Google-Gründer schon seit Jahren betreiben. Durch die neue Struktur wollen sie sich vom Tagesgeschäft befreien, sich noch mehr auf die große Strategie konzentrieren.

Es wäre leicht, all diese Pläne und Ambitionen der Gründer als verrückt abzutun, als viel zu hoch gegriffen oder als Nebelkerzen, die von dem eigentlichen, simplen Plan ablenken sollen, mit Daten Geld zu verdienen. Aber das wäre ein enormer Fehler. Denn Page und Brin sehen die enormen Profite ihres Konzerns nur als Mittel zum Zweck, als Weg zu größeren Zielen, die sie schon seit ihrer Jugend umtreiben. »Es gibt ein riesiges Potenzial, unser Leben durch Technologie zu verbessern«, sagt Page. »Es sollte niemanden überraschen, wenn wir viel in Projekte investieren, die spekulativ oder sogar seltsam erscheinen.«

Wie auch immer man sich mit Google auseinandersetzt, eines muss als Prämisse verstanden werden: All die wild klingenden Ideen und großen Pläne entstehen nicht willkürlich, sind nicht einfach aufs Geratewohl der Fantasie von Page entsprungene

Beschäftigungsmaßnahmen für tausende Ingenieure und Programmierer. Im Gegenteil. Sie sind Teil eines Konzeptes, einer Weltsicht, mehr noch: einer Geisteshaltung.

Diese Geisteshaltung ist keine alleinige Schöpfung von Google, sondern umgekehrt ist Google am Ende eine Schöpfung dieser Haltung. Es ist eine Ideologie der radikalen Fortschrittsgläubigkeit und des Techno-Optimismus. Es ist die Ideologie des Silicon Valley, die sich über Jahrzehnte entwickelt hat in diesem eigenartigen Mikrokosmos eines rund 80 Kilometer langen Tals in Nordkalifornien, in dem es Geld und brillante Denker schon immer im Überfluss gab.

Dieses Epizentrum der digitalen Revolution ist längst mehr als eine prosperierende Wirtschaftsregion, und die zahllosen Ingenieure, Programmierer, Gründer und Konzernführer wollen mehr sein als Unternehmer. Sie verstehen sich als Vordenker des immer schneller voranschreitenden, weltweiten gesellschaftlichen Wandels und sind dabei, eine Leitkultur für das digitale Zeitalter zu schaffen. So wie es die Industrialisierung im 18. und 19. Jahrhundert getan hat, verändert heute die Digitalisierung grundsätzlich, wie wir denken und wie wir leben.

Dass bei dieser Entwicklung mächtige Eliten entstehen, ist an sich nichts Neues. Während das 19. Jahrhundert von Fabrikanten und Ölbaronen dominiert wurde, waren es in den letzten Jahrzehnten vor allem Banker und Hedgefonds-Manager, die sich selbst ohne Ironie als »Masters of the Universe« bezeichneten und sich berufen fühlten, die Geschicke der Welt zu bestimmen. Doch auch ihre Ära neigt sich, so scheint es, dem Ende zu. Inzwischen sind es die Unternehmer und Tüftler aus dem Silicon Valley, die den Takt der wirtschaftlichen Entwicklung vorgeben, und diese Vordenker unterscheiden sich grundlegend von ihren Vorgängern: Es geht ihnen nicht in erster Linie ums Geld. Sie wollen nicht nur Macht durch Reichtum, sondern sie wollen mit dieser Macht und diesem Reichtum auch etwas bewegen. Sie sind zutiefst davon überzeugt, dass ihre Arbeit zum Wohl der Menschheit sein wird, dass sie die Zivilisation in großen Schritten weiterbringen. Ist das bewundernswert? Oder bedenklich?

Fakt ist: Der technologische Fortschritt im vergangenen Jahrzehnt war enorm. Und Fakt ist auch: Diese Entwicklung war erst der Anfang, denn sie verläuft nicht geradlinig, sondern exponentiell. Der Fortschritt wird noch schneller und größer werden, wie eine Lawine, die ganz oben als kleiner Schneeball anfängt und dann immer gewaltiger den Berg herunterdonnert. Selbstfahrende Autos galten eben noch als verrückt, aber heute wundert sich niemand mehr über sie. Dass Algorithmen in den USA rund 70 Prozent des Aktienhandels ausmachen? Normal. Die Valley-Vordenker sind überzeugt, dass die Umwälzungen der vergangenen Jahre kaum mehr als eine Ouvertüre waren.

Immer wieder wurde ich in den vergangenen Jahren gefragt, wie das Silicon Valley sich solch einen Vorsprung in der digitalen Welt verschaffen konnte. Warum es kein »deutsches Google« (oder Apple oder Facebook) gibt. Die Antwort hat viel mit zwei besonderen Eigenschaften der Valley-Unternehmen zu tun: Um ihre ehrgeizigen Ziele zu erreichen, setzen sie kompromisslos auf Risikobereitschaft und Geschwindigkeit. »Beim Erforschen technologischer Grenzen haben wir nicht viel Konkurrenz«, sagt Page. Mit dieser Einschätzung hat er recht, auch weil kaum jemand verrückt genug ist, es zu versuchen. Google hingegen predigt seinen Mitarbeitern jeden Tag Mut zum Risiko. Der Konzern hat ein Programm geschaffen, das seinen Angestellten systematisch Innovationsbereitschaft und Kreativität beibringen soll. Jedes Jahr durchlaufen tausende Mitarbeiter solche Workshops. Geleitet wird das Programm, wie auch erstaunlich viele andere wichtige Projekte, von einem Deutschen.

Zur Risikobereitschaft kommt das ebenso unnachgiebig verfolgte Prinzip der Schnelligkeit hinzu. Denn wer zu langsam ist, wird aufgefressen. Wer nur sechs Monate nicht aufpasst, ist in der sich so rasant entwickelnden technologischen Welt schon abgeschlagen. Längst hat dieser Zwang zur Schnelligkeit die ganze IT-Industrie erfasst, vor allem diejenigen, die es jahrzehntelang gewohnt waren, nur in ihrem eigenen Tempo zu arbeiten. Microsoft etwa oder auch SAP, der einzige deutsche Software-Riese von globaler Bedeutung, der sich nun bemüht, neue Produkte alle drei Monate statt alle drei Jahre zu entwickeln. Während der deutsche Hang zur Gründlichkeit sich nur schlecht mit schnellem Wandel in Einklang bringen lässt, geht der Google-Ansatz dagegen so: Über Ideen wird nicht lange diskutiert, sie werden ausprobiert, getestet, verbessert. Was nicht funktioniert, wird ohne schlechtes Gewissen sofort verworfen.

Diese Prinzipien der digitalen Welt – die utopischen Ziele, das Primat der Schnelligkeit, die systematische Risikobereitschaft – haben weitreichende Folgen: Auf Hindernisse wird im Zweifelsfall keine Rücksicht genommen. Wenn man die Mentalität von Google und des Silicon Valley in einem Satz zusammenfassen müsste, hieße der: Geht nicht gibt's nicht. Denn wer die Welt verändern will, kann sich nicht in jedem Winkel der Erde den existierenden Regeln anpassen. Wer Neues schaffen will, kann sich nicht von alten Ideen stoppen lassen. Wer das 21. Jahrhundert baut, kann das nicht mit dem Handwerkszeug des 20. Jahrhunderts tun. Wer vorankommen will, muss einfach losrennen, zumindest so lange, bis man aufgehalten wird. Das kann man rücksichtslos nennen oder skrupellos. Sicher ist: Es hat bislang gut funktioniert.

Diese Haltung ist zum Teil schon in der ur-amerikanischen Can-do-Mentalität angelegt. Aber die kalifornische Ideologie beinhaltet mehr als ein beherztes Anpacken und das aggressive

Überschreiten von Grenzen, sie ist ein neues Gewächs, fest verwurzelt in der Digital-Industrie und den Eliten des Silicon Valley und steht im starken Kontrast zum europäischen Weltbild. Daraus ergibt sich ein großes Konfliktpotenzial. Die Opposition gegen Google wächst seit Jahren weltweit, in Europa und ganz besonders in Deutschland. In keinem Land wird sich intensiver, kritischer und emotionaler mit der Macht des Konzerns auseinandergesetzt.

Zum einen lässt sich dieses große Unbehagen aus der deutschen Geschichte erklären. Ein Land, dessen Bewohner im vergangenen Jahrhundert unter zwei grausamen Polizeistaaten leiden mussten, ausgeforscht und bespitzelt bis in den letzten Winkel, ist naturgemäß höchst sensibel, wenn es um das Sammeln von Daten geht. Ein Konzern, dessen Geschäftsmodell darin besteht, so viel wie möglich über uns zu wissen, wer wir sind, was wir tun, mit wem wir über was kommunizieren, ist da ein natürliches Feindbild.

Zum anderen, das ist das Paradoxe, scheint Google nirgendwo beliebter zu sein als in Deutschland, so lassen zumindest die Nutzerzahlen vermuten. Über 90 Prozent beträgt der Marktanteil von Google in der Internetsuche in Deutschland. In den USA sind es gerade einmal 79 Prozent. Ähnlich sieht die Verteilung auch bei anderen Google-Produkten aus. Die Deutschen nutzen Google mehr als (fast) alle anderen Nationen.

Aus dieser ambivalenten Haltung zu diesem Konzern, seinen Geschäftspraktiken und seinen Plänen sind Google in Deutschland mächtige Gegner erwachsen. Sei es der Springer-Verlag und sein Vorstandsvorsitzender Mathias Döpfner, die sich zu Anführern einer globalen Anti-Google-Bewegung aufgeschwungen haben, sei es Bundeswirtschaftsminister und Vizekanzler Sigmar Gabriel, SPD, der öffentlich über eine Zerschlagung des Konzerns nachdachte. Doch ist das die Debatte, die wir über Google führen sollten? Wird die Diskussion tatsächlich von der Sorge um Freiheit und Datenschutz aller angetrieben oder doch nicht vielmehr von eigenen wirtschaftlichen und politischen Interessen?

Sicher ist: Es stellen sich große Fragen über diese neue digitale Welt, in der wir leben und für die Google zum Symbol geworden ist. Wird nun alles gut, wie die professionellen Optimisten im Silicon Valley meinen, oder wird alles schlecht, wie die Kritiker das sehen, die ewigen Pessimisten und Warner? Man muss kein Prophet sein, um zu merken, dass viel auf dem Spiel steht. Die Freiheit des Einzelnen, sein Recht auf Privatsphäre, das Recht der Gemeinschaft, sich manchen Dingen, die machbar sind, zu verweigern, das Menschliche schlechthin, auch wenn es manchmal unlogisch und ineffizient ist. Zugleich locken mit der Digitalisierung enorme Chancen. Zugleich könnte da eine Zukunft sein, die in vielem tatsächlich besser ist als die Gegenwart. Weniger Verkehrstote sind nun einmal besser als viele. Jeder einzelne Krebstod weniger ist ein Gewinn. Und nicht zuletzt war das Wissen vieler in der Menschheitsgeschichte schon immer das beste Gegenmittel gegen die Übermacht Einzelner.

Google weiß sehr genau um den wachsenden Widerstand, den zunehmenden Gegenwind, der aus unterschiedlichsten Richtungen zu wehen scheint. Zwar hat kein anderes Unternehmen der Welt in diesem Moment eine solche Konzentration aus Intellekt, Geld, Macht und Daten, um die Zukunft zu erobern – und für sich zu sichern. Aber niemand kann wissen, wie lange dieser Moment dauert. Der Konzern ist alles andere als unverwundbar.

Wer etwas Zeit in der Unternehmenszentrale verbringt, merkt schnell, dass hinter der so selbstsicheren Fassade eine hohe Grundspannung schmort. Dass sich auch all die superklugen, erfindungsreichen Ingenieure und Programmierer ständig umschauen, nach rechts und links und vor allem nach dem, was sie von hinten überholen könnte: Jedes Jahr entstehen hunderte Start-ups mit neuen Ideen, ausgestattet mit Millionen Dollar von Startkapital und dem Ehrgeiz, das nächste große Ding zu werden. Auch der Konkurrenzkampf unter den großen Technologiekonzernen ist sehr viel härter geworden. Sie alle wollen vermeiden, wie Sony, wie IBM zu enden: Konzerne, die ein, zwei Jahrzehnte lang das Geschäft dominierten und dann rasend schnell den Anschluss verloren. Für die Chance, der Konkurrenz immer einen Schritt voraus zu bleiben, werden im Silicon Valley inzwischen enorme Summen geboten. Facebook etwa war bereit, 19 Milliarden Dollar für den Messaging-Dienst WhatsApp zu zahlen. So groß ist die Angst, in zehn Jahren wie Microsoft heute zu sein: Immer noch groß und profitabel, aber kein Marktführer mehr und mit jedem Jahr weniger relevant.

Während Zukäufe ein Weg sind, sich die Konkurrenz vom Hals zu halten, verwendet Google zudem sehr viel Zeit und Kapazitäten darauf, jene Fallstricke zu vermeiden, über die kurz oder lang noch die mächtigsten Unternehmen gestolpert sind: ausufernde Bürokratie, Selbstzufriedenheit, Unbeweglichkeit, Ideenlosigkeit. Kreativ und flexibel zu bleiben ist auch deshalb wichtig, weil der Druck der Investoren wächst. Sie wollen sehen, dass mit all den technologischen Visionen, die Google verfolgt, auch Geld verdient werden kann, zumindest irgendwann.

Wie reagiert der Konzern auf diesen Druck? Wie versucht Page, Google auf Jahrzehnte hinaus als Impulsgeber des technologischen Fortschritts zu etablieren?

Denn der Konzerngründer will keinen Deut von seinen großen Plänen, von seinen technologischen Visionen abweichen. Und vor allem nicht von seinem Lebensziel: die Welt zu verbessern. »Das gesellschaftliche Ziel ist unser Hauptziel«, sagt Page. »Das wollten wir schon immer mit Google. Uns ist es nur nicht gelungen, das so deutlich zu vermitteln, wie wir wollten.« Darf man ihm Sätze wie diese glauben? Sicher ist, dass der Konzern im Wandel begriffen und zunehmend gewillt ist zu diskutieren, zuzuhören, offen zu sein für Kritik. Page ist sich bewusst, dass er nur dann eine Chance hat, seine großen Visionen umzusetzen, wenn Google sich nicht in zahllosen Grabenkämpfen aufreibt. Denn Google ist am Ende auch nur ein Unternehmen, das auf das Wohlwollen seiner Kunden angewiesen ist. Die Konzernführung ist deswegen weitaus stärker für die Debatte in Deutschland sensibilisiert, als man vielleicht vermuten würde.

Google hat für dieses Buchprojekt zahlreiche Interviews mit Ingenieuren und Programmierern, Managern und Konzernlenkern ermöglicht. Es ist das erste Mal, seitdem Larry Page wieder die Führung des Konzerns übernommen hat, dass der Konzern bei einem Buchprojekt kooperiert. Und es ist das erste Mal überhaupt, dass Google einem deutschen Autor Zugang gewährt. Dies ist eine der ersten Regeln, die bei der Betrachtung von Google stets im Hinterkopf zu behalten ist: Der Konzern hat eine intellektuelle Führung, denkt und handelt sehr bewusst in politischen Bahnen. Schon deswegen bemüht sich der Konzern nicht, eine Blackbox zu sein wie Apple, hermetisch abgeriegelt und noch immer das Nordkorea der Tech-Industrie. Google sucht durchaus den Dialog.

Keineswegs aber basiert meine Recherche ausschließlich auf Einblicken, die mir Google vermittelt hat. In den vergangenen Jahren habe ich ein umfangreiches Netzwerk eigener Quellen aufgebaut, innerhalb und außerhalb des Konzerns, darunter auch eine ganze Reihe deutscher Mitarbeiter. Die gut ausgebildeten deutschen Ingenieure und Informatiker sind beliebt im Silicon Valley, und auch bei Google nehmen viele von ihnen Führungspositionen ein. Sie bieten eine besondere Perspektive: einerseits der Agenda des Konzerns nahestehend, andererseits wohl wissend um die Debatte in der alten Heimat. Viele von ihnen sind irritiert darüber, wie in Deutschland über ihren Arbeitgeber gesprochen wird. Sie sind es leid, oft das Gefühl vermittelt zu bekommen, »für einen Waffenhändler zu arbeiten«, wie ein deutscher Google-Ingenieur sagt.

Die Debatte um Google ist emotional aufgeladen, denn es steht in der Tat viel auf dem Spiel in diesen Tagen, und es scheint, als steuerten wir auf einen kritischen Punkt zu, an dem sich entscheiden wird, wie die digitale Welt in den kommenden Jahrzehnten aussehen wird. Dabei geht es nicht nur um volkswirtschaftliche, sondern um politische, um gesellschaftliche Fragen: Ist technologischer Fortschritt am Ende immer gut? Wie viel Macht dürfen private Unternehmen über unser Leben haben? Erstaunlich bei der jetzigen Debatte um Google ist jedoch, dass sie fast ausschließlich aus tausenden Kilometern Entfernung geführt wird, dass noch immer viel zu wenig bekannt ist über diesen Konzern, der so viel Einfluss auf unser Leben hat.

Das erste Ziel dieses Buches ist deswegen, Google aus nächster Nähe zu erklären. Die Denke, Strategie und Protagonisten des Konzerns zu analysieren. Hinter die Kulissen zu schauen und zu beleuchten, wie Google arbeitet und an was, wie das Management denkt, welche ethischen und politischen Ideen in dessen Entscheidungen einfließen.

Der erste Schritt dabei ist, den rasanten Aufstieg des Konzerns zu untersuchen. Wie wurde der Konzern zu dem, was er heute ist? »Google wurde gegründet, um Informationen für jeden zugänglich zu machen«, sagt Eric Schmidt. »Ein Nebenprodukt dieser Strategie war, dass wir ein Werbe-Geschäftsmodell erfunden haben, das es uns erlaubt, die notwendige Infrastruktur zu bauen und die Mitarbeiter einzustellen.« So geht die Gründungslegende. Doch wie viel Wahrheit steckt in dieser Darstellung?

Zwingend ist, sich Larry Page und Sergey Brin zu nähern, den Gründern und alleinigen Herrschern des Konzerns. Wie speisen sie ihre Philosophie der »Moonshots«, des Griffs nach den Sternen, in den Unternehmensalltag ein? Wie entwickelt Google solche Moonshots, deren Ziel es ist, dass jeder nächste Schritt zehn Mal größer sein muss als der vorherige, jede neue Idee zehn Mal großartiger als alle anderen zuvor? Es gilt zu verstehen, was in den Laboren und Entwicklungsabteilungen passiert, wo an Robotern, Drohnen, neuartigen Computern und Medizinprojekten gearbeitet wird. Diese Bereiche sind geheim, aber es gibt Zugänge – teils inoffizielle –, die Einblicke gewähren. Es gilt zu verstehen, was Google mit Android plant, seinem Smartphone-Betriebssystem, das künftig auch Autos und Maschinen jeder Art steuern soll. Es gilt zu verstehen, wie der Konzern strukturiert ist, wie er Personal auswählt, wie und auf Grundlage welcher Prinzipien er Entscheidungen trifft.

Es gibt manche, die sagen, dass Google sich gerade tatsächlich zu einem neuen Standard Oil entwickelt, zu einem ähnlich rücksichtslosen Monopolisten wie Rockefellers Ölimperium des 19. Jahrhunderts. Nur dass Google Macht über Daten besitzt statt Macht über die Energieversorgung. Andere sehen in Google eher ein neues General Electric, das Unternehmen des legendären Erfinders Thomas Edison, ohne das das Zeitalter der Elektrizität nicht denkbar gewesen wäre: ein breit aufgestellter Industriekonzern, der wie kein anderes Unternehmen seinen Erfindungsreichtum in kommerzielle Produkte für die ganze Welt umsetzt und damit die Zivilisation voranbringt.

Doch unabhängig davon, mit welcher Haltung man sich Google nähert, die grundlegenden Fragen bleiben doch die gleichen: Was ist das für ein Unternehmen, dessen Ziel es ist, die Welt zu verändern? Das ausufernde Datensammeln und das oft trampelige, arrogante Auftreten des Konzerns in der Vergangenheit machen sicherlich misstrauisch. Aber muss es uns auch Angst machen? Sollten wir nicht am Ende applaudieren, dass ein Unternehmen mit all seiner Energie wagt, was andere sich nicht trauen: die Zukunft zu erfinden? Denn die Angst vor Google rührt auch daher, dass die Konzerne aus dem Silicon Valley ihre Zukunftsvisionen weitgehend unangefochten verwirklichen können. Es stellt sich deswegen auch die Frage: Kann Google im Hinblick auf Organisationsform und Ambitionen sogar Modell sein für deutsche Unternehmen, als Inspiration dienen, wieder wagemutiger zu sein und technologische Visionen zu verwirklichen?

Sicher ist jedenfalls: Wer die Zukunft verstehen will, muss Google verstehen.

1

Die Grundlagen:
Aus dem Studentenwohnheim zur Supermacht

Das Hauptquartier von Google liegt im Zentrum des Silicon Valley, nur wenige hundert Meter von der Bucht von San Francisco entfernt, am Rande der Kleinstadt Mountain View. Die Firmenzentrale ist umgeben von – nichts. Das Silicon Valley hat keinen Mittelpunkt, keine zentrale, pulsierende Energie. Es ist das Gegenteil der gleißenden Fassaden von Shanghai, der beeindruckenden Skyline des Finanzviertels von Manhattan und all den anderen Machtzentren der Welt, wo es selbstverständlich ist, dass Geld und Einfluss so eindrucksvoll wie möglich präsentiert werden: mit hochaufragenden Bürotürmen, mit Trutzburgen aus Marmor, mit riesigen, bewachten Anlagen aus Glas und Stahl. Das Silicon Valley dagegen wirkt oft wie ein Gewerbegebiet in Süd-Hannover. Nicht wenige Besucher, die zum ersten Mal zum Google-Hauptquartier kommen, fragen sich, ob sie am falschen Ort gelandet sind, bei einem Außenposten vielleicht, in einer unwichtigen Zweigstelle. Denn erwartet wird zwangsläufig Gigantisches, eine Zentrale, so überbordend wie der Einfluss und die Ambitionen des Konzerns, zumindest aber repräsentativ für die sich anhäufenden Milliardengewinne. Stattdessen aber besteht das Google-Hauptquartier aus einigen Dutzend gesichtsloser Glas- und Betonwürfel, keiner höher als drei, vier Stockwerke. Es ist eine Ansammlung von nichtssagenden, kastenförmigen Gebäuden, architektonisch höchst trivial. Es gibt keine imposante Auffahrt, keinen Haupteingang oder eine zentrale Lobby, noch nicht einmal ein großes Schild, an dem sich erkennen ließe: Hier geht es rein. Auch eine Sicherheitszone fehlt: Tore und Schranken, Wächter und hohe Zäune, wie man sie von nahezu jedem Weltkonzern kennt, sind nirgends zu finden.

In der Mitte der Anlage liegt dafür zwischen einigen Gebäuden ein kleiner Platz mit Sonnenschirmen, bunten Stühlen und einem Beach-Volleyballfeld, auf dem schon morgens um acht Uhr reger Betrieb herrscht. Es ist der einzige Indikator, dass hier irgendwie das Zentrum sein muss. Die Anlage, genannt Googleplex, verteilt sich über mehrere Straßenzüge, sie ist so weitläufig, dass die Fußwege zwischen einzelnen Gebäuden mitunter eine halbe Stunde betragen. Deswegen parken vor allen Eingängen bunte Hollandräder in den Google-Farben: Den ganzen Tag über strampeln Mitarbeiter über das Gelände von Meeting zu Meeting. Zur Mittagszeit drängen Tausende hinaus in die kalifornische Sonne, ein dichtes Gewusel fast ausschließlich junger Menschen, kaum jemand scheint älter als 40. Sie sammeln sich unter Wacholderbäumen und Palmen, sitzen in frisch gemähtem Gras. Im Silicon Valley fühlt sich auch der Januar nach Frühling an. Salzige Meeresluft weht aus der Bucht herüber. Manchmal vermischt mit dem Geruch von Marihuana. Das vermeintliche finstere Zentrum des digitalen Kapitalismus fühlt sich manchmal an wie linksalternativer Unicampus.

In den Büros hängen Plakate von Tierschutzverbänden an den Wänden. Zum Mittagessen gibt es Tofu, und dabei wird diskutiert, wie sich die Welt verbessern lässt. Eine Zeitlang fingen Meetings immer um sieben nach der vollen Stunde an, so wie an den Universitäten Vorlesungen immer erst einige Minuten nach der vollen Stunden beginnen. Auf der Herrentoilette hängen über den Pissoirs in Augenhöhe kurze Programmier-Tipps oder Denksport-Aufgaben. Wer im Anzug oder, noch schlimmer, mit Krawatte auftaucht, wird sofort als ahnungsloser Besucher aus Europa oder Banker identifiziert. Die Bürouniform besteht aus T-Shirt, Fleecepulli und Turnschuhen, gerne auch aus Barfuß-Laufschuhen oder Flip-Flops.

Oft wird vergessen, dass der Aufstieg der heute wichtigsten Silicon-Valley-Unternehmen zu globalen Riesen zumeist erst nach der Jahrtausendwende begann. Lange fehlten den Unternehmen nicht die Ambitionen, sondern Geld und Zeit, um sich repräsentative Hauptquartiere zu bauen. Das ändert sich gerade. Apple-Gründer Steve Jobs etwa gab wenige Wochen vor seinem Tod noch ein letztes Wunderwerk in Auftrag. Er wusste, es würde sein Vermächtnis sein, ein Symbol seines Wirkens und Ausdruck kreativer Weltherrschaft: ein neues Hauptquartier für Apple, entworfen von Stararchitekt Norman Foster. »Das beste Bürogebäude der Welt«, verkündete Jobs bei der ersten Präsentation der Pläne vollmundig, »ein bisschen wie ein Raumschiff.« Es wird zumindest wohl der teuerste jemals gebaute Firmensitz der Welt sein, ein gigantischer kreisrunder Monolith für fünf Milliarden Dollar, kostspieliger als der zehn Jahre währende Wiederaufbau des World Trade Centers in New York. Ende 2016 soll das Gebäude fertig sein.

Mark Zuckerberg, Facebook-Chef mit der Vision, die ganze Menschheit online zu vernetzen, beauftragte den nicht minder berühmten Architekten Frank Gehry, ein neues Hauptquartier zu schaffen. Natürlich ist auch dies nicht irgendein Gebäude, sondern »die größte offene Bürofläche der Welt«, wie Zuckerberg sagt, ein immenser Raum für 3400 Facebook-Mitarbeiter. Das Gebäude selbst verschwindet in der Landschaft, bedeckt von Bäumen und Wiesen. »Von außen soll es aussehen wie ein Hügel in der freien Natur«, sagt Zuckerberg über die im Frühjahr 2015 eröffnete Erweiterung. Nvidia, einer der wichtigsten Chip-Hersteller der Welt, konstruiert einen enormen Firmensitz, halb Fußballstadion, halb Flughafenterminal: zwei Dreiecke aus Glas und Stahl, der Computerchip dient als Vorlage. Amazon-Chef Jeff Bezos, ebenfalls wirtschaftlichen Weltherrschaftsplänen nicht abgeneigt, lässt unterdessen das erste Biosphären-Hauptquartier der Welt errichten: drei Kuppeln aus Glas und Stahl, jeder ein künstliches Ökosystem mit eigenem Mikroklima und entsprechender botanischer Zone. Die Biosphären-Büros, erstellt vom preisgekrönten Architekturbüro NBBJ, werden im Schatten eines dazugehörigen Wolkenkratzers in Seattle stehen, der künftig die Skyline der Stadt dominieren soll.

Auch Google will seinen Campus nun erheblich erweitern und gleich neben dem aktuellen Googleplex auf knapp 25 Hektar eine Firmenzentrale mit mehr Symbolwert errichten. Im Frühjahr 2015 präsentierte Google den Entwurf für ein radikales Design der Architektenfirmen Bjarke Ingels Group und Heatherwick Studio, das »Bloomberg Business Week« als »gigantisches menschliches Terrarium« bezeichnete. Dabei sollen quasi alle grundlegenden architektonischen Konzepte, von Wänden über Treppen bis hin zu Dächern neu gedacht werden. Vier Zirkuszelt-ähnliche, modulare Gebäude mit riesigen Glasfassaden, gestützt auf hohe Stahlsäulen sollen zehntausend Mitarbeitern auf enormen, offenen Flächen Platz bieten. Höhenunterschiede sollen über Rampen überwunden werden, damit man mit dem Fahrrad bis zum Schreibtisch fahren kann. Nebenan sollen mehrere tausend Wohnungen entstehen.

Erst zu Beginn des nächsten Jahrzehnts werden all die neuen Hauptquartiere fertig sein. Aber die Details und Designs sind dank städtischer Planverfahren öffentlich einzusehen, illustriert mit genauen Computersimulationen, Kostenaufstellungen und Blaupausen. Dabei wird schnell klar: Für die Zukunft werden es die einfachen Betonwürfel nicht mehr tun. Erwünscht sind architektonische Techno-Visionen als Reflexion der digitalen Domi-

nanz, Ausdruck der ökonomischen und kulturellen Vormacht-
stellung, die das Silicon Valley und seine Anführer immer offener
für sich beanspruchen.

Für Google liegt die Symbolik allerdings nicht in Marmor und
Eleganz, sondern in maximaler Effizienz. Der Konzern trifft keine
Entscheidung ohne aufwendige Datenanalyse, auch nicht in der
Frage, wie Büros und Arbeitsumfeld strukturiert sein müssen.
Die Daten zeigen etwa, dass Wolkenkratzer schlecht für die Pro-
duktivität sind. Stattdessen sollten Bürogebäude sich stets in die
Breite und nicht in die Höhe erstrecken. Nur so kann die per-
fekte Ideenschmiede entstehen, die optimale räumliche Umgebung für den möglichst produktiven digitalen Arbeiter, der welt-
verändernde Erfindungen am laufenden Band produziert. Denn
die Daten zeigen, dass nur wer kollaboriert, wirklich kreativ ist.
Also müssen möglichst alle Abgrenzungen verschwinden, seien es
Stockwerke oder Wände. Einzelbüros gibt es kaum noch, nicht
einmal für Führungskräfte. Die offene Spiel- und Denkfläche
ist die dominierende Grundform der Digitalwirtschaft. »Das
alles beruht auf Verhaltenswissenschaft«, sei belegt durch zahlreiche Studien, sagt Hao Ko, Design-Direktor im Architekturbüro Gensler und zuständig für die neue Nvidia-Zentrale. Es
geht darum, »eine Umgebung herzustellen, in der man sich ständig begegnet, spontane Unterhaltungen entstehen«, in der sich
Manager nicht hinter verschlossenen Türen verstecken können.
Mitarbeiter auf derselben Etage sähen sich praktisch jeden Tag,
sagt Ko. Bei unterschiedlichen Stockwerken so gut wie nie.

Also wird die traditionelle Arbeitswelt auf den Kopf gestellt:
Nicht Meetings müssen organisiert werden, sondern Privatsphäre. Dauerhafte Interaktion ist der Standard. Wer ungestört
sein will, muss sich darum bemühen. »Jeder sitzt draußen im
Offenen mit Schreibtischen, die schnell verschoben werden können, je nachdem, welche Teams sich gerade um Projekte formen«,

sagt Everett Katigbak, Design-Manager bei Facebook. Google hat Kaffeeküchen und Aufenthaltsräume in seinen Gebäuden strategisch so verteilt, dass sich Mitarbeiter aus verschiedenen Abteilungen zwangsweise mehrmals täglich über den Weg laufen und sich dann austauschen und hoffentlich neue Ideen entwickeln.

Wer will, kann diese totale Nähe, die fehlenden Barrieren, die Auflösung der individuellen Rückzugsräume als Ausdruck der zweischneidigen digitalen Kultur interpretieren: Das Internet schafft einerseits neue Freiheit, aber das Recht auf Privatsphäre schrumpft. Alles ist offen, durchleuchtbar, vermarktbar, bis hin zu den Kaffeepausen.

Im Ausgleich dafür fehlt es den Arbeitern in den Zentralen der Tech-Konzerne an nichts, denn nichts soll sie davon abhalten, bis in die Nacht und auch an den Wochenenden kreativ zu sein. Geboten wird ein Rundumservice mit Kindergarten, Hundeschule und Fußballplatz, mit Kletterwand, Pizzeria und Open-Air-Kino. Google schafft rund um den Campus eine Art mobile Kleinstadt, die sich täglich auf- und abbaut. Da fährt dann auch schon mal eine in einem riesigen Wohnmobil untergebrachte Zahnarztpraxis auf dem Firmenparkplatz vor, gleich nebenan wird der Ölwechsel fürs Auto angeboten. Wer eine Pause braucht, legt sich auf die Couch in die »Nickerchen-Ecke« oder geht Fußball spielen. Es gibt Boxkurse und Bowling, und manche Abteilung pflegt ihre eigene Bar, sortiert nach Alkoholsorten. Fast alle Gebäude haben eigene Restaurants und Cafés, und auf jeder Etage gibt es sogenannte Mikro-Küchen mit Getränken, Obst und allerlei Snacks. Der Kantinenchef war einst der Tourkoch für die Hippieband The Grateful Dead. In manchen Gebäuden gibt es schicke, Restaurant-ähnliche Kantinen, in denen Sushi-Köche Variationen von rohem Fisch zubereiten. In anderen wird an kommunalen Tischen Wirsing mit Bratwurst serviert. Überall ist das Essen kostenlos, gesund und gut. Weil der öffentliche Nahverkehr im Silicon Valley unterentwickelt ist, pendeln die Googler oft gemeinsam in firmeneigenen großen, weißen Doppeldeckerbussen zur Arbeit, ausgestattet mit Internet und Snacks. Dutzende solcher Google-Busse sind täglich zwischen San Francisco in Mountain View unterwegs.

Betrachtet man all diese Insignien des Weltkonzerns, scheinen die Gründungstage von Google unendlich weit weg. Doch die Ursprünge des Unternehmens liegen kaum zwei Jahrzehnte zurück. Der Aufstieg begann, nur wenige Kilometer entfernt, in einem Studentenwohnheim an der Stanford University.

Google.com wird am 15. September 1997 von Larry Page und Sergey Brin als Internet-Domain registriert. Beinahe wäre »The Whatbox« daraus geworden, der Was-Kasten. Das war der Name, den Page ursprünglich für ihr erst wenige Monate zuvor gestartetes Studentenprojekt favorisierte. Aber der Mitbewohner von Page im Studentenwohnheim der Stanford University hat eine andere Idee: Er schlägt »Googol« vor, einen mathematischen Begriff für eine 1 mit 100 Nullen, der in den 1940er Jahren von Edward Kasner, einem amerikanischen Mathematiker, in die Welt gebracht worden war. Kasner nutzte das Konzept, um enorme Mengen zu illustrieren, etwa die Zahl subatomarer Partikel im Weltall. Die Idee gefiel Page und Brin sofort, denn es ist einerseits ein Name, auf den nur echte Nerds kommen können, nicht so banal wie »Yahoo!« oder IBM. Vor allem aber reflektierte er so treffend ihr Ziel, die Mission, die sie in Angriff genommen hatten: die scheinbar unendlich große Menge an Informationen im Internet zu erfassen. Das am Ende aus »Googol« »Google« wurde, war keine Absicht. Page und Brin haben sich zunächst schlicht verschrieben und die Googol-Domain war dann auch schon vergeben.

Von Anfang an machen Page und Brin keinen Hehl aus ihren Ambitionen. Gleichzeitig mit der Firmengründung verkünden die beiden auch die Mission des neuen Unternehmens: »Die Informationen der Welt zu organisieren und sie universal zugänglich und nutzbar zu machen.« Das Internet wird dabei nicht erwähnt. Wer den Satz aufmerksam liest, stellt fest: Es geht nicht um die Online-Welt, nicht allein darum, das Netz zu ordnen und zugänglich zu machen. Sondern um alle Informationen, das gesamte Wissen der Welt. Google hat vom ersten Tag an seine Ziele klargemacht. Nur wollte Page und Brin lange niemand beim Wort nehmen. Warum auch? Zu verrückt klang der Anspruch, wirklich alle Daten für den ganzen Planeten über alles und jeden zusammenzutragen.

Inzwischen scheint uns völlig selbstverständlich, dass alles, was existiert, auch online zu finden ist. Wer »Kino morgen Abend in Hamburg-Stadtmitte« in das Google-Suchfeld eintippt, bekommt natürlich das Filmprogramm geliefert, inklusive Rezensionen und Trailern. Wer die genetische Struktur des Ebola-Virus aufgeschlüsselt haben möchte, hat sofort Dutzende Fachaufsätze vor sich. Wer wissen will, wie das Wetter am Lieblingsstrand in Mallorca ist, kann sich die Live-Übertragung der Webkamera ansehen. All das klingt mittlerweile so gewöhnlich, dass wir schnell vergessen, welch enormer Aufwand, welch komplizierte Technologie dahintersteckt. Es ist wie mit allen Alltags-Technologien: Fliegen, Fernsehen, Mobilfunk. Die Details sind so komplex, dass wir die Technik nur noch nutzen, gedankenlos konsumieren, ohne uns mit den dahinterliegenden Techniken und Bedingungen auseinanderzusetzen.

Längst sehen wir es als selbstverständlich an, dass für jede Frage, die wir Google stellen, für jedes Stichwort, das wir eingeben, nur Bruchteile von Sekunden später ordentlich sortiert alle nur denkbaren Informationen aufgelistet werden. Nicht nur Webseiten, sondern Fotos, Videos, Magazinartikel. Aus heutiger Sicht scheint es so logisch, so zwingend, dass jedes Kind darauf kommen müsste:

Was nützt all das Wissen der Welt, das sich im Internet sammelt, wenn es keinen Filter, keinen Startpunkt, keinen Suchmechanismus gibt, der alles sortiert, bündelt, organisiert?

Doch es ist noch nicht lange her, dass die Online-Suche als Nebenschauplatz galt, als Randerscheinung des Internet-Booms, irgendwie notwendig, aber sicherlich nichts, womit man reich werden könnte. Oder gar die Welt verändern. Zwar starteten einige der ersten Internet-Stars wie Infoseek oder Lycos als Suchmaschine. Aber schnell konzentrierte sich die erste Welle des Online-Booms fast ausschließlich darauf, große Portale zu entwickeln. AOL und Yahoo galten als Vorbilder, als der Weg, um die neue digitale Welt zu beherrschen. Die Einzigen, die das anders sahen, waren Brin und Page. Brin erzählte es kurz nach dem Börsengang von Google 2004 in einem Interview mit dem »Playboy« so: »Die Suche wurde nicht ernst genommen. Sie wurde als einer von 100 verschiedenen Services gesehen. Alle dachten, mit 100 Services wäre man auch 100 Mal so erfolgreich. Informationen finden ist aber viel wichtiger als Horoskope lesen oder Börsennachrichten. Alle anderen haben das aus den Augen verloren. Deswegen haben wir Google gegründet. Wir haben erkannt, dass die Suche ein wichtiges Problem ist, das enorme Konzentration verlangt.«

Kennengelernt hatten sich Brin und Page erst zwei Jahre bevor sie Google gründeten, im Sommer 1995, an der Stanford University. Brin, damals 22 und bereits seit zwei Jahren an der Universität eingeschrieben, sollte neuen Studenten eine Tour geben. Page, 21, war einer dieser neuen Studenten. Es war eine zufällige Begegnung, und hätte sie an einem anderen Ort oder zu einem anderen Zeitpunkt stattgefunden, wäre sie höchstwahrscheinlich folgenlos geblieben. Doch so fügte sich alles zu einem perfekten Moment zusammen. Der Internet-Boom hatte schon begonnen, schickte sich gerade an, das gesamte Silicon Valley zu erfassen. Das Valley war auch damals schon das Zentrum der Technologie-Welt, eine Stellung, die sich das rund 80 Kilometer lange, knapp 30 Kilometer breite Tal über Jahrzehnte erarbeitet hatte. 1956 war William Shockley, einer der Erfinder des Transistors, von der amerikanischen Ostküste nach Mountain View gezogen, um näher bei seiner kranken Mutter zu sein. Der Nobelpreisträger gründete die erste Fabrik, die die neuartigen Silicium-Chips herstellte. In Shockleys Gefolge sammelten sich die wichtigsten Pioniere der Chip-Entwicklung wie Fairchild Semiconductor und Xerox Parc in der Gegend.

Die Stanford University, gelegen am Rande von Palo Alto, war von Beginn an wesentlicher Bestandteil dieser entstehenden Industrie. Gegründet 1885 von Leland Stanford, ehemals Gouverneur von Kalifornien und reich geworden als Eisenbahnbaron, spezialisierte sich die Universität schon früh auf Forschung und Technik. In den 1950er Jahren begann der Dekan des Fachbereichs Ingenieurwissenschaften Studenten und Professoren zu drängen, parallel zur Forschung eigene Unternehmen zu gründen. So entstand etwa Hewlett-Packard. Bereits 1969 betrieb Stanford einen der vier ursprünglichen Knotenpunkte von Arpanet, dem Vorgänger des modernen Internets.

In den folgenden Jahrzehnten verwoben sich die Strukturen von Privatwirtschaft und Universität immer enger. Heute ist Stanford der Nexus des Silicon Valley, der Ort, an dem alle Netzwerke aus Forschern, Gründern, Geldgebern und Konzernführern zusammenlaufen. Begehrter inzwischen als Harvard, gilt Stanford zudem als eine der schönsten Universitäten der Welt. Zu Recht. Der verschwenderisch weitläufige Campus von 3310 Hektar schmiegt sich an eine immergrünen Hügelkette jenseits des Pazifik. Eine palmengesäumte Allee führt mitten hinein ins Zentrum, das an eine koloniale spanische Palastanlage erinnert: elegante Innenhöfe mit Säulengängen, in der Sonne glänzende Rodin-Statuen, manikürte Rasenflächen und duftende Blüten.

Page und Brin verbringen die meiste Zeit in einem Gebäude, das nach William Henry Gates III benannt ist – besser bekannt als Bill. Der Gründer von Microsoft hat viel Geld gespendet für den Informatik-Fachbereich von Stanford. Die Ironie ist Gates bewusst, als er nicht einmal zehn Jahre nach den Studententagen von Page und Brin in Stanford sagen wird: »Google hat uns in den Hintern getreten.«

Die beiden künftigen Gründer des Konzerns schließen sich der »Human-Computer Interaction Group« des Informatik-Fachbereichs an, einer Arbeitsgruppe, die sich mit der Interaktion von Mensch und Maschine befasst. Page liest mit Begeisterung das Buch des Apple-Ingenieurs Donald Norman, »The Psychology of Everyday Things«, das als Standardwerk der Silicon-Valley-Philosophie gilt. Die Kernaussage: »Der Nutzer hat immer recht.« Die Zusammenarbeit mit den Professoren ist eng, es sollen praktische Computerprobleme gelöst werden, und die Studenten haben die Freiheit, eigene Projekte zu entwickeln. Page fällt auf mit ungewöhnlichen Ideen, die nach Science-Fiction klingen.

Die wildeste Zukunftsfantasie aber in jenen Tagen ist das Internet, es ist so jung, dass Sätze wie der folgende noch Aufsehen erregen: »Man stelle sich vor, alle Informationen auf Computern wären verbunden. Wir hätten einen globalen Information Space.« So sagt es damals Tim Berners-Lee, Mitentwickler des World Wide Web. Page und Brin sind begeistert von solchen Visionen. Sie sind auf der Suche nach einem Thema für ihre Dissertation, es gibt viele Ideen, aber eine präsentieren sie schließlich gemeinsam ihrem Doktorvater Terry Winograd: ein System, das entscheidet, in welcher Reihenfolge Kommentare auf einer Webseite angezeigt werden. Um eine solche Rangordnung zu erstellen, wollen Page und Brin einen Algorithmus entwickeln, der unabhängig entscheidet, welche Kommentare die wichtigsten sind. Sie erkennen dabei: Die wichtigsten Webpages sind diejenigen, die am meisten verlinkt werden. Doch um das verlässlich erfassen zu können, muss der Algorithmus große Teile der Weblink-Struktur einsammeln. Oder, wie Page seinen Professoren sagt: einfach das ganze Internet.

Die Anfänge der Google-Technologie waren »ein akademisches Projekt«, sagt Winograd. Die große Frage sei gewesen, wie all die Sachen, an denen Page und Brin bastelten, am Ende auch in eine Dissertation münden würden. »Wir hatten lange Diskussionen darüber, was für wissenschaftliche Aufsätze das Ziel sein könnten«, so Winograd. Der Doktorvater der Google-Gründer ist eine Legende auf dem Gebiet der künstlichen Intelligenz, Verfasser zahlreicher Standardwerke der Informatik. Inzwischen ist er emeritiert, aber immer noch häufig in Stanford anzutreffen, vor allem am Institute of Design. Lebhaft, mit einem wilden Schopf weißer Locken und einem ebenso weißen Schnauzbart, erzählt Winograd von den Studententagen der beiden Gründer, von den Ursprüngen der Weltfirma an der Universität. In Stanford, so Winograd, gebe es prinzipiell drei Sorten von Informatik- und Ingenieurwissenschaftsstudenten: zum einen die Akademiker, die theoretische Probleme lösen wollen und eine wissenschaftliche Karriere anstreben, zum anderen jene, die vom Geld motiviert sind, »die nicht von einer Idee getrieben sind, sondern an einem Geschäftsmodell basteln«. Doch schließlich gebe es noch eine dritte, seltenere Kategorie. Winograd nennt sie »idealistische Informatik«. Darin finden sich diejenigen, »die sich erst mal nicht ums Geld scheren, sondern etwas bauen wollen und glauben, dass es irgendwie toll wird«. Steve Jobs habe in diese Kategorie gehört. Und Page und Brin. »Ich hatte diese Diskussion mit Larry, habe ihn gefragt: Wie willst du mit dieser Idee Geld verdienen?«, erzählt Winograd. »Und er sagte: Keine Ahnung.«

Im Vorwort zu »Wie Google tickt – How Google Works«, Eric Schmidts Buch über die Arbeitsprinzipien des Konzerns, erzählt Page, dass die Grundzüge seiner Idee auf einer Vision basierten, die ihm nachts im Traum gekommen sei: Was, wenn man das ganze Web herunterladen könnte und dann alles bis auf die Links entfernt? Was bleibt, sei das Grundgerüst, das zeigt, wie alles mit allem verbunden ist, wodurch sich erkennen lässt, was wichtig ist und was nicht. Nach dem Aufwachen kritzelt Page seinen Traum auf ein Blatt Papier. Daraus entsteht später der Algorithmus, der noch heute das Herz von Google ist und den Namen PageRank trägt. Es ist eine kleine Eitelkeit, die mit der Doppelbedeutung des Wortes spielt: sein Nachname, der gleichzeitig das englische Wort für Seite ist.

Erste Tests mit der Stanford-Webseite zeigen schnell: Das System funktioniert. Aber mehr noch: Das Konzept scheint perfekt dafür geeignet zu sein, nicht bloß Kommentare nach Relevanz zu sortieren, sondern auch Suchergebnisse. Zwar gab es Mitte der 1990er Jahre schon erste Suchmaschinen, aber PageRank basiert auf anderen Prinzipien, auf komplexer Mathematik, die Brin entwickelt. Später sagt er: »Wir wandeln das gesamte Web in eine einzige riesige Gleichung mit einigen hundert Millionen Variablen um.« Neben den Links fließen andere sogenannte »Signale« in die Suchergebnisse mit ein, etwa ob die Suchwörter in der Überschrift auftauchen oder ob alle Suchwörter auf der Seite enthalten sind. PageRank liefert mit Abstand die besten Ergebnisse, weit nützlicher und hilfreicher als das, was andere Suchmaschinen produzieren.

Ausschlaggebend für den Erfolg des Google-Ansatzes ist: Die Informationsflut durch das rasant wachsende Web überfordert die Such-Technologie nicht. Im Gegenteil. Sie macht sie besser. Deswegen kristallisiert sich quasi vom Tag der Firmengründung an eines der Grundprinzipien von Google heraus: Je mehr

Daten, umso besser. Im Alleingang gelingt es dem Duo, einen Algorithmus zu entwickeln, der aus der vermeintlichen Sackgasse Internetsuche plötzlich ein potenziell enormes Geschäftsfeld im ansonsten quasi umsatzfreien Word Wide Web macht. Über Monate basteln Brin und Page aus etlichen Servern notdürftig einen Supercomputer zusammen, der die neue Suchmaschine rasend schnell macht. Mit einem kleinen technischen Trick gelingt es ihnen, auf die ganze Bandbreite der Stanford-Internetverbindung zuzugreifen. Obwohl noch immer aus einem Studentenwohnheim gesteuert, ist Google in allen Belangen bereits jetzt schneller und besser als alle anderen Suchmaschinen. Dieser durchschlagende Anfangserfolg, erreicht durch das Schwimmen gegen den Strom, völlig ignorierend, was die Branchengrößen machen oder welche Ansätze bereits existierende Technologien verfolgen, prägt die beiden Gründer nachhaltig. Während andere – seien es etablierte Tech-Unternehmen oder traditionsreiche Konzerne in alteingesessenen Industrien – versuchen, auf erprobten Wegen ohne große Risiken – und damit im Zweifelsfall auch mit entsprechend kleineren Profiten – zu wandeln, vertrauen Page und Brin auf die eigenen Ideen. Auch, oder vielleicht gerade, wenn andere sie als abwegig oder chancenlos abtun.

1998 bekommt Google bereits 10 000 Suchanfragen am Tag und frisst damit zeitweise die Hälfte der Internetkapazität von Stanford. Es wird Zeit, eine Firma zu gründen. Die Nachricht vom technologischen Durchbruch der beiden Studenten macht zu diesem Zeitpunkt bereits die Runde durch das ganze Silicon Valley. Die Gerüchte über das angeblich nächste große Ding erreichen schließlich auch Andreas Maria Maximilian – genannt Andy – von Bechtolsheim. Geboren 1955 im oberbayerischen Hängeberg, unweit des Ammersees, kam von Bechtolsheim bereits 1977 ins Silicon Valley, um in Stanford in Informatik zu promovieren. Doch er gab die Dissertation auf und gründete stattdessen gemeinsam mit Vinod Kholsa und Scott McNealy die Server- und Netzwerktechnikfirma Sun Microsystems, heute einer der Hightech-Ikonen des Silicon Valley. Später gründete von Bechtolsheim noch vier weitere Firmen, zuletzt den Cloud-Spezialisten Arista mit einem Umsatz von rund 600 Millionen im Jahr 2014. Von Bechtolsheim ist schon seit den 1980er Jahren eine Legende im Silicon Valley, ein Milliardär, den es immer wieder zu neuen Projekten zieht und der sein Geld auch als Startkapital an junge Gründer verteilt. An einem Sommermorgen im August 1998 unterschreibt von Bechtolsheim »einen der besten Schecks der Wirtschaftsgeschichte«, wie er es nennt: 100 000 Dollar für Brin und Page. Das erste Kapital, das die junge Firma erhält. Die Google-Gründer und von Bechtolsheim kannten sich nicht, aber sie hatten einen gemeinsamen Bekannten: David Cheriton, mit dem Bechtolsheim insgesamt drei Firmen gründete. Cheriton war zugleich auch Informatik-Professor in Stanford und hatte gehört, dass Page und Brin überlegten, eine Firma zu gründen: »Er dachte, es würde wohl sinnvoll sein, wenn wir uns alle mal zum Frühstück in seinem Haus in Palo Alto treffen würden. Dort haben die beiden mir dann auf einem Laptop einen frühen Prototyp von Google vorgeführt.«

Von Bechtolsheim erzählt die Geschichte bei einem Treffen in einem eleganten, riesigen Glasbau, den er selbst mitentworfen hat: das Hauptquartier von Arista am Rande von Santa Clara. Dort, nur wenige Meilen vom Googleplex entfernt, verbringt er heute den Großteil seiner Zeit. Von Bechtolsheim, groß und schlank, mit Birkenstock-Sandalen und mittlerweile tiefgrauem Seitenscheitel, ist noch immer als Geldgeber für vielversprechende Start-ups aktiv, aber jener Augusttag Ende der 1990er Jahre, als er mit Page und Brin zusammensaß, wird wohl nie zu übertreffen sein. »Sie erklärten, wie alles funktioniert, den ganzen Such-

Algorithmus«, und von Bechtolsheim, selbst Computer-Genie, verstand sofort, was er sah: »Mir war klar, dass es eine wirklich, wirklich gute Idee ist.« Damals hätten viele Experten geglaubt, dass eine automatisierte Online-Suche nicht möglich sei, weil es dazu künstliche Intelligenz brauche, weil es zu kompliziert für eine Maschine sei, einen sinnvollen Satz von Müll zu unterscheiden. Aber die beiden Stanford-Studenten hatten eine Lösung gefunden. Google war damals noch keine eingetragene Firma, sondern »einfach nur zwei Leute mit einer Idee«. Von Bechtolsheim war so beeindruckt von dem, was ihm präsentiert wurde, »dass ich aufgeregt zu meinem Auto raus lief und das Scheckbuch holte«. Die 100 000 Dollar sollten für Page und Brin der Anschub sein, richtig loszulegen, sofort eine Firma zu gründen. Von Bechtolsheim riet den Gründern: »Mit so einer Idee solltet ihr nicht mehr länger warten.«

Google hat zu diesem Zeitpunkt noch nicht mal ein Bankkonto, der Scheck wird deshalb erst rund einen Monat später eingelöst. Die beiden Gründer feiern bei Burger King. Am 7. September 1998 wird Google schließlich offiziell als Firma gegründet. Kurz darauf ziehen die Gründer in das erste Firmenhauptquartier um: eine Garage, wie es sich für ein Start-up gehört. Die Garage gehört einer Intel-Managerin, ihr Name ist Susan Wojicki. Sie wird einige Monate später eine der ersten Angestellten von Google, und Brin wird ihre Schwester heiraten. Heute ist Wojicki Chefin von YouTube. Brin und Page beginnen, Mitarbeiter einzustellen, erst vereinzelt, dann dutzendweise. Es sind Leute wie sie: Mathegenies, Überflieger, Nerds. Von Anfang an baut Google damals wahnwitzig wirkende Rechnerkapazitäten auf, mit denen selbst die damaligen Platzhirsche Yahoo und Microsoft abgehängt werden können.

Kaum einen Gedanken verschwenden die beiden Gründer anfangs hingegen darauf, wie sich mit ihrer Idee Geld verdienen lässt. Noch denken sie als Wissenschaftler, nicht als Unternehmer. Das ändert sich 1999, als die New Economy auf ihren Höhepunkt zusteuert und im Silicon Valley quasi täglich die Korken knallen, weil wieder ein Internet-Start-up einen erfolgreichen Börsengang hingelegt hat. Der Legende nach lief Page gerade mit einem Kollegen über einen Parkplatz, als er quasi im Vorbeigehen fallen ließ, dass die Internetsuche auch monetarisiert werden müsse. Schließlich würde Google ja bei jeder Suche auch automatisch erfahren, was den Menschen vor dem Bildschirm interessiert. Damit sei die Suche doch einfach prädestiniert dafür, das effizienteste Werbesystem der Welt zu sein. Amit Singhal, einer der führenden Ingenieure des Konzerns und einer der ersten Angestellten, erinnert sich noch gut an den Tag im Januar 2000, als das junge Unternehmen die ersten Anzeigen präsentierte: In der Nacht zuvor hatte Page eine Suchanfrage nach der anderen eingetippt und die jeweiligen Ergebnisse samt Anzeigen ausgedruckt. Am nächsten Morgen waren die Bürowände mit den Ausdrucken gepflastert, alle versehen mit Kommentaren von Page: Soll das eine passende Anzeige sein? Wo kommt das denn her?

Obwohl er keinerlei Geschäftserfahrung, keine Ahnung von Betriebswirtschaft oder Marketing hat, baut Page in kürzester Zeit die erfolgreichste Geldmaschine im Internet. Die zugrunde-liegende Formel ist erstaunlich simpel. Die Google-Technologie verknüpft die Suchanfragen automatisch mit Anzeigen, die von den Algorithmen als thematisch passend gekennzeichnet sind. Wer etwa nach Inseln im Mittelmeer googelt, dem werden Anzeigen für Hotels auf Mallorca oder Flugangebote eingeblendet, nicht etwa Werbung für Katzenfutter oder andere Produkte, die mit der Suche in keinem Zusammenhang stehen. Die bezahlten Suchergebnisse werden über oder neben den regulären Suchergebnissen angezeigt.

Diese neue Form der Werbung hat auch für die Anzeigenkunden große Vorteile: Sie melden sich auf einer automatisierten

Webseite an, die gleichzeitig eine Versteigerungsplattform ist: Für jede Suche wird dann automatisch ausgewählt, welche Anzeigen zu den jeweiligen Stichwörtern erscheinen. Zahlen müssen die Werbetreibenden allerdings nur, wenn eine ihrer Anzeigen angeklickt wird. Das Modell ermöglicht auch kleinsten Unternehmen oder Selbständigen, Werbung bei Google zu schalten, da so die Kosten teils nur wenige Euro am Tag betragen. Google schaltet aber nicht nur auf der eigenen Suchseite Anzeigen, sondern lizenziert seine Technologie und das dazugehörige Anzeigensystem auch an andere Unternehmen. Wer etwa bei der »New York Times« oder bei zahllosen anderen Lizenznehmern sucht, bekommt Google-Anzeigen zu sehen. Auch kleine Webseiten oder Blogbetreiber können sich von Google Anzeigen vermitteln lassen. Das Unternehmen behält dafür jeweils einen Prozentsatz des Werbeumsatzes.

Brin und Page sind anfangs jedoch nicht darauf aus, mit Google so schnell wie möglich profitabel zu werden. Sie weigern sich, die Startseite mit lukrativen Anzeigen oder Links zu anderen Webseiten zuzupflastern, und setzen stattdessen konsequent auf minimalistisches Design – was dem jungen Start-up viele Fans einbringt. Auch eine millionenschwere Werbekampagne lehnen sie ab und setzen stattdessen auf Mundpropaganda.

Mit dieser Einstellung geht es in der Folge allerdings auch eher langsam voran. 1999 beträgt der Umsatz von Google gerade mal 220 000 Dollar – bei einem Verlust von sechs Millionen. 2000 steigt der Verlust sogar auf 15 Millionen. Noch im Jahr 2000 schreibt Der SPIEGEL in seiner ersten Geschichte über die aufstrebende Suchmaschine: »Eigentlich müsste Google ein Riesenerfolg sein. Eigentlich dürfte niemand mehr über Lycos reden. Aber kaum jemand kennt Google. Warum?«

All das ändert sich schlagartig im August 2001, als Eric Schmidt als neuer Chef an Bord kommt. Fast ein Jahr lang hatten Brin und

Page sich zuvor schon mit Schmidt beraten. Die beiden Gründer waren auf der Suche nach einem erfahrenen Manager, einem Geschäftsmann, der aus dem Start-up so schnell wie möglich ein echtes Unternehmen machen würde. Schmidt schien ideal für den Job: ein studierter Informatiker, der die Technologie versteht, aber gleichzeitig mit reichlich Führungserfahrung als Chef. Schmidt hatte bis dahin den Software-Hersteller Novell geleitet, war Technologie-Vorstand von Sun Microsystems gewesen und besaß reichlich Erfahrung in Auseinandersetzungen mit Microsoft. Schon damals galt Schmidt als respektabler Veteran im Silicon Valley, mit rund 20 Jahren Management-Erfahrung.

Und das machte sich sofort bemerkbar: Google expandiert nun rasend schnell, eröffnet Verkaufsbüros rund um die Welt, gleich zu Beginn auch in Deutschland. Yahoo, damals der größte Internet-Dienst der Welt, nutzt die Such-Technologie von Google. Nur zwei Jahre später, fünf Jahre nach Unternehmensgründung, überspringt der Umsatz von Google erstmals eine Milliarde Dollar im Jahr. Selbst Microsoft hatte 15 Jahre benötigt, um diese Marke zu erreichen.

Vielleicht hätten Brin und Page es letztlich auch alleine geschafft, Google auf Erfolgskurs zu bringen. Doch in den Jahren nach dem Zusammenbruch der New Economy genießen Internet-Firmen wenig Vertrauen, schon gar nicht, wenn sie von jugendlichen Gründern geleitet werden. Google brauche »adult supervision«, Aufsicht durch Erwachsene, so hieß es damals, und die beiden Gründer waren klug genug, die Zeichen der Zeit zu erkennen. Page und Brin brauchten keine Hilfe dabei, brillante Ideen zu entwickeln, sondern beim Aufbau eines funktionierenden Unternehmens. Schmidt liefert dafür die bislang fehlende Expertise. Er beginnt sofort, dringend benötigte Strukturen aufzubauen, Führungsebenen einzuziehen und Entscheidungswege zu etablieren. In den Monaten vor seinem Antritt hatten sich die

Beschwerden von Kunden und Mitarbeitern gehäuft, dass sich die schnell wachsende Suchmaschine zunehmend in ein kaum noch zu steuerndes Irrenhaus verwandle.

Niemand zweifelt zu diesem Zeitpunkt mehr daran, dass Google über die beste Technologie zur Internetsuche verfügt. Aber das alleine reicht nicht. Auch heute scheitern die meisten Start-ups im Silicon Valley nicht etwa an einer schlechten Grundidee, sondern weil sie ihr Wachstum nicht managen können, weil sie es nicht schaffen, aus ihren Ideen eine funktionierende Firma zu entwickeln. Stattdessen implodieren sie, noch bevor sie auf sicheren Beinen stehen.

Zumindest für einen Moment, bis zur Machtübernahme von Schmidt, schien auch Google dieses Schicksal zu drohen. Brin und Page ziehen sich in dieser Phase aber keineswegs ganz zurück, sie halten weiterhin im Hintergrund die Fäden in der Hand und überlassen Schmidt nur die operative Führung. Große Entscheidungen werden zu dritt getroffen. Böse Zungen sagen, Schmidt sei nicht wirklich CEO, Chief Executive Officer, von Google, sondern allenfalls COO, Chief Operating Officer – von Page und Brin an der kurzen Leine gehalten. Doch Schmidt will davon nichts wissen, in Interviews wie etwa im Mai 2004 mit dem Wirtschaftsmagazin »Businessweek« verteidigt er die Konsenskultur an der Spitze als effektiv: »Wir versuchen, als Gruppe voranzukommen, weil Partnerschaften zu besseren Entscheidungen führen. Es ist sehr, sehr einsam an der Spitze, wenn du der Einzige bist, der eine harte Entscheidung fällen muss.«

Die beiden Gründer drängen darauf, trotz aller Professionalisierung kein normales Unternehmen zu bauen. Die Start-up-Atmosphäre ohne straffe Arbeitsregeln und Bürokratie, das kreative Chaos sollen erhalten bleiben, aber kontrolliert werden. Schmidt vergleicht gegenüber einem Reporter der US-Zeitschrift »Fortune« die Google-Atmosphäre der frühen Jahre mit dem Campus-Leben von Studenten: »Wenn man in das Informatik-Gebäude der Stanford University geht, findet man auch immer drei, vier Leute in einem Büro. Unsere Programmierer sind dieses Modell gewöhnt. Es ist eine sehr produktive Umgebung.«

Die spielerische, ungebundene Ingenieurskultur wird als dauerhaftes Grundprinzip tief in der Unternehmenskultur verankert, sie soll Google beweglicher machen, schneller wilde Ideen und Innovationen produzieren, um so gegen die viel größeren, lange Zeit deutlich finanzstärkeren Gegner wie Microsoft schnell Boden gutzumachen. Gleichzeitig versucht Google, sich von der New Economy zu distanzieren, sich als Hightech-Unternehmen zu etablieren, das mit dem Hype und Börsenwahn der ersten Internetjahre nichts zu tun hat. Einige Jahre später reflektiert Page, wie sehr ihnen die Dotcom-Blase Anfang der 2000er geschadet hat. »Diese Zeit war sehr schwierig für uns. Wir waren genervt von dem Klima. Wir wussten, dass vieles, das da gemacht wurde, nicht tragbar war, und das wiederum machte es für uns schwieriger«, so Page. Durch den enormen Wettbewerb hatte Google Probleme, Programmierer und Ingenieure einzustellen, die Immobilienpreise für Büroräume explodierten. »Wir hatten die Gelegenheit, in hundert oder mehr Unternehmen zu investieren, haben aber nicht ein Mal ja gesagt.«

Stattdessen konzentriert sich das neue Dreier-Team ausschließlich auf die eigenen Ideen. Auch damals schon sind die Ambitionen groß, mitunter zu groß, zumindest für den damaligen Stand der Technik. Für eine Weile gibt es etwa die Vision, jedes Produkt jedes großen Unternehmens zu katalogisieren und dann online zu bewerben. Wenn etwa ein Baumarkt zu viele Leitern im Sortiment hat, sollen die Unternehmens-Computer mit den Google-Computern kommunizieren und automatisch eine passende Anzeigenkampagne starten. Schmidt stellt sich das im Jahr 2004 in einem Interview mit »Fortune« folgendermaßen vor:

»Man nehme jedes beliebige Konsumgüter-Unternehmen. Wie viele Produkte haben die? Wahrscheinlich Millionen, wenn man alle geografischen Varianten einbezieht. Wir wollen jedes dieser Produkte im jeweiligen Markt und im richtigen Land bei Google bewerben.«

Wahrscheinlich weiß die Google-Führung auch damals schon, dass solche Ideen kaum Chancen auf Verwirklichung haben, nicht weil sie technisch unmöglich sind, sondern weil nicht alle führenden Firmen der Welt ihre Logistiknetzwerke an die Systeme der Suchmaschine anschließen wollen. Aber solche Visionen sind wichtig in diesen Tagen, denn nur drei Jahre nach der Ankunft von Schmidt haben sich die Geschäftszahlen so weit entwickelt, dass Google den nächsten Meilenstein anpeilt: den Börsengang.

Am 29. April 2004 reicht Google bei der amerikanischen Börsenaufsicht SEC einen über hundert Seiten langen Antrag ein, um Aktien an der Börse verkaufen zu können. Der Antrag war seit Monaten von Investoren und Bankern sehnsüchtig erwartet worden. Es sollte der erste Internet-Börsengang nach dem Absturz der New Economy werden, und es sollte, so die Hoffnung, endlich einer sein, der auch gerechtfertigt und durch harte Zahlen untermauert ist.

Zum ersten Mal veröffentlicht Google in seinen Börsenunterlagen Geschäftszahlen. Sie übertreffen die Erwartungen der Investoren, und sie erschrecken die Konkurrenten. Der Jahresumsatz liegt Ende 2003 bei knapp 1,5 Milliarden Dollar, drei Mal mehr als noch im Vorjahr. Trotz des rasanten Wachstums, trotz Mitarbeiterzahlen, die sich in den 18 Monaten zuvor ebenfalls verdreifacht haben, fallen 105 Millionen Dollar Gewinn ab. Googles Anteil an der Internetsuche ist von einem Prozent im Jahr 2000 auf rund 50 Prozent gestiegen.

Der Börsengang ist eine Zäsur für das Unternehmen, auch weil sich nahezu gleichzeitig und scheinbar abrupt das Image von Google ändert. Zum ersten Mal fallen bei Konkurrenten, in der Öffentlichkeit und in den Medien Begriffe wie »evil empire«, das böse Imperium. Als wäre das allseits beliebte, fröhliche Start-up mit dem bunten Logo mit einem Schlag zu einer ernstzunehmenden, aufstrebenden Wirtschaftsmacht geworden, die auch kritisch zu betrachten ist. Die Feindseligkeit von Konkurrenten und Öffentlichkeit, die für den Konzern heute so alltäglich ist, beginnt erst mit dem Börsengang, »als die Leute verstanden, wie viel Geld wir machen«, sagt Schmidt Jahre später in einem Interview mit dem Journalisten und Buchautor Steven Levy.

Dem Antrag an die amerikanische Börsenaufsicht legen die beiden Gründer eine »Betriebsanleitung für Investoren« bei. Der über 4000 Wörter lange Begleitbrief ist eine Art inoffizielles Grundgesetz des Konzerns, eine Zusammenstellung von Prinzipien, Ideologie, Weltbild und Vision von Page und Brin, gültig bis heute. Hindurch schimmern die Genialität, aber auch die Arroganz, die das Unternehmen prägen werden, der Glaube an die eigene Einzigartigkeit, das Misstrauen gegenüber Tradition, existierenden Systemen und gewohnten Wegen: »Google ist kein gewöhnliches Unternehmen. Wir haben nicht vor, eines zu werden. Während der Evolution von Google haben wir das Unternehmen auf eigene Art gesteuert.« Das erste Ziel sei, so die Gründer weiter, »Dienstleistungen zu entwickeln, die das Leben von so vielen Menschen wie möglich verbessern. Beim Verfolgen dieses Ziels werden wir möglicherweise Dinge tun, von denen wir glauben, dass sie einen positiven Einfluss auf die Welt haben, auch wenn die kurzfristigen finanziellen Vorteile dabei nicht auf der Hand liegen.«

Die naheliegende Reaktion beim Lesen des Manifests ist, all das als blumige Worte abzutun, mit höchstens einem Kern an Wahrheit, als einen naiven Aufsatz über Weltverbesserung, der sich im Alltagsgeschäft des Kapitalismus schnell in Luft auflösen wird. Erst jetzt, mehr als zehn Jahre später, wird deutlich, dass Page und Brin fast jeden Satz ernst meinten. Noch erstaunlicher aber ist, dass sie bislang damit durchgekommen sind. Denn streckenweise liest sich ihr Manifest wie ein Gegenprogramm zum existierenden globalen Finanzmarktsystem, als Angriff auf die vorherrschende Denke der Banker und Börsianer: »Viele Unternehmen stehen unter Druck, ihre Einnahmen den Vorhersagen von Analysten anzupassen. Deswegen ziehen sie oft kleinere, vorhersehbare Einnahmen, größeren, weniger offensichlichen Gewinnen vor. Sergey und ich glauben, dass das schädlich ist, und wir haben vor, genau in die entgegengesetzte Richtung zu steuern.« Dazu gehöre auch, Projekte zu finanzieren, die allenfalls eine Chance von zehn Prozent haben, langfristig eine Milliarde Dollar zu verdienen. Page und Brin warnen, »nicht überrascht zu sein«, wenn der Konzern Wetten abschließe auf »Bereiche, die seltsam oder sogar spekulativ wirken, verglichen mit unserem gegenwärtigen Geschäft.«

Den Gründern ist klar, dass die »Standardstruktur« von börsennotierten Unternehmen ihnen nicht die Freiheit geben würde, Google so zu führen, wie sie es wollen. Damit das Triumvirat aus Gründern und Schmidt alle wichtigen Entscheidungen auch weiterhin allein unter sich ausmachen kann, gibt Google zwei verschiedene Aktienklassen aus: Stammaktien mit einer Stimme für die Öffentlichkeit und Stammaktien mit je zehn Stimmen für die Gründer. So bleibt am Ende die klare Mehrheit der Stimmen bei Brin, Page und Schmidt. Das Ziel sei »eine Struktur, die es Google ermöglicht, innovativ zu bleiben und seine prägenden Charakteristiken zu behalten«. Im Börsenprospekt heißt es deutlich: »Neue Investoren werden an Googles langfristigem Wachstum voll teilnehmen, aber weniger Einfluss auf die strategischen Entscheidungen haben, als dies bei anderen börsennotierten Unternehmen der Fall ist.«

Die Investoren beschwichtigen Page und Brin mit dem Argument, dass auch andere Unternehmen starke Gründer hätten und dass das im Allgemeinen gut für den Ruf und eine stabile Entwicklung des Unternehmens sei. »Ein Führungsteam, das von einer Abfolge kurzfristiger Ziele abgelenkt wird, ist so zwecklos wie jemand, der während einer Diät alle halbe Stunde auf die Waage steigt«, schreiben die beiden Gründer. Dem berühmtesten Investor der Welt, Warren Buffett, von dem sich Brin und Page für ihr Börsenprospekt inspirieren ließen, gefällt die Strategie jedenfalls. Er verkündet: »Ich mag ihre Prosa.«

Zudem betonen die Google-Gründer, dass sie auf keinen Fall bei Annehmlichkeiten für ihre Angestellten sparen wollen. Nicht nur bei der Bezahlung, sondern auch bei allen möglichen Zusatzleistungen, die damit in der Firmenkultur verankert werden. »Sie können davon ausgehen, dass wir mehr Leistungen anbieten werden, nicht weniger«, heißt es in der Bedienungsanleitung für Aktionäre. Dazu gehört auch, dass alle Angestellten einen Teil ihrer Arbeitszeit darauf verwenden können, eigene Ideen zu entwickeln und zu testen.

Für Ingenieure klingt das nach einem Traum, für viele Investoren und konservative Wirtschaftsexperten aber nach einem Desaster. Manche Wall-Street-Profis finden das gesamte Google-Programm so verstörend, dass sie ihren Missmut schon vor dem Börsengang in den Medien kundtun. »Das hört sich nicht einmal ansatzweise nach einem konkurrenzfähigen Weltklasse-Unternehmen an, sondern eher nach Kindern, die im Sandkasten spielen«, ärgert sich etwa ein Investment-Experte gegenüber dem US-Magazin »Businessweek« und kündigt an, seine Aktien gleich wieder verkaufen zu wollen.

Solche kritischen Meinungen sind keineswegs die Ausnahme. Trotz des enormen Wachstums und der explodierenden Umsätze, trotz des großen Marktanteils und der klar überlegenen Technologie gibt es noch viele Skeptiker. Google gilt keineswegs als auf Dauer gesetzte Internet-Supermacht, als Gigant, der die Online-Welt dominieren wird. Vor allem viele Medienkonzerne und Verlage erkennen noch immer nicht, wie sehr sie das Google-Geschäftsmodell schon jetzt bedroht. Obwohl der Konzern zu dieser Zeit bereits mit Abstand weltweiter Marktführer in der Online-Werbung ist.

Trotz aller Kritik und Skepsis ist der Börsengang von Google eine Sensation, der Kurs explodiert, und der Konzern nimmt knapp 1,7 Milliarden Dollar ein. In den ersten vier Monaten nach Börsengang verdoppelt sich der Aktienkurs. Doch dieser beeindruckende Erfolg ändert nichts daran, dass viele Branchenexperten glauben, dass Google zwar die beste Technologie besitzt, deswegen aber noch lange keinen dauerhaften Wettbewerbsvorteil hat. Bezweifelt wird vor allem, ob es gelingen kann, die Zahl der Nutzer weiter auszubauen und neue Geschäftsfelder zu entwickeln.

Insbesondere Yahoo wird zugetraut, Google schlagen zu können. Die Internet-Plattform hat zu diesem Zeitpunkt rund 150 Millionen registrierte Nutzer, und viele sehen das als einen klaren Vorteil, denn durch die Registrierung könne Yahoo seinen Nutzern viel zielgenauere Anzeigen anbieten. Auch den damals neuen Trend, dass Suchmaschinen nicht nur Verweise zu Websites liefern, sondern gleich die gesuchten Informationen selbst liefern, von der Wettervorhersage bis zu Adressen, werde Yahoo wohl besser bedienen. Schließlich besitze die Plattform viele dieser Informationen selbst und könne sie besser aufbereitet anbieten. Manche vermuten deshalb, dass Google sich Yahoo zum Vorbild nehmen und sich in eine Internet-Plattform verwandeln werde. Die »Financial Times« glaubt sogar, dass Google am Ende nichts anderes als ein »traditioneller Medienkonzern« sei: »Sie haben eine Marke und ein Publikum. Sie haben eine einzige, starke Form von Inhalten – Internetsuche.« Und in Deutschland prognostiziert »Die Zeit«: »Die Kultfirma hat ihr größtes Wachstum schon hinter sich.«

Der Marktwert von Google erreicht bald nach dem Börsengang rund 45 Milliarden Dollar. Selbst Optimisten rechnen nicht damit, dass der Konzern weiter im gleichen Tempo wachsen kann. Irgendwann einmal, in ferner Zukunft, wenn bis dahin wirklich alles außergewöhnlich gut läuft, könnte Google vielleicht einmal 250, vielleicht 275 Milliarden Dollar wert sein, schätzen die Wall-Street-Analysten. Mitte 2015 steht der Marktwert bei 470 Milliarden Dollar.

Die Jahre nach dem Börsengang, in denen sich das Wachstum von Google zur Überraschung selbst von Experten immer weiter beschleunigt, statt langsamer zu werden, führen zu hektischer Aktivität in der IT-Branche. Noch immer glaubt fast niemand, dass die marktbeherrschende Stellung von Google bereits zementiert ist. Die Konkurrenten sind sicher, noch aufholen zu können. Yahoo steckt Milliarden in Such-Technologie, kauft sich Wissen ein. Auch Microsoft investiert Milliarden und setzt dabei auf eine altbewährte Strategie: Das Quasi-Monopol bei Computer-Betriebssystemen voll auszunutzen und einfach die hauseigene Suchmaschine in den Online-Dienst MSN und in Windows zu integrieren. Schließlich hat Bill Gates die Internetsuche zu seiner eigenen Priorität gemacht. Noch vor dem Börsengang von Google hatte er in einem Interview mit »Newsweek« angekündigt: »Wir haben das nicht so ernst genommen, wie wir sollten. Das haben wir eingesehen und sind nun dran.« Erst 2006 bringt Microsoft dann aber eine überholte Suchmaschine auf den Markt – und ist trotz des späten Zeitpunkts noch immer siegesgewiss. Wozu noch eine Webseite besuchen, wenn sich bei Windows direkt aus Suchfenstern das Internet und der eigene Computer durchsuchen lassen?

Selbst die eigenen Berater von Google gehen davon aus, dass Microsoft ihnen das Leben schwer machen wird, und verweisen dabei auf den Krieg der Browser, der nur wenige Jahre zurückliegt. In den 1990er Jahren hatte sich Netscape als der meistgenutzte Browser etabliert. Doch Microsoft setzte alles daran, dem jungen Internet-Unternehmen das Geschäft abzujagen, und stattete deswegen einfach alle Windows-Computer mit einem neuen, hauseigenen Browser, dem Internet Explorer, aus. Es dauerte nur wenige Jahre, bis Netscape trotz seines anfänglichen Vorsprungs und besserer Technologie aus dem Rennen war. »Wenn Google sich nicht auf dem PC etablieren kann, wird Microsoft ihnen am Ende das Geschäft wegnehmen, so wie sie es auch schon mit Netscape gemacht haben«, warnt etwa Jeffrey D. Ullman, Informatik-Professor in Stanford und Google-Berater nicht lange nach dem Börsengang.

Doch all diese Warnungen erweisen sich im Laufe der nächsten Jahre als unbegründet: Zu keinem Zeitpunkt etabliert sich ein ernstzunehmender Konkurrent zu Google. Stattdessen erleidet Microsoft die wohl größte Schlappe seiner Firmengeschichte. 2009 bringt der Konzern mit großem Aufwand nochmals eine ganz neue entwickelte Suchmaschine auf den Markt: Bing wird mit einer riesigen Marketingkampagne der Öffentlichkeit vorgestellt. Aber trotz Milliarden-Investitionen und des persönlichen Einsatzes von Bill Gates kommt Bing nie über einen Marktanteil im einstelligen Prozentbereich heraus. Stattdessen kann Google seinen Vorsprung in der Online-Suche immer weiter ausbauen, erreicht Marktanteile von 60, 70, 80 Prozent weltweit. Die Zahl der monatlichen Nutzer, der Unique Visitors, die Wiederholungsbesucher also nicht mitgezählt, steigt erst auf 200 Millionen, dann auf 500 Millionen, überspringt schließlich die Milliardengrenze. Wie kann es sein, dass die gesamte Technologiebranche den Zugang zum wichtigsten und profitabelsten Geschäftsmodell des Internets verpasst? War der Vorsprung von Google schon zu groß für die Aufholjagd der Konkurrenz? Ist die technische Überlegenheit zu deutlich?

Den Google-Ingenieuren war von Beginn an klar, dass sie ihr Produkt unaufhörlich in großem Tempo weiterentwickeln müssen. Und dass sie dafür vor allem mehr Daten brauchen. Meint jemand, der nach »Jaguar« sucht, die Raubkatze oder das Auto? In Mountain View merkt man schnell: Je besser die Suchmaschine den Nutzer kennt, umso effektiver kann sie ihn bedienen. Auf fast jedes Problem ist die Antwort von Google: mehr Daten, mehr Informationen, mehr Rohmasse. Der Konzernführung um Schmidt und die Gründer ist bewusst, dass zwölf Monate, vielleicht auch nur sechs Monate ohne entscheidende Entwicklungssprünge ausreichen, um die Konkurrenz aufholen zu lassen. Also werden die Gewinne ständig in neue Projekte investiert. Es kursiert eine Liste mit den wichtigsten Projekten, die angegangen werden müssen, und Programmierer und Ingenieure können sich die Aufgaben vornehmen, die sie interessieren. So entstehen ständig neue, fließende Arbeitsgruppen. Manche lösen sich bereits nach Tagen wieder auf, andere nach Monaten. Prinzipiell hat sich an diesem kreativen Chaos, mit Teams, die von einem Tag auf den anderen von drei Mann auf 30 hochgestuft werden und dann wieder zerfallen, bis heute nichts geändert. Geduldet werden selbst die wildesten Projekte. Warum nicht mit einem Laser die Iris von Handynutzern scannen, um daraus dann einen größer wirkenden Bildschirm zu projizieren? Wenn solche scheinbar bizarren Ideen auf der Prioritätenliste auftauchen, werden sie gekennzeichnet, dass sie keinesfalls vorzeitig verworfen werden dürfen, bis sie wirklich auf Unsinnigkeit getestet sind.

Einen Tag pro Woche, 20 Prozent der Arbeitszeit, sollen die Ingenieure mit persönlichen Forschungsprojekten verbringen. In der Hoffnung, dass daraus das nächste große Produkt entsteht.

Das klingt nach einem Fernschuss, einem scheinbar aussichtslosen Versuch, Kreativität zu produzieren, aber die Idee funktioniert erstaunlich gut. Fast zweieinhalb Jahre arbeitet etwa der Software-Ingenieur Paul Buchheit nebenher an einem E-Mail-Programm. Daraus entsteht schließlich Gmail mit heute weit über 500 Millionen Nutzern.

In den fünf Jahren nach dem Börsengang, zwischen 2004 und 2009, wirft der Konzern in raschem Tempo immer neue internetbasierte Produkte auf den Markt – allesamt kostenlos für den Nutzer. Google Books digitalisiert Millionen von Büchern. Google Maps digitalisiert alle Adressen der Welt. Google Translate übersetzt Webseiten und eingegebenen Text in Dutzende Sprachen. Anwendungen wie Google Docs, Drive, Kalender ermöglichen das Arbeiten in der Cloud. Google Chrome wird innerhalb weniger Jahre zum weltweit meistgenutzten Internet-Browser und überholt Microsofts Internet Explorer.

Längst nicht alles entwickelt Google selbst. Der Konzern investiert im großen Stil in Technologie, Start-ups und vielversprechende Unternehmen aus zahllosen Bereichen. 2006 kauft Google die Video-Plattform YouTube für 1,65 Milliarden Dollar. Damals eine scheinbar wahnwitzige Summe, denn zu dieser Zeit waren Internet-Videos noch langsam und ruckelig und eher eine Randerscheinung. Heute ist YouTube mit Abstand die dominierende Video-Plattform im Internet. 2007 kommt Doubleclick hinzu, ein Werbevermarkter, der die führende Position des Konzerns bei Online-Anzeigen enorm ausbaut. Die bis dahin wichtigste Übernahme aber bahnt sich im Sommer 2005 an: Page und Brin kaufen ein winziges Mobilfunk-Start-up namens Android, aufgebaut von einem Robotik-Ingenieur namens Andy Rubin. Die Übernahme des Mini-Unternehmens ist damals nur eine Randnotiz, Eric Schmidt scherzt später, er habe den Deal kaum wahrgenommen. Doch das Mobilfunk-Team wächst rasend schnell, fast drei Jahre wird im Geheimen an einem Betriebssystem für Smartphones gearbeitet. Zur Premiere von Android 2008 läuft das neue System nur auf einem einzigen Mobiltelefon. Anfang 2015 liefen knapp 85 Prozent aller Smartphones weltweit mit Android.

Doch in der globalen Finanzkrise wird auch Google vorsichtiger. Auch im Silicon Valley sehnen sich die Konzerne in diesen unsicheren Monaten nach dem Untergang der Investmentbank Lehman Brothers im Herbst 2008 vor allem nach Sicherheit. Google konzentriert sich nun zunehmend auf sein profitables Kerngeschäft, die Suchmaschine. Viele Projekte werden eingestellt, auf Eis gelegt oder bekommen zu wenig Aufmerksamkeit, allen voran das Thema soziale Netzwerke. Es sind die Jahre, in denen sich Facebook ohne große Konkurrenz aufschwingt vom vielversprechenden Start-up zum Internetriesen. Dabei hatte Google bereits ab 2004 ein eigenes soziales Netzwerk entwickelt, Orkut, benannt nach seinem türkischstämmigen Erfinder Orkut Büyükkökten. Der Google-Ingenieur hatte das Projekt in seiner 20-Prozent-Zeit erdacht. Orkut gehörte eine Zeitlang zu den größten sozialen Netzwerken der Welt, führend in aufstrebenden Märkten wie Indien und Brasilien. Als jedoch Facebook seine globale Expansionsstrategie startet, hat das Unternehmen fast freie Bahn.

Mit dem Fokus auf das gut laufende existierende Suchmaschinen-Geschäft macht sich zunehmend Behäbigkeit breit in der Unternehmenszentrale in Mountain View. Zusätzliche Managementebenen lassen die Bürokratie wachsen. Produkte sind nicht ausreichend durchdacht. Facebook und andere neue Rivalen wie Twitter können weitgehend ungehindert ihr Geschäftsmodell und ihre Ideen von der »sozialen Suche« aufbauen, bei der Empfehlungen von Freunden und Bekannten wichtiger sind als die Suchergebnisse aus dem anonymen Web.

Für eine Weile scheint es, als sei Google dabei, ein ganz normales Unternehmen zu werden. Angeschwollen auf fast 25 000 Mitarbeiter, ist der Konzern unbeweglicher geworden, schwerer zu managen. Vor allem durch ein dreiköpfiges Komitee, das Entscheidungen gemeinsam trifft. Dann aber, im Januar 2011, scheinbar aus heiterem Himmel und selbst für Brancheninsider unerwartet, verkündet Google plötzlich das Ende des Triumvirats. Um den Konzern wieder schneller, schlagkräftiger zu machen, werde Google ab sofort nur noch einen Vorstandsvorsitzenden haben: Larry Page. Sein Mitgründer Sergey Brin kümmert sich fortan um neue Technologien, wird eine Art Chef-Erfinder, der die für einige Jahre vernachlässigten wilden Ideen wieder in Schwung bringen soll. Eric Schmidt bleibt im Unternehmen, er nimmt den neu geschaffenen Posten des »Executive Chairman« ein, eine Rolle, ähnlich dem Verwaltungsratsvorsitzenden in europäischen Unternehmen. Er soll vor allem Berater sein und als eine Art Außenminister die politische Linie des Konzerns gestalten und nach außen vertreten.

»Es geht um eine Klarstellung der Rollen«, kommentiert Page den Wechsel an der Spitze. »Die geteilten Verantwortlichkeiten haben dazu geführt, dass wir an Geschwindigkeit verloren haben.« Page greift sofort hart ins Ruder, beginnt umzubauen, zu fokussieren, anzutreiben. Er versucht sich am Turnaround, bevor der Konzern allzu viel Fahrt verliert. Ist Page reif genug für die Rolle des Konzernlenkers? Eric Schmidt glaubt, es ist Zeit für eine neue Ära. Nach dem Machtwechsel twittert er: »Tägliche elterliche Aufsicht nicht länger vonnöten.« Doch was passiert nun bei Google, wenn alle Bremsklötze weg sind? Sind die beiden Gründer zu Managern gereift, die lediglich einen profitablen Industrieriesen führen, eine Geldmaschine lenken wollen? Oder haben sie nun endlich die Möglichkeit, das zu tun, was sie schon immer geplant haben: die Zukunft der Welt nach ihren eigenen Vorstellungen gestalten?

2
Die Gründer:
Vom Drang, die Welt zu verändern

Im Sommer 1995 fährt Larry Page für einige Tage nach Stanford. Er will sich die Universität in Ruhe anschauen, den Campus kennenlernen, bevor er entscheidet, ob er hier in einigen Monaten anfangen wird zu studieren. Wie jedes Jahr hat die Universität eine Tour vorbereitet für interessierte Kandidaten, durchgeführt von älteren Studenten, die bereits einige Jahre in Stanford sind. In diesem Sommer wird die Tour geleitet von einem 22-jährigen Mathegenie, einem der jüngsten Studenten, die je ein Promotionsprogramm an der Uni begonnen haben. Sein Name ist Sergey Brin.

Die erste Begegnung zwischen den beiden künftigen Google-Gründern ist nicht Liebe auf den ersten Blick, nicht der Beginn einer tiefen wunderbaren Freundschaft. Im Gegenteil. Page und Brin sind voneinander genervt. Sie streiten sich über fast jedes Thema, das im Laufe dieses langen, sonnigen Nachmittags zur Sprache kommt. »Ich fand ihn ziemlich unerträglich«, wird Page später über Brin in einem Interview mit dem Magazin »Wired« sagen. Der kontert: »Wir fanden uns gegenseitig unerträglich. Aber wir haben viel Zeit damit verbracht, uns zu unterhalten. Es gab einen Funken zwischen uns.« Die Bereitschaft, über alles sofort zu streiten, erinnert beide an ihre Elternhäuser, an die intensive Diskussionskultur, mit der sie aufwuchsen. Brin und Page werden nie beste Freunde. Innige Vertraute, ja, aber dennoch eher eine Zweckgemeinschaft, so erzählen es Weggefährten und Mitarbeiter, die beide gut kennen. Denn so ähnlich ihre Ambitionen und Weltsicht, so unterschiedlich sind ihre Persönlichkeiten.

Sergey Mikhaylovich Brin wird am 21. August 1973 in Moskau geboren. Seine Eltern sind Wissenschaftler, der Vater ein begabter Mathematiker. Sie sind jüdischen Glaubens und fühlen sich deshalb in Russland verfolgt. »Ich hatte Angst, dass meine Kinder unter der gleichen Diskriminierung leiden würden, wenn wir im Land blieben«, erzählt sein Vater später der Nachrichtenagentur Reuters. »Manchmal ist die Liebe für sein Land nicht gegenseitig.«

Im September 1978 beantragen die Brins ein Ausreisevisum. Entlassen aus ihren Jobs und ohne festes Einkommen, wartet die Familie bangend auf die Genehmigung. Es sind lange Monate, aber im Frühsommer 1979, als Brin gerade fünf Jahre alt ist, emigriert die Familie schließlich in die USA. Brin wächst in einer Kleinstadt im Bundesstaat Maryland nahe Washington, D. C. auf. Sein Vater arbeitet als Mathematik-Professor, seine Mutter als Wissenschaftlerin bei der US-Raumfahrtbehörde Nasa. Brin verlässt die High-School ein Jahr vor dem Abschluss. Er ist gelangweilt. Stattdessen bewirbt er sich an der University of Maryland für ein Mathematik- und Informatik-Studium – und wird prompt aufgenommen. Nach einem Jahr besucht er bereits Mathe-Seminare, die nur für weit fortgeschrittene Studenten gedacht sind. Zahlen, Formeln, Algorithmen sind seine Welt, aber trotzdem ist Brin kein trockener Akademiker, kein Nerd, der nur Theorien und Bücher kennt. Er ist athletisch, aktiv, attraktiv, mit dunklen Locken und jungenhaftem Lachen. Er geht häufig aus, ist immer »social«, wie die Amerikaner sagen: viel unter Leuten, ein Charismatiker. Er ist nahezu das Gegenteil von Page.

Es gibt viele Geschichten bei Google, wie Brin selbst zu wichtigen Meetings in Rollerblades erscheint, mit denen er während des Tages von Abteilung zu Abteilung über den Firmen-Campus rast. Für eine Weile nimmt er Trapez-Stunden bei einem Zirkus. Oft fährt er nach der Arbeit zu einem nahegelegenen Schwimmbad, nicht nur, um Runden zu kraulen, sondern um vom 3-Meter-

Brett Salti und Schrauben zu trainieren. Er trägt fast ausschließlich T-Shirts und Jeans und gerne auch mal Barfuß-Turnschuhe mit fünf Zehen.

Mitarbeiter bewundern ihn als ruhigeren, technisch versierteren Steve Jobs: weniger aufbrausend, aber genauso detailversessen. Er sagt gerne Sätze wie: »Am Ende sollte das ganze Wissen der Welt direkt mit unserem Gehirn verbunden sein.« Brin ist überzeugt, dass wir erst am Anfang der digitalen Revolution stehen, dass es weitere, ähnlich große Sprünge geben wird, wie »von der Bibliothekssammlung zu Google«. So sagt er es 2004 in einem Interview mit dem »Playboy«. Und warum sollte der nächste große Sprung nicht »von der heutigen Suchmaschine zu einer Welt führen, in der wir alle Informationen der Welt einfach als einen Gedanken haben können«?

Als Google zum Börsengang 2004 sein Motto »Don't be evil« vorstellt, wird Eric Schmidt gefragt, wie das Unternehmen denn definiere, was genau böse ist und was nicht. Er sagt: »Böse ist, was auch immer Sergey sagt, was böse ist.« Brin beschwert sich später, Schmidts Aussage sei unglücklich gewesen, aber sie ist tatsächlich nicht so weit entfernt von der Einstellung der Gründer: Google tut Gutes für die Welt durch die Ideen, die Brin und Page haben und in Produkte umwandeln. Dem »Guardian« sagt Brin 2013: »Technologie ist im Kern demokratisierend. Durch die Evolution von Hardware und Software lässt sich fast alles hochskalieren. Das heißt, dass noch zu unseren Lebzeiten jeder Zugang zu gleichwertigen Instrumenten der Macht haben wird.«

Das britische Magazin »The Economist« hat Brin einst als den »Enlightenment Man« bezeichnet, die Galionsfigur einer neuen Aufklärung, weil er Wissen in jeder Form für gut hält und dessen weitestmögliche Verbreitung anstrebt. Brin schreckt dabei vor radikalen Gedanken nicht zurück, im Gegenteil, das Esoterische, Bizarre, Fantastische war schon immer sein Spezialgebiet. Vor ein paar Jahren finanzierte er aus eigener Tasche ein Projekt von Wissenschaftlern, im Labor künstliches Fleisch zu züchten. Der Versuch gelang, als Beweis wurde das Kunstfleisch zu einem Burger verbraten, den Brin mit den holländischen Forschern verspeiste. 2004, im Rückblick auf das erste digitale Jahrzehnt, sagt er: »Wir sind schon weit gekommen im Vergleich zu vor zehn Jahren. Aber die Frage ist doch: Wo gehen wir als Nächstes hin? Wenn sich alle Daten der Welt direkt mit unserem Gehirn verbinden ließen oder wenn wir ein künstliches Gehirn hätten, wären wir besser dran.«

Der Unterschied zwischen Brin und anderen Visionären ist, dass er sowohl die Mittel, als auch den unbedingten Willen hat, seine Utopien wahr werden zu lassen. Schon lange arbeitet der Konzern am Google Brain, einem neuronalen Computer, der sich an menschlichen Synapsenverbindungen orientiert.

Seit dem Machtwechsel Anfang 2011 konzentriert sich Brin nun vor allem auf das Geheimlabor X, in dem der Konzern an seinen ausgefallensten futuristischen Ideen arbeitet. Dort entstanden Produkte wie das fahrerlose Auto und Google Glass. Der wie eine Brille im Gesicht tragbare Computer ist Brins persönliches Projekt, der Versuch, seinen Ideen vom Zusammenwachsen von Mensch und Maschine nicht mit vielen kleinen Schritten, sondern mit einem großen Sprung näher zu kommen. Smartphones seien letztlich »entmannend«, sagt er bei einer TED-Konferenz im Jahr 2013, weil sie den Menschen nicht genügend direkte Kontrolle, keine echte Verbindung zum Computer geben. »Als wir vor 15 Jahren Google gegründet haben, war meine Vision, dass man irgendwann gar keine Sucheingabe mehr eintippen muss, sondern die Information einfach auftaucht, wenn man sie braucht«, so Brin. Glass sei der erste Versuch, »diese Vision umzusetzen«.

Inzwischen ist die Zukunft von Google Glass unklar. Nicht nur, weil die Technologie noch nicht ausgereift ist, sondern vor allem, weil es heftigen Widerstand gab gegen einen Computer im Gesicht, der auch noch mit einer Videokamera ausgestattet ist, der alles aufzeichnen kann und den Träger konstant mit der digitalen Welt verbindet. Glass-Träger wurden verlacht und beschimpft, die Technologie verteufelt und abgelehnt. Brin hat das zunächst nicht kommen sehen und dann nicht verstehen können. Aus seiner Sicht ist eine Technologie, die dazu dient, die Interaktion zwischen Mensch und Computer direkter zu machen, per se gut, ein Fortschritt der Zivilisation. Wie können die Menschen das ablehnen, etwas Schlechtes sehen in seiner Vision vom jederzeit zugänglichen gesamten Wissen der Welt?

Bei X war es kein Geheimnis, dass Glass noch nicht reif für die Öffentlichkeit war. Viele Ingenieure dort, so ist zu hören, hätten lieber noch ein paar Jahre im Stillen gewerkelt, vorsichtig die Reaktionen getestet, um dann ein fertiges Produkt statt eines kontroversen Prototyps vorzustellen. Aber Brin konnte es offenbar kaum abwarten, seiner Vision einen Schritt näher zu kommen. Glass wurde im Sommer 2012 bei der jährlichen Entwicklerkonferenz des Konzerns der Öffentlichkeit präsentiert: Fallschirmspringer, die Glass auf der Nase trugen, landeten auf dem Dach des Konferenzzentrums, um dann mit Fahrrädern vom Dach in die Halle zu rasen. Manche sehen Brin daraufhin schon als einen realen Tony Stark, den brillanten Ingenieur und Erfinder aus den »Ironman«-Filmen und dem gleichnamigen Comic. Sieht er sich selbst auch so? Offiziell gibt sich Brin zurückhaltend, er tritt niemals großspurig auf, aber er lehnt die Aufmerksamkeit, die Bewunderung auch nicht ab.

Brin ist seit 2015 geschieden und hat zwei Kinder. Die Trennung von seiner Frau Anne Wojicki war ein großes Thema in Tech-Kreisen, denn Brin und Wojicki waren das prominenteste Paar im Silicon Valley. Wojicki ist die Gründerin und Chefin von 23andMe, einer Biotech-Firma, die Gentests revolutioniert hat und dafür mit weit über 100 Millionen Dollar Wagniskapital ausgestattet wurde. Sie ist die Schwester von Susan Wojicki, eine der ersten Angestellten von Google und heute Chefin von YouTube. Brin und Wojicki hatten 2007 auf den Bahamas geheiratet, auf einer Sandbank im Meer, die das Paar und die Gäste nur schwimmend erreichen konnten.

Gemeinsam spendete das Paar Millionen von Dollar an Fördergeldern für die medizinische Forschung. Weit über 100 Millionen Dollar gingen alleine an die Parkinson-Forschung, denn schon vor Jahren hat Brin durch eine Genom-Sequenzierung erfahren, dass für ihn ein deutlich erhöhtes Risiko existiert, an Parkinson zu erkranken. Brin und Wojicki galten als das ideale Wissenschaftlerpaar, das gemeinsam auf der Suche nach dem großen Fortschritt ist. Zwischenzeitlich war Brin mit einer sehr viel jüngeren Marketing-Managerin von Google Glass liiert.

Es ist dagegen kaum vorstellbar, Larry Page mit Extravaganzen, mit persönlichen Skandalen in Verbindung zu bringen. Er verabscheut das Rampenlicht, vermeidet alle Situationen, die ihn in der Öffentlichkeit herausstellen. Page ist kein natürlicher Charismatiker wie etwa Apple-Gründer Steve Jobs. Seine öffentlichen Reden klingen oft monoton, was noch schlimmer geworden ist, seitdem er mit paralysierten Stimmbändern zu kämpfen hat, ausgelöst durch eine Autoimmunerkrankung namens Hashimoto-Thyreoiditis, die dazu führt, dass die Schilddrüse geschädigt wird.

Page wirkt wie das Gegenteil der üblichen Alpha-Männchen, die es normalerweise an die Spitze großer Konzerne schaffen und von denen erwartet wird, nicht zuletzt von den Aktienmärkten, dass sie sich ständig auf die Brust trommeln und ihre eigene Großartigkeit in die Welt posaunen. Page ist introvertiert. Als Schmidt 2004 die Führung des Konzerns von den beiden Gründern übernahm, gab es viele Kommentatoren, die einen Grund für den Wechsel an der Spitze auch in der Persönlichkeit Pages sahen: Er sei nicht laut genug für eine börsennotierte Firma. Als Page 2011 dann das Ruder wieder übernahm, wurden an den Börsen und von den Branchenmedien die gleichen Fragen gestellt: Kann er das, einen Weltkonzern führen? Man beschwerte sich über seine »wenig überzeugenden« Vorträge und empfahl ihm gar eine »Persönlichkeits-Transplantation«.

Neueste Forschungen von Psychologen und Wirtschaftswissenschaftlern zeigen allerdings, dass Introvertierte sogar die besseren Anführer sein können, vor allem in dynamischen, sich schnell wandelnden Industrien. Ruhige, zurückhaltende, zunächst scheue Topmanager »fühlen sich von den Ideen anderer nicht bedroht«, sagt etwa Adam Grant, Professor an der Wharton School der University of Pennsylvania und Ko-Autor einer Studie zu introvertierten Topmanager. Weil Introvertierte eher zuhören, als selber zu reden, können sie mehr Informationen sammeln und für ihre eigenen Visionen verarbeiten. »Introvertierte lassen viel eher Angestellte ihre eigenen Ideen umsetzen«, sagt die Wissenschaftsautorin Susan Cain, die mit »Still. Die Kraft der Introvertierten«, so der deutsche Titel, einen Bestseller zum Thema geschrieben hat. »Und sie sind tendenziell weniger von ihrem Ego oder dem Verlangen nach Ruhm getrieben als von dem Willen, ihre grundsätzlichen Visionen umzusetzen.« Illustriert werde dies durch eine ganze Reihe historischer Persönlichkeiten, die introvertiert waren, etwa Mahatma Gandhi oder Eleanor Roosevelt. In diese Reihe gehöre auf Seiten der Wirtschaftsführer auch Page, so Cain. Vor allem zeigt die Forschung, dass es offenbar einen Zusammenhang zwischen Introvertiertheit und Kreativität gibt: Scheue, zurückhaltende Persönlichkeiten haben kein Problem, viel Zeit mit sich alleine zu verbringen und immer wieder intensiv über ihre Ideen nachzugrübeln.

Fast scheint es, als könnten die beiden Google-Gründer nicht unterschiedlicher sein: Auf der einen Seite Brin, der Emigrant, geflohen aus der Diktatur, spleenig und lebhaft. Auf der anderen Seite Page, der Kleinstadt-Amerikaner aus dem Herzland der USA, dem Mittleren Westen, vorsichtig und unauffällig. Aber es gibt starke Verbindungslinien, prägende Gemeinsamkeiten, die stärker sind als die Charakterunterschiede der beiden. Auch die Eltern von Page waren Wissenschaftler. Larrys Vater Carl war in den 1960er Jahren einer der ersten Informatik-Doktoranden an der Michigan State University. Später erhielt er dort einen Lehrstuhl. Seine Mutter Gloria lehrte dort Programmieren.

Fast ebenso wichtig wie die von Mathematik und Computern geprägten Elternhäuser ist die Schulbildung der beiden Gründer. Sowohl Page als auch Brin besuchten Montessori-Schulen. Anfang des 20. Jahrhunderts entwickelte die italienische Ärztin Maria Montessori eine Bildungsphilosophie, die weniger auf reine Wissensvermittlung, sondern vor allem auf die ganzheitliche Entwicklung von Persönlichkeiten setzt. Die Montessori-Methode legt Wert auf Kreativität, Freiheit und Ideenentwicklung und will Menschen hervorbringen, deren Ziel es ist, die Welt zu verbessern. Page und Brin bezeichnen beide ihre Montessori-Schulzeit nicht nur als prägend für ihre eigene Entwicklung, sondern auch als wichtigen Einfluss, wie sie Google strukturieren und führen. Der Montessori-Hintergrund macht es leichter, die auf den ersten Blick außergewöhnliche Google-Firmenkultur zu verstehen: Die 20-Prozent-Zeit etwa, die es Google-Mitarbeitern erlaubt, an eigenen Projekten zu basteln, oder Projektteams, die ohne Aufsicht durch Manager einfach vor sich hin arbeiten.

Page wird am 26. März 1973 in East Lansing im Bundesstaat Michigan geboren. Die Region lebt vom Autobau und der Industriefertigung, Detroit ist nicht weit. Die Familie Page lebt in einem einfachen, hellgelben Holzbau, zwei Stockwerke, Vorgarten, Garage. Ein Neubaugebiet damals, 113 Häuser, fast alle gleich. Für die Pages ist es ein Aufstieg: Carl Page ist der Erste aus seiner Familie, der einen High-School-Abschluss hat. Von Kindesbeinen an ist Larry Page von Computern umgeben. Ende der 1970er Jahre besaß die Familie bereits einen der ersten Personal Computer, einen Exidy Sorcerer.

Aber Page kommt nicht von der rein mathematischen Seite wie Brin, er ist ein Bastler, nimmt alle elektronischen Geräte auseinander, schraubt immer wieder an eigenen Ideen. Einmal baut er einen programmierbaren Tintenstrahl-Drucker aus Lego-Steinen. Ab 1991 studiert Page Technische Informatik an der University of Michigan, eine Mischung aus Elektrotechnik und Informatik. Für eine Weile leitet er auch Eta Kappa Nu, die lokale Verbindung der Studentenvereinigung des Studiengangs. Während seiner Zeit am College entwickelt er unter anderem ein futuristisches Schienen-Transportsystem für den Universitäts-Campus. Er ist überrascht, dass die Stadt sein Konzept nicht umsetzt. 2009, als er für eine Rede an die Uni zurückkehrt, bringt er seine alten Pläne noch einmal zur Sprache und stichelt, dass die Stadt ja noch immer dieselben Verkehrsprobleme habe.

Page betont, er habe früh gewusst, dass er Erfinder werden wolle. Und dass er dazu ein eigenes Unternehmen gründen werde, um seine Erfindungen in Produkte umzusetzen. Dieser zweite Schritt, nicht nur zu erfinden, sondern am Ende auch die Kontrolle über die Ideen zu behalten, hängt eng mit der Lebensgeschichte eines seiner Kindheitshelden zusammen. Bis heute ist Page fasziniert von Nikola Tesla, dem serbischen Erfinder und Ingenieur. Tesla entwickelte unter anderem das Wechselstromsystem und zahlreiche andere Neuerungen der Elektrotechnik, die als Grundlagen unter anderem für den Laser und das Radio dienten. Er war ein exzentrisches Genie, ebenbürtig seinem Zeitgenossen Thomas Alva Edison, dem Erfinder der Glühbirne. Mit einem großen Unterschied: Edison gründete parallel zu seinen Erfindungen General Electric, ein Unternehmen, das seine Erfindungen zu Produkten entwickelte, die weltweit genutzt wurden, und sie dadurch zu Geld machte. Noch heute ist General Electric ein Weltkonzern. Tesla, der Ende des 19. Jahrhunderts nach New York emigriert war, starb dagegen in Armut.

Als Jugendlicher hatte Page die Biographie von Tesla gelesen. Aber am Ende, so erzählt er es später, habe er »geweint, weil ich realisieren musste, dass man der größte Erfinder der Welt und trotzdem ein Versager sein kann«. Das Leben von Tesla dient Page bis heute als zweifache Inspiration: Zum einen lernte er, dass sich durch schieren Intellekt weltbedeutende Technologien entwickeln lassen. Und zum anderen wurde ihm klar, dass es leicht ist, die Kontrolle über diese Erfindungen zu verlieren, wenn man dazu nicht ein ebenso durchdachtes, persönlich gesteuertes Unternehmen aufbaut.

Aus dieser Sicht heraus wird deutlich, dass Page die Kontrolle über Google niemals Aktionären überlassen wird, dass er sich wehrt gegen einen starken Aufsichtsrat und sich nicht von Investoren reinreden lassen will. Google ist sein Unternehmen, ein Vehikel für seine Ideen, keine Geldmaschine für andere. Gleichzeitig betont Page immer wieder, dass er nicht nur hübsche Konsumgeräte fabrizieren, sondern wie Tesla echter Erfinder sein will. Nicht nur das Produkt, sondern auch die Idee dahinter soll von Google kommen.

Das amerikanische Wirtschaftsmagazin »Fortune« hat Page, nicht lange nachdem er wieder das Steuer des Konzerns übernommen hatte, zum »ambitioniertesten Vorstandsvorsitzenden des Universums« gekürt. Aber der Google-Gründer ist sich bewusst, dass seine eigenen Ambitionen nicht genügen, um den Konzern zu bauen, den er sich wünscht. Sein Führungsteam und möglichst alle Mitarbeiter sollen seine Ambitionen teilen. Das bekommen sie immer wieder zu spüren, fast in jedem Meeting und bei jeder Idee, mit der sie zu ihm kommen. Page sei »immer extrem, extrem kritisch« sagt einer seiner Top-Ingenieure. »Das kann sehr anstrengend sein«, klagt ein anderer. Bei Google machen deswegen Witze wie dieser die Runde: Ein Ingenieur hat einen Termin bei Page, um ihm seine weltbewegende Erfindung vorzustellen, eine Zeitmaschine. Als der Ingenieur nach einem Verlängerungskabel sucht, um seine Erfindung anzuschließen, fragt Page nur naserümpfend: Warum braucht das Ding denn einen Stecker?

Mitunter scheint es, als sei Page in einem anderen Universum unterwegs als selbst seine besten Wissenschaftler. Wenn er bei einem Brainstorming-Meeting wieder einmal auf wilde Ideen drängt, heißt es hinterher gerne: Larry ist mal wieder in die Zukunft gereist und nur zurückgekommen, um uns zu erzählen, wie es da aussieht.

Page und Brin haben beide ein Vermögen von jeweils rund 30 Milliarden Dollar angehäuft, größtenteils in Form von Firmenanteilen. Aber es ist kaum vorstellbar, sie im Brioni-Anzug und Prada-Schuhen zu sehen. Oder dass sie mit einem Ferrari auf dem Firmenparkplatz vorfahren. Page sammelt Elektroautos. An den höchst seltenen Tagen, wenn Page statt in Jeans mit einem Anzug in der Unternehmenszentrale gesichtet wird, ist das Getuschel sofort groß, was das wohl für ein Termin sein muss. Der Präsident vielleicht?

Eine ganze Weile, nachdem Page bereits Millionär war, fuhr er noch einen Toyota Prius und wohnte in einem kleinen Apartment. Inzwischen nimmt er jedoch die üblichen Privilegien der Super-Reichen in Anspruch. Eine rund 60 Meter lange Jacht namens Senses etwa, entworfen von Philippe Starck, Kaufpreis 45 Millionen Dollar im Jahr 2011. Nach dem Börsengang legte er sich zunächst ein Hacienda-ähnliches Haus in Palo Alto zu, rund 800 Quadratmeter im spanischen Kolonialstil. In den Jahren danach kaufte er auch angrenzende Häuser und Grundstücke, um Platz zu schaffen für einen Neubau, eine riesige Wohnanlage, deren Mittelpunkt ein gut 500 Quadratmeter großes Ökohaus ist.

Auch wenn Page die Annehmlichkeiten des Reichtums zu schätzen gelernt hat, sind sie doch für ihn nur Nebensache. Milliardäre gibt es viele, doch Menschen, die wirklich einen Einfluss auf den Gang der Dinge in der Welt haben, die einen Platz in den Geschichtsbüchern bekommen, gibt es nur sehr wenige. Immer wieder klagt er über die allgemeine Ambitionslosigkeit in der Welt. Er kann ungeduldig wirken, schnell gelangweilt. Er sagt: »Die Menschen verstehen nicht, dass, selbst wenn ambitionierte Ideen sich nicht realisieren lassen, man doch nie ganz scheitern kann.« Der einzige echte Fehler, den man machen könne, sei, nicht wagemutig zu sein. Page sehnt sich nach großen Entwicklungssprüngen, denn er glaubt, dass Trippel-Schrittchen Unternehmen bedeutungslos machen. Er sagt: »Es läuft etwas komplett falsch, wie Unternehmen geführt werden. Alle machen immer nur das, was sie immer gemacht haben.« Für eine Weile schien ihm selbst die ursprüngliche Mission von Google, das Wissen der Welt zu organisieren und universell zugänglich und nutzbar zu machen, zu klein. Diese Vision, so überambitioniert sie schon klingt, sei wahrscheinlich »zu eng gefasst«. Zuletzt aber ließ Page sich überzeugen, es vorerst bei dem jahrzehntealten Mission-Statement zu belassen, »weil Informationen der Kern von allem sind, was wir tun«.

Egal welches Motto sich Google am Ende gibt, sicher ist: Page führt den mächtigsten Technologiekonzern der Welt inmitten eines technologisch bedingten Umbruchs, wie es ihn nur selten gibt. Die Ausbreitung von Software, die Vernetzung der Welt bis in den letzten Winkel des Alltags haben große Veränderungen in Gesellschaft, Wirtschaft, und Kultur in Gang gesetzt. Sieht Page die Gelegenheit, der Welt jetzt seinen Stempel aufzudrücken wie

nur wenige Menschen vor ihm? Den digitalen Umbruch nach
seinen Ideen zu steuern? »Wir befinden uns auf unbekanntem
Terrain«, sagt Page. Die Frage sei für ihn deshalb: »Wie nutzen
wir all diese Ressourcen und haben damit einen positiven Einfluss auf die Welt?«

Page spricht im immer gleichen gemächlichen Tempo mit ras-
pelnder Stimme. Vor einigen Jahren, als seine Stimmbandprob-
leme das erste Mal auftauchten, war er kaum noch zu verstehen.
Inzwischen hat sich seine Stimme stabilisiert, doch er verändert
selten die Lautstärke oder den Tonfall. Das kann irreführend sein,
den Anschein erwecken, als plätschere das Gespräch dahin, als
habe er einen Gedankengang beendet, um dann aber doch unbe-
irrt weiterzureden. Er ist freundlich und interessiert und aufge-
schlossen, aber unverbindlich, auf Distanz bedacht. Sein Blick
geht mitunter ins Leere, während er spricht, scheinbar verloren
in Gedanken, manche Einwürfe komplett ignorierend, nur um
dann unvermittelt breit zu lächeln, wenn er tief eintaucht in die
eine oder andere »große Gelegenheit«. Unter seinem vollen, grau
melierten Haupthaar sind die Augenbrauen dicht und hervor-
stechend. Meist trägt er dunkelgraue oder schwarze Sakkos über
dunkelgrauen oder schwarzen T-Shirts, dazu dunkelgraue Jeans
und schwarze Turnschuhe. Er läuft mit langsamen, bedächtigen
Schritten, und in der Öffentlichkeit, inmitten vieler Menschen,
sagt er fast nichts von Gehalt, ist er so vorsichtig, dass er gleichermaßen schüchtern und unnahbar wirkt. Sein Konferenzraum,
»Silver Strand«, benannt nach einem Strand in San Diego, sieht
aus wie jeder andere auf dem Google-Campus: zwei Flachbild-
fernseher an der grüngelben Wand, billige Wegwerfkugelschrei-
ber und ein Karton mit Kleenex-Tüchern. Genauso unauffällig ist auch das Gebäude, in dem die Google-Führung sitzt: vier
Stockwerke, verkleidet mit orangem Backstein und verdunkel-
tem Glas zum Schutz vor der kalifornischen Sonne, vor der Tür

eine Reihe Königspalmen. In der schmalen Lobby fällt nur eine Metallrutsche auf, die sich aus dem zweiten Stock nach unten windet, die aber niemand nutzt.

Fragt man Page, ob er das wirklich alles schon vor zehn Jahren vorhersehen konnte, die Machbarkeit eines selbstfahrenden Autos oder sprachgesteuerter Smartphones, antwortet er: »Natürlich, das war mir immer klar.« Er sagt das nicht aufschneiderisch, sondern sachlich und leise, die Augen niedergeschlagen, als sei es eine Bürde, immer wieder erklären zu müssen, dass all dieser Fortschritt doch auf der Hand liege, wenn man nur genau hinschaue. »Als ich sechs Jahre alt war, 1978, war ich fortgeschrittener Nutzer eines Word-Prozessors und gab in der Grundschule einen auf dem Computer getippten Aufsatz ab«, sagt Page. Das Beispiel soll illustrieren, dass er »schon immer ein bisschen in der Zukunft gelebt« hat. Am Ende sei der Trick einfach: »sehr neugierig« sein und »bereit, alles in Frage zu stellen«.

Page sagt, für große Unternehmen sei es unerlässlich, dass sie auch große Ambitionen haben, sonst hätten sie es nicht verdient, große Unternehmen zu sein. Die Zahl der Konzerne, die seine Maßstäbe erfüllen, ist verschwindend gering. »Die meisten Unternehmen sind unbefriedigend für mich«, sagt Page. »Nicht inspirierend« genug. Aber muss das wirklich sein, brauchen Unternehmen eine große Mission, eine Vision? Sind nicht die meisten Menschen zufrieden, ordentlich Geld zu verdienen, reicht es für ein Unternehmen nicht, Profit zu erwirtschaften? »Ich glaube, das stimmt nicht«, sagt Page. »Wenn ich den Chef einer Firma treffe und überzeugt bin, dass er nur von Geld motiviert ist, schreibe ich das Unternehmen automatisch ab.« Es sei »unbefriedigend«, einen Job zu machen, bei dem es nur um Geld gehe, ohne sich um die Folgen für die Welt zu scheren. »Der Kapitalismus ist offensichtlich sehr effektiv, aber in vielen Unternehmen herrscht ein kurzfristiges Denken, das zu großen Problem führt«, sagt der Google-Gründer. Es sei zumindest den Versuch wert, es auf andere Art zu versuchen: »Wenn man einen langfristigen Ansatz über zehn, 20 Jahre wählt, gibt es eine gute Chance, die wirtschaftlichen und sozialen Fragen zusammen zu lösen.«

Nachdem Page die Konzernführung wieder übernahm, waren die Erwartungen groß, dass er mehr öffentliche Auftritte absolvieren, mehr Medientermine wahrnehmen, Google stärker nach außen repräsentieren würde. Das ist nicht eingetreten. Page lebt fast völlig zurückgezogen, über sein Privatleben dringt so gut wie nichts nach außen. 2007 heiratete er Lucinda Southworth, eine promovierte Bioinformatikerin. Southworth ist smart und blond und attraktiv. Ihre Schwester arbeitet als Model und Schauspielerin. Die Hochzeit fand in der Karibik statt, auf der Privatinsel des britischen Milliardärs Richard Branson, selbst für die ambitioniertesten Paparazzi nicht zu erreichen. Das Paar hat zwei Kinder, geboren 2009 und 2011. Es gibt im Internet keine Fotos von ihnen, nicht einmal ihre Namen sind öffentlich bekannt.

Konzerngründer haben es oft nicht leicht, die Kontrolle über schnell wachsende Unternehmen zu behalten, vor allem wenn sie keinen unternehmerischen Hintergrund haben. Sogar Steve Jobs wurde in den 1980er Jahren zunächst aus seinem eigenen Unternehmen gedrängt. Immer wieder wird Page auch deswegen mit Jobs verglichen: die beiden genialen, gereiften Gründer, die nach mehrjähriger Pause wieder die Führung übernehmen und ihre Unternehmen in neue Höhen führen. Aber der Vergleich zwischen Page und Steve Jobs hakt genauso wie der zwischen Apple und Google. Page will ein ganz anderes Unternehmen bauen als der Apple-Gründer. Page denkt wie ein Ingenieur, er ist auf Forschung und wissenschaftlichen Fortschritt fixiert, geprägt vom akademischen Denken seines Elternhauses. Zahlreiche kleine Abteilungen bei Google machen reine Grundlagenforschung in

Physik, Chemie, Mathematik. Wenn Page dagegen über Apple redet, klingt das mitunter so: »Apple macht eine sehr, sehr kleine Anzahl von Sachen, und das funktioniert ziemlich gut für sie. Ich finde das unbefriedigend. Es gibt so viele Möglichkeiten, mit Technologie wirklich das Leben zu erleichtern.« Page erzählt, dass er regelmäßig diese Diskussion mit Jobs geführt habe, der ihm immer wieder gesagt habe: »Ihr macht zu viele Sachen gleichzeitig.« Und er habe geantwortet: »Ihr macht nicht genug.« Genau das ist das Ziel von Page, von Google: so viele Ideen wie möglich parallel zu verfolgen. Er findet es »unbefriedigend«, über so viele Milliarden Dollar zu verfügen, ohne etwas völlig Neues zu probieren, hält es »für ein Verbrechen«, Geld einfach nur als Selbstzweck anzuhäufen.

Tony Fadell, einst enger Vertrauter von Steve Jobs und bei Apple federführend verantwortlich für die Entwicklung von iPod und iPhone, arbeitet nun für Google. In einem Interview mit dem US-Magazin »Fortune« sagt er: »Steve war ein Marketingmann, der Produkte liebte und die Details der *User Experience* perfekt verstand. Larry ist ein ernsthafter Technologie-Experte, jemand, der getränkt ist in Wissenschaft und Theorie.« Fadell zählt zu dem kleinen Kreis von engen Beratern, denen Page zuhört und vertraut, auf deren Rat hin er nicht nur Geschäftsstrategien, sondern auch die Firmenstruktur ausrichtet. Dazu gehört etwa der ehemalige Apple-Manager und Chef der Software-Firma Intuit, Bill Campbell. Zum wichtigsten Ratgeber ist aber ein aus Südindien stammender Ingenieur aufgestiegen: Sundar Pichai, der Materialwissenschaften in Stanford und Wirtschaft an der Wharton School of Business studiert hat, wurde im Herbst 2014 offiziell die rechte Hand von Page als Produktchef von Google. Ähnlich wie der Gründer wirkt auch Pichai stets zurückhaltend und ruhig und ist doch äußerst durchsetzungsfähig und bestimmt. Pichai fing 2004 als einfacher Produktmanager bei Google an, übernahm aber in rasantem Tempo immer mehr Verantwortung. Er brachte erst den Web-Browser Chrome, später auch die Laptop-Serie Chromebooks auf den Weg. 2013 übernahm er die Verantwortung für das Smartphone-Betriebssystem Android. Pichai sei eine großartige Führungskraft, sagt Page, weil er über die »seltene Kombination von tiefgehender technischer Expertise, einem guten Gefühl für Produkte und Unternehmergeist« verfüge. Mit der Restrukturierung im August 2015 wurde der Inder noch einmal befördert. Er leitet seither als CEO das Kerngeschäft des Konzerns und verantwortet damit alles, was unter dem Dach der neuen Holding Alphabet weiter unter dem Namen Google firmiert, darunter die Suchmaschine, YouTube, Android und Maps.

Generell gebe es nur eine »frustrierend kleine Gruppe von Leuten«, mit denen er sich berät, betont Google-Gründer Page. Er hat sich immer wieder gefragt, was die Gründe dafür sind. Seine Schlussfolgerung: Es fehlt eine formale Ausbildung, die den Menschen antrainiert, »wie sie Führung und Unternehmertum und technisches Verständnis miteinander vereinen, mit dem bewussten Ziel, die Welt voranzubringen«, sagt Page. »Wenn ich darüber nachdenke, mit welchen Menschen ich mich austauschen möchte, dann sind es Leute, die so denken, die durch solch ein Programm gegangen sind.«

Relativ neu zu diesem engen Beraterkreis hinzugestoßen ist Alan Mullaly, langjähriger Vorstandsvorsitzender des Autokonzerns Ford. Er führte den Konzern erfolgreich durch die schwierigen Jahre nach der Finanzkrise und straffte die Firmenstruktur. Seit Juli 2014 sitzt Mullaly nun im Aufsichtsrat von Google. Page holt sich von ihm vor allem Rat, »wie man Konzerne effizient führt«. Hinzu kommt, dass Page familiär bedingt eine besondere Beziehung zur Autoindustrie hat. Sein Großvater arbeitete in den 1920er und 1930er Jahren in einer Chevrolet-Fabrik in Michigan. Er gehörte zu den ersten Organisatoren der damals aufkommenden Gewerkschaftsbewegung. Die Arbeitsbedingungen in den amerikanischen Autofabriken waren damals brutal, Unfälle waren an der Tagesordnung, Arbeiter wurden verprügelt. Sich für Gewerkschaften zu engagieren war höchst riskant. Page betont, dass diese Erfahrungen seines Großvaters wesentlich dazu beigetragen hätten, dass er bei Google ein völlig anderes Arbeitsumfeld schaffen wollte, in dem Mitarbeiter nicht kleingehalten werden, sondern ermutigt, auch ihren eigenen Ideen zu folgen. Er habe noch die Waffe, die sein Großvater immer mit zur Arbeit genommen habe, um sich zu schützen, ein großes Metallrohr mit einer Bleikugel an einem Ende. »Ich denke oft darüber nach, wie weit wir gekommen sind seit diesen Tagen, als sich Arbeiter vor ihrem eigenen Unternehmen schützen mussten. Mein Job ist es sicherzustellen, dass jeder in der Firma gute Möglichkeiten hat, dass alle das Gefühl haben, etwas Sinnvolles beizutragen«, sagte Page 2012 in einem Interview mit dem US-Magazin »Fortune«.

Seitdem Page Anfang 2011 die alleinige Führung von Google übernahm, trägt der Konzern eindeutig seine Handschrift. Page straffte die oberste Führungsebene und reorganisierte den Konzern gleichzeitig um die wichtigsten Produkte. Page stampfte zahlreiche Produkte ein und vereinheitlichte das Erscheinungsbild der verbliebenen weitgehend. Die Ingenieure werden gedrängt, zu simplifizieren und geradliniger zu denken. Page beobachtet und analysiert andere erfolgreiche Konzerne genau: wie sind sie strukturiert, welche Prozesse verwenden sie, womit haben sie zu kämpfen? Zu seinen liebsten Studienobjekten zählt dabei Berkshire Hathaway, die große Holding-Gesellschaft der Wirtschaftslegende Warren Buffett. An diesem Vorbild orientierte Page dann auch die grundlegende Reorganisation des Konzerns, die er im August 2015 bekannt gab: Das Kerngeschäft, die Suchmaschine, YouTube, Maps, Android, wurde getrennt von allen anderen

Aktivitäten. Die meisten Forschungsprojekte wie das selbstfahrende Auto wurden gesammelt in einem neuen, auf Forschung und Entwicklung spezialisierten Unternehmen mit dem Namen X. Auch viele andere Geschäftseinheiten, die sich mit Themen fern des Kerngeschäfts befassen, sind seither eigenständige Unternehmen. Alle Firmen werden nun unter einem neuen Dachkonzern mit dem Namen Alphabet versammelt. Es ist ein Name mit Symbolwert, sagt Page, denn das Alphabet sei eine der wichtigsten Innovationen der Menschheit – und zugleich die Grundlage für den Suchindex von Google.

Zu den neuen, separaten Firmen gehört auch der bisherige Wagniskapitalarm des Konzerns, Google Ventures, der sich in kürzester Zeit von einer Randnotiz zu einem der größten Geldgeber für Start-ups im Silicon Valley entwickelt hat. Zahlreiche neue Tech-Stars wie Uber wurden mit Google-Geld angeschoben. Dutzende kleine Unternehmen wurden gleich ganz übernommen und in den Konzern integriert. Gleichzeitig wuchsen bei Google selbst die Ausgaben für Forschung und Entwicklung rasant.

Der neue Schwung hat den wirtschaftlichen Erfolg noch weiter gesteigert. Vorerst zumindest. Als Page den CEO-Posten übernahm, hatte das Unternehmen rund 35 Milliarden Dollar Cash-Reserven. Vier Jahre später waren es 64 Milliarden Dollar. Der Umsatz wuchs im selben Zeitraum jedes Jahr um 20 Prozent oder mehr.

Aber Page hat längst nicht für alles ein glückliches Händchen. Er drängte auf die Übernahme des strauchelnden Handyherstellers Motorola, die mit Abstand größte Investition von Google mit einem Kaufpreis von rund 12,5 Milliarden Dollar. Doch die Integration des Traditionsunternehmens mit tausenden Mitarbeitern und einer völlig anderen Unternehmenskultur scheiterte. Motorola wurde wieder verkauft. Viel Geld und Energie flossen auch in einen Gegenangriff auf Facebook: Google+ sollte ein ebenbürtiges soziales Netzwerk sein und wurde mit großen Fanfaren gestartet, aber der Erfolg blieb aus. Google+ wurde weitgehend ignoriert, selbst von eingefleischten Google-Nutzern.

Page ist darauf fixiert, Google trotz seiner zunehmenden Größe flexibler und schneller zu machen, weswegen er auch immer mehr mit weitgehend unabhängig operierenden Geschäftseinheiten experimentiert. Unbedingt will Page verhindern, dass Google das Schicksal vieler anderer Technologiekonzerne erleidet: durch den eigenen Erfolg bequem zu werden und in der Mittelmäßigkeit zu versinken. Der Google-Gründer schätzt, dass nur wenige Dutzend Unternehmen ernsthaft versuchen, den Fortschritt voranzubringen, solche Ideen und Produkte zu entwickeln, »die das Leben der Menschen besser machen«. Fragt man Page, woran das liegt, schwingt in seiner Antwort Frustration mit. Frustration über das negative Weltbild, die Angst vor der Zukunft, den Pessimismus. Darüber, dass seine Versuche, die Welt besser zu machen, statt mit Applaus oft mit Kritik beantwortet werden. »Da ist diese generelle Haltung, die, glaube ich, besonders in Europa immer mehr um sich greift, dass all die neuen Dinge schlecht sind, dass der Blick nach vorne zwangsweise sorgenvoll sein muss.« Page versteht, dass Veränderungen und Ungewohntes oft mit Misstrauen begegnet wird, aber dagegen gebe es ein einfaches Mittel: »Wir müssen optimistischer sein.«

Im Laufe eines Gesprächs mit dem Google-Gründer über sein Weltbild, über seine Philosophie und seine Vision für den Konzern ist Optimismus der Begriff, der am häufigsten fällt, der fast in jeder Antwort vorkommt. Früher, sagt Page, wären die Menschen begeistert gewesen von den Möglichkeiten und Chancen der Zukunft. Er verweist auf die Weltausstellungen im vorigen Jahrhundert, zu denen die Menschen strömten, um Visionen von fliegenden Autos zu sehen. »Warum sind wir nur so pessimistisch?«, fragt Page. »Das ergibt wissenschaftlich einfach keinen

Sinn.« Page hält den zunehmenden Kulturpessimismus für irrational, denn die Geschichte beweise eindeutig, dass es der Menschheit mit zunehmendem Fortschritt, dank immer neuer Technologie, zusehends besser gehe. Das Internet und auch all die anderen Errungenschaften der Moderne seien letztlich entstanden aus dem Grundoptimismus, die Welt voranbringen zu können. Page versteht nicht, wie man auch nur auf die Idee kommen kann, den Fortschritt zu bekämpfen, in einer Welt, in der noch längst nicht alles gut sei. Wie man sich mit dem Status Quo begnügen kann, wenn es noch so viel zu verbessern gibt: »Warum bloß freuen wir uns nicht mehr auf die Zukunft?« Der Google-Gründer vermutet, dass ein Teil der Antwort in einem »Verlust des Vertrauens in unsere großen Institutionen« liegt. Dass die Menschen nicht daran glauben, dass Regierungen und Unternehmen in ihrem Interesse handeln. Und sich in der Folge schwertun, an die »soziale Mission« von Google zu glauben. Entsprechend seien all diese Institutionen gefordert, besser zu werden. Doch am Ende zähle vor allem eines: »Begeisterter davon zu sein, die Welt besser zu machen.«

Dieses Weltbild des Google-Gründers hat sich nicht autark entwickelt. Sein Denken und Handeln, seine großen Ambitionen sind nicht einzigartig. Page und Brin sind Teil einer sehr speziellen Unternehmer-Elite, die sich über Jahrzehnte im Silicon Valley entwickelt hat. Sie sind geprägt von dem gedanklichen Gerüst, das hier entstanden ist, von einer ausgeprägten Philosophie, die sich so in keiner anderen Branche findet. Reichtum ist dabei nur ein Mosaikstein, für manche sogar kaum mehr als ein angenehmer Nebeneffekt. Diese Unternehmer sind vielmehr inhaltlich getrieben. Sie glauben an eine Botschaft. Sie stolpern nicht in die Zukunft, sondern sie sind Idealisten mit einem klaren Ziel. Und das ist es, was die Silicon-Valley-Unternehmen über alle schwindelerregenden Erfolgsgeschichten hinaus tatsächlich einzigartig macht. Die Weltveränderer aus dem Valley glauben, dass die Menschheit sich dank ihrer Hightech-Heilslehre weiterentwickeln kann. Sie sind überzeugt, dass ihre Arbeit zum Wohl der Menschheit sein wird, dass sie die Zivilisation in großen Schritten vorwärtsbringen.

Systematisch versucht das Silicon Valley, nicht nur seine Produkte, sondern auch sein intellektuelles Modell zu verkaufen: dass Technologie zwangsläufig großartigen gesellschaftlichen Fortschritt bringt. Diese missionierende Haltung, die Technologie und Werte verbindet, ist kein Geheimnis. Sie findet sich selbst im Börsenprospekt von Facebook: Das Internet-Unternehmen sei geschaffen worden, »um eine soziale Mission« zu erfüllen, heißt es da. »Indem wir den Menschen die Macht geben zu teilen, ermöglichen wir es ihnen, ihre Stimmen in einer ganz anderen Größenordnung hörbar zu machen als jemals zuvor in der Geschichte. Durch diesen Prozess werden sich in allen Ländern Anführer entwickeln, die pro Internet sind und für die Rechte ihrer Bevölkerung kämpfen, inklusive des Rechts auf Zugang zu allen Informationen und zu teilen, was sie wollen.«

In diesem technophilen Weltbild fließen verschiedene Strömungen zusammen, die sich nur teilweise natürlich ergänzen und sich oft auszuschließen scheinen, da sie aus entgegengesetzten politischen Denkschulen stammen. Da sind einerseits Ideen, die heute eher im äußersten rechten Lager der amerikanischen Politik zu finden sind: radikaler Individualismus, sich beziehend auf die Ideale von Thomas Jefferson, einem der Gründungsväter der USA, und neoliberale Forderungen nach totaler Freiheit der Märkte, frei von Regulierung. Hinzu kommt vom anderen Ende des politischen Spektrums die Idee des Transhumanismus, der Glaube an eine Weiterentwicklung der Menschheit durch Technologie, gedanklich vorbereitet von radikalen Denkern wie Timothy Leary, der mit Drogen experimentierte, um neue Bewusstseinsstadien zu erreichen, sowie anti-staatliches Gedankengut, das sonst eher bei Anarchisten zu finden ist.

Schon seit ihren Anfangstagen hat die kalifornische Technologiebewegung die Nähe zu linken idealistischen Strömungen gesucht. Die Gegenkultur der späten 1960er Jahre in San Francisco hat viele der späteren Protagonisten der Computerrevolution geprägt. Steve Jobs hat für eine Weile in einer Kommune gelebt, bevor er Apple gründete. Nicht wenige Unternehmensgründer sehen sich in dieser Tradition gerne als eine Art digitale Hippies. Zusammengenommen entsteht daraus eine politische Philosophie, die das Handeln im Silicon Valley antreibt: eine eigenartige Mischung aus esoterischem Hippie-Denken und knallhartem Kapitalismus.

Bereits 1995 haben zwei englische Medienwissenschaftler, Richard Barbrook und Andy Cameron von der University of Westminster, einen Begriff für diesen »neuen Glauben« geprägt: die Kalifornische Ideologie. In ihrem kulturkritischen Essay sahen die beiden Wissenschaftler schon vor 20 Jahren eine scheinbar widersprüchliche »Orthodoxie für das kommende Informationszeitalter« aufziehen: eine Kombination aus dem Geist der Hippies und dem Unternehmertum der Yuppies. Sie schreiben: »Diese Vermischung von Gegensätzlichkeiten wird erreicht durch den bedingungslosen Glauben an das befreiende Potenzial der neuen Informationstechnologie. Im digitalen Utopia werden alle hip und reich sein. Es überrascht nicht, dass diese optimistische Vision der Zukunft von Nerds, Studenten, innovativen Kapitalisten, futuristischen Bürokraten und opportunistischen Politikern enthusiastisch verinnerlicht wurde.« Obwohl das Internet damals noch in den Kinderschuhen steckte, sahen Barbrook und Cameron bereits einen Zusammenschluss von »Westküsten-Ideologen«, die sich aufmachen, »die nächste Stufe der Moderne« zu prägen, »mit dem Ziel, eine neue Maschinen-Ästhetik für das Informationszeitalter« zu schaffen.

Die Thesen waren gedacht als Kritik und Warnung, doch stattdessen hat das Silicon Valley die Kalifornische Ideologie zum Symbol gemacht für die eigene Sonderstellung: Wir sind nicht nur ein Wirtschaftszweig, sondern wir sind auch eine Bewegung für den Fortschritt der Menschheit. Zu wenig werde in der Welt noch über die wirklich wichtigen Fragen nachgedacht, sagt etwa Peter Thiel, der Gründer von PayPal, erster Geldgeber von Facebook und eine der einflussreichsten Figuren im Silicon Valley. Fragen, die so klingen: »Was muss passieren, damit die Welt ein besserer Ort wird?« Die Wirtschaftsführer des Silicon Valley sahen noch nie einen Widerspruch zwischen Milliardengewinnen und teils schmalzig klingenden Träumereien.

Im Gegenteil: Sie definieren sich über Utopismus. Radikale Fortschrittsgläubigkeit war schon immer der prägende Wesenszug des Silicon Valley, schon seitdem Ingenieure in den 1960er Jahren begannen, hier die ersten Mikrochips zu fabrizieren, seitdem Steve Jobs und Steve Wozniak ihren ersten Apple-PC in einer Garage zusammenschraubten. Dieser unbedingte Techno-Determinismus konzentriert sich im extremsten Fall in einem einzigen Begriff: Singularität. Das Schlagwort beschreibt den Moment in der Zukunft, an dem sich Mensch und Maschine so weit annähern, dass die Menschheit mit einem Knall in die nächste Zivilisationsstufe katapultiert wird. Es ist eine Art Kettenreaktion, ausgelöst durch sich gegenseitig beschleunigende Technologien, die mit einem Schlag alles möglich machen, was bis dahin nur in Science-Fiction-Romanen existierte: denkende Maschinen, verlängertes Leben, dreidimensionale Hologramme. Eine Art neuer, digitaler Urknall, nach dem die Welt sich nicht nur verändert hat, sondern eine komplett andere ist.

Popularisiert wurde die Idee der Singularität vor allem von Ray

Kurzweil. Er hat 19 Ehrendoktorwürden erhalten, den Flachbett-Scanner erfunden und den ersten Sprach-Synthesizer, er hält Dutzende weiterer Patente. Seit 2012 arbeitet er bei Google. Kurzweil hat es zu seiner Lebensaufgabe gemacht, über Technologie nachzudenken, und vor einigen Jahren ist er dabei zu einem Entschluss gekommen: Im Jahr 2029 werden Computer alles können, was auch Menschen können. Nur besser.

Das mag nach Fantasien klingen, die sich Zwölfjährige ausmalen, nachdem sie zu viel »Star Trek« gesehen haben. Nur: In der einen oder anderen Form glauben im Silicon Valley alle daran, selbst die nüchternsten Wissenschaftler und die härtesten Geschäftemacher. Davon handelt der unsichtbare Gesellschaftsvertrag, den jeder hier unterschreibt: dem Glauben an die grenzenlosen Möglichkeiten der Technologie, daran, dass wir auf dem Weg sind zu immer neuen Durchbrüchen mit immer größeren Sprüngen in immer kleineren Abständen. Die Idee der Singularität liefert den nötigen Überbau, die Überhöhung: Die Menschheit in eine bessere Zukunft zu führen, das ist das Ziel.

Kurzweil ist bereits im Rentenalter, aber so agil und energiegeladen wie ein 35-Jähriger, ein schmaler Mann mit lichtem Haar und eckiger Brille, der an Woody Allen erinnert. Jeden Tag wirft sich Kurzweil 150 Pillen ein, Vitamine, Mineralien, Enzyme, und spritzt sich dubiose Zusatzstoffe. Sein Ziel ist es, lange genug durchzuhalten, bis die Technologie so weit ist, das menschliche Leben zu verlängern. Er ist überzeugt: Diese Zeiten sind nicht mehr fern. Schließlich arbeiten Google und andere Firmen bereits mit Hochdruck daran, das Altern zu stoppen, den Krebs zu besiegen.

Kurzweil gilt den meisten Googlern als zu radikal, und der Konzern betont, dass die Singularitäts-Theorie seine Privatsache sei und nichts mit seiner Arbeit bei Google zu tun habe. Aber mit jedem Jahr, das neuen Fortschritt bringt, sehen sich die Futuristen im Valley bestätigt. Und tatsächlich: Die Idee der Singularität wirkt immer weniger verrückt, je mehr sich die Digitalisierung durchsetzt. Die Rechenkraft und die Fähigkeiten von Maschinen nehmen sprunghaft zu, zum einen dank des Mooreschen Gesetzes, wonach sich – grob vereinfacht dargestellt – etwa alle zwei Jahre die Leistungsfähigkeit von Computerchips verdoppelt. Ein Prozessor aus dem Jahr 2014 besitzt 32 Millionen Mal mehr Rechenleistung als der erste Intel-Chip aus dem Jahr 1971. Zum anderen dienen schnellere und bessere Computer als Nährbasis für viele weitere Technologien, die in diesen Tagen geradezu explodieren: Netzwerke, Robotik, Medizin, Materialwissenschaften, Biotech. All diese Bereiche wiederum beeinflussen sich gegenseitig. Die Folgen sind bislang nur schemenhaft zu erkennen. Was etwa bedeutet es für die Medizin, wenn ein menschliches Genom inzwischen in wenigen Stunden für weniger als 1000 Dollar sequenziert werden kann?

Die Wucht der Digitalisierung ist eine Entwicklung, die in ihrer Größe und Radikalität schwer zu verstehen ist. Der Grund dafür, so sagen Psychologen und Soziologen, liegt in der menschlichen Entwicklung: Die vergangenen 100 000 Jahre Geschichte verliefen lokal und scheinbar linear. Nun auf einmal verläuft die Entwicklung der Zivilisation global und exponentiell. Kurzweil hat dafür ein Beispiel: Wer 30 lineare Schritte macht, legt 30 Meter zurück. Wer 30 exponentielle Schritte macht, legt eine Milliarde Meter zurück. Wer kommt da schon noch mit? Zeitweilig selbst die digitale Vorhut nicht.

Spricht man in diesen Tagen mit Informatikern und Ingenieuren bei den Hightech-Giganten, haben sie nicht selten ein irres Grinsen im Gesicht, euphorisch und zugleich erschrocken darüber, wie schnell die Entwicklung voranprescht. Gut 20 Jahre hat es gedauert vom ersten markttauglichen mobilen Computer zum iPhone. In weiteren 25 Jahren, sagen die Erfinder im Valley, werden wir gar keine Geräte mehr mit uns herumtragen. Sie werden abgelöst, so viel sei absehbar, durch molekulare Computer und biometrische Sensoren, verwoben mit der Welt um uns herum.

Page und Brin und damit Google leiten letztlich ihre Handlungen von dieser Prämisse her: dass Technologie nahezu alles verbessern kann. Es geht also nicht um »das Internet« oder »die Digitalisierung«. Technologie berührt alle Bereiche unseres Lebens: Medizin, Autos, Bildung, Raumfahrt. Wer in diesen Bahnen denkt, macht auch vor der Evolution nicht halt. Warum nicht versuchen, das Leben zu verlängern?

Aber der technologische Fortschritt kann nicht autonom verlaufen. Er hat Auswirkungen auf die Gesellschaft, verändert Wirtschaft und Kultur und kollidiert unentwegt mit den Rahmenbedingungen, die wir uns selbst setzen. Die Politik ist in dieser Weltsicht deswegen nicht immer Verbündeter, aber oft ein Gegner, denn sie verlangsamt den Fortschritt. So sehen es viele im Silicon Valley: Die Politiker handeln noch immer wie im 20. Jahrhundert, weil sie das 21. Jahrhundert nicht verstanden haben. Ist der Staat, die Verwaltung am Ende auch ein System, das sie neu erfinden wollen? Zumindest manche im Silicon Valley sehen das so. Es gelte zu überlegen, so wird in den kleinen Runden der Manager und Millionäre in San Francisco philosophiert, wie effizienter und wirklich demokratisch regiert werden könne.

In der politischen Landschaft der USA sind Libertäre eher seltsame Vögel. Viele von ihnen sind stramme Rechtsaußen, so wie Ron Paul etwa, langjähriger Kongressabgeordneter und ehemals aussichtsloser Präsidentschaftskandidat, der einst die amerikanische Notenbank abschaffen wollte. Im Silicon Valley aber, betont Peter Thiel, ist der Libertarismus »eine ziemlich große Strömung«. Thiel ist ihr prominentester Vertreter, er ist eine der zentralen Figuren der digitalen Welt, klug und kontrovers, Vordenker und

Chefideologe. Spricht man mit Thiel über Libertarismus, dann wird schnell klar, dass es nicht um Tagespolitik geht, nicht um Einflussnahme auf den politischen Prozess. Im Gegenteil, wie so viele andere im Valley will er nichts mit Washington oder Brüssel zu tun haben. Die Tech-Elite hat sich vielmehr eine Weltsicht, eine politische Philosophie geschaffen, die mit ihren Zielen übereinstimmt. Und die geht so: Wohlstand und Zufriedenheit für alle durch so viel Autonomie und so wenig Staat wie möglich. Jegliche Autorität ist skeptisch zu betrachten. Regulierung und staatliche Vorgaben haben in dieser Welt nichts verloren.

Thiel glaubt, dass wir zurückmüssen zu viel grundsätzlicheren Visionen und auf eine Zukunft »radikaler Durchbrüche« hinarbeiten sollten, »mit sauberen Energiequellen« und »Wüsten, die sich in fruchtbare Landschaften verwandeln lassen«. Für ihn gibt es einen klaren Grund, warum Computer und Software – die Welt der Bits, wie er sie nennt – solche großen Fortschritte gemacht haben. Alles andere, Transport und Medizin etwa, »die Welt der Atome«, aber nicht: Die Welt der Bits sei weitgehend frei von hemmenden Regeln, »die Welt der Atome aber ist reguliert, und deswegen ist es so schwer, dort voranzukommen«.

Thiel und Kurzweil stehen sicherlich für die Extreme im Silicon Valley, sie vertreten Positionen die in ihrer Radikalität den allermeisten Google-Mitarbeitern fremd sind. Brin und Page träumen nicht von der Singularität und halten wenig von Thiels libertären Ideen. Mit der Politik sucht Google in den meisten Fällen bewusst die Zusammenarbeit und nicht die Auseinandersetzung. Aber der Konzern und seine beiden Gründer bewegen sich in einer Kultur, in der es solche ausgeprägten Unterströmungen gibt, in denen die Überreste der Gegenkultur und der Wunsch nach Fortschritt durch Technologie zum Alltag gehören.

Einmal im Jahr etwa pilgert fast die gesamte Elite des Silicon Valley zu »Burning Man«, einem Kunstfestival mit anarchistischen

Wurzeln in der Wüste von Nevada. Eine Woche lang wird dort in brütender Hitze fern der Zivilisation eine Version jener totalen Freiheit geprobt, die sich so viele wünschen. Aus dem Nichts entsteht eine Stadt für 50 000 Menschen, die meisten verkleidet in wilden Kostümen oder halbnackt, auf Drogen aller Art, elektronische Musik wummert aus unzähligen Anlagen. Es kann nichts mit Geld bezahlt, sondern nur getauscht werden. Manche Besucher haben monatelang an Kunstobjekten gebastelt, die sie nun präsentieren, 20 Meter hohe Skulpturen, fahrende Installationen, Fahrräder, umgebaut zu Einhörnern. Künstler und Hippies und tätowierte Anarchisten auf der Suche nach radikaler Selbstdarstellung prägen die Szenerie. Noch. Denn inzwischen landen fast im Minutentakt nicht weit entfernt die Privatflugzeuge der Millionäre und Milliardäre aus dem Valley. Professionelle Veranstalter bauen Zeltstädte mit Klimaanlage und Privatköchen, die frisch eingeflogenes Sushi servieren. Burning Man ergeht es zusehends wie allen Überresten der Hippie-Kultur: Sobald sie durch die Geldmaschine des Silicon Valley gedreht werden, bleibt nur noch eine pervertierte Version der ursprünglichen Ideen zurück.

Auch Page, Brin und Schmidt sind Stammgäste bei Burning Man, schon seit der Zeit, als die Wüstenparty noch ein echtes Experimentierfeld war. Page wurde angeblich schon in einem silbrig glänzenden, hautengen Overall gesichtet, wie er sich unter das tanzende und feiernde und überwiegend stark bedrogte Volk mischte. Tatsächlich haben Page und Brin sich nicht zuletzt für Schmidt als Vorstandsvorsitzenden entschieden wegen ihrer gemeinsamen Vorliebe für das Festival. So erzählte es Brin dem Magazin »Fast Company«: »Larry und ich hatten über ein Jahr gesucht und dabei 50 der besten Manager im Silicon Valley verprellt. Eric hatte Erfahrung und war der Einzige, der auch zu Burning Man ging. Wir hielten das für wichtig. Er passt kulturell zu uns.«

Inzwischen stehen zur Festivalzeit die Räder auf dem Firmen-campus nahezu still, denn fast die gesamte Google-Führungs-mannschaft fährt mit in die Wüste. Auch Elon Musk, Gründer des Elektroautobauers Tesla und der Raumfahrtfirma SpaceX, betont: »Burning Man ist das Silicon Valley.« Solche Aussagen wie von Musk und Brin beziehen sich auf zweierlei: Zum einen auf den bohemehaften Idealismus, der bei Burning Man im Vorder-grund steht und den sich die Tech-Elite so gerne zu eigen macht. Zum anderen auf die kulturelle Infrastruktur, die genutzt wird, um Geschäftsmodelle zu entwickeln. Crowdsourcing etwa oder die Ökonomie des Teilens haben sich von der Burning-Man-Welt inspirieren lassen.

2013, anlässlich der jährlichen Entwicklerkonferenz von Google, regte Page an, in Anlehnung an Burning Man eine auto-nome Zone zum Experimentieren zu schaffen, frei von Regeln und Verpflichtungen. Page formulierte es so: »Wir wollen nicht, dass sich die Welt zu schnell verändert. Aber vielleicht können wir eine Ecke der Welt beiseitelegen. Ich gehe gerne zu Burning Man. Eine Umgebung, wo die Leute Neues ausprobieren können. Ich finde, wir Technologen sollten einige sichere Orte haben, wo wir Neues ausprobieren können und die Auswirkungen auf die Gesellschaft erforschen können. Was die Auswirkungen auf die Menschen sind, ohne es gleich in die Welt zu setzen.«

In solchen Sätzen schimmert durch, was Google für Page und Brin ist: ein Ort, um ständig und konsequent Neues auszupro-bieren, um die Zukunft nach ihren Vorstellungen zu entwerfen. Die Grundlage dafür ist eine Kultur der wilden Ideen, die syste-matisch gefördert wird. Eine Kultur, die von der Internetsuche zum fahrerlosen Auto führt. Eine Kultur der »Moonshots«.

3
Moonshots: Wie man
eine Innovationsmaschine baut

Die meisten Unternehmen sind zufrieden, wenn sie ein Produkt um zehn Prozent verbessern können. Das bringt eine Menge mehr Umsatz, ein bisschen mehr Gewinn und meistens auch neue Kunden. Stabiles Wachstum eben. Solide. Hauptsache, es geht einen Schritt voran: Fortschritt, Verbesserung, egal in welcher Größenordnung, ist insbesondere für etablierte Produkte und große Konzerne schwierig. Wenn Adidas es schafft, jedes Jahr einen neuen Turnschuh zu machen, der zehn Prozent besser ist als das Vorjahresmodell, dann ist das eine große Leistung. So nimmt Google die Grundstruktur der Wirtschaft um sich herum wahr, egal welche Branche: als »eine Welt, die sich essenziell in Zehn-Prozent-Schritten bewegt«, wie es Patrick Pichette formuliert, von 2008 bis 2015 Finanzvorstand von Google.

Für Unternehmen ist es logisch, so zu denken: ein erfolgreiches Produkt noch ein Stückchen erfolgreicher zu machen, bestehende Geschäftsmodelle zu verfeinern, hier und da sich noch einen Schritt weiter von der Konkurrenz abzusetzen. Der Aufwand, sich mit existierenden Produkten im Wettbewerb zu behaupten, ist schon hoch genug, frisst schon fast alle vorhandene Zeit und Energie. Selbst große Konzerne müssen zwangsläufig fast alle ihre Ressourcen darauf konzentrieren, ihr aktuelles Geschäft am Laufen zu halten. Aus Sicht der Shareholder und Eigentümer ist es sinnvoll, zuerst immer den Strom der Gewinne zu schützen, sich nicht ablenken zu lassen, um die Gesundheit des Unternehmens zu sichern. »Bei Google glauben wir, dass dies nicht der richtige Weg ist«, sagt Pichette. Die Google-Führung ist überzeugt, dass das Ziel, nur ein bisschen besser zu sein als die Konkurrenz, am Ende jedes Unternehmen in der großen Masse untergehen lässt, ersticken lässt an der eigenen Belanglosigkeit. Wer versuche, nur ein bisschen besser zu sein, werde zwar nicht das Unternehmen plötzlich gegen die Wand fahren oder mit einem großen Knall implodieren lassen – er wird aber auch nie einen außergewöhnlichen Erfolg landen, nicht einzigartig, nicht revolutionär sein. Dieses Streben aber steht für Page im Mittelpunkt.

Der Google-Gründer drängt deswegen das ganze Unternehmen, jede Abteilung, dazu, Produkte und Dienstleistungen zu bauen, die nicht zehn Prozent, sondern zehn Mal besser sind – zehn Mal besser als die Konkurrenz, zehn Mal besser als die vorherige Version des gleichen Produkts, zehn Mal besser als alles bereits Dagewesene. Diese Philosophie des »10x«, wie sie im Google-Sprech heißt, durchtränkt den Konzern komplett, sie verkörpert die Mentalität von Google wie nichts anderes. 10x ist zugleich Weltbild und Vision, Managementkonzept und Handlungsanleitung. Tagein, tagaus impft Page seinen Managern immer wieder den gleichen Grundsatz ein: Den Weg zu großen Zielen kann man nicht mit kleinen Schritten zurücklegen. »Wenn die Welt in einem so großartigen Zustand wäre, dass alle menschlichen Bedürfnisse erfüllt sind, würde ich konservativer agieren«, sagt Page. Millionen von Menschen etwa würden jedes Jahr bei Verkehrsunfällen ums Leben kommen. »Ist es da nicht besser, fünf statt zehn Jahre zu brauchen, um ein fahrerloses Auto zu entwickeln?«

Wenn es um neue Produkte geht oder neue Geschäftsbereiche, die der Konzern erschließen möchte, steigert sich diese Denke bis ins Extrem. Ein vielversprechendes Geschäftsmodell, mit dem sich ein paar Millionen Dollar verdienen lassen, ist nicht genug.

Die Schablone, die über alle grundsätzlichen Geschäftsentscheidungen gelegt wird, soll viel größer sein: Kann damit potenziell ein signifikanter Teil der Menschheit erreicht werden? »Wenn nicht mindestens eine Milliarde Menschen das Ziel sind, ist es wahrscheinlich unsere Zeit nicht wert«, sagt Pichette. Das mag zunächst übertrieben klingen und arrogant, kaum umsetzbar und unrealistisch, aber für die Google-Führung ist es einfach nur effizient. Der »ideale Filter«, wie Pichette sagt, um strategische Entscheidungen zu treffen.

Als Beispiel führt Pichette Googles Entscheidung an, ein eigenes Glasfasernetz aufzubauen. In ausgewählten amerikanischen Städten bietet Google über dieses Netz rasend schnelle Internetverbindungen an, mit Übertragungsraten von einem Gigabit pro Sekunde. Das ist hundertmal schneller als die durchschnittliche Übertragungsrate in den USA. Dabei geht es aber nicht in erster Linie darum, ein neues Geschäftsfeld zu erschließen und weltweit in direkte Konkurrenz zu Telekommunikations- und Kabelunternehmen zu treten – sondern darum, Druck zu machen. So ein Hochgeschwindigkeitsinternet bietet für Google jetzt schon viele Vorteile, denn YouTube-Videos und andere Online-Dienste funktionieren erst dann richtig gut, wenn alles ruckelfrei läuft. Je schneller das Netz, umso intensiver werden die Google-Dienste genutzt. Aber es geht am Ende vor allem um die Zukunft: neue Apps, Online-Streaming-Angebote, virtuelle Realität. Die digitalen Produkte der Zukunft werden mit Sicherheit mehr Bandbreite und höhere Übertragungsgeschwindigkeiten benötigen. Doch der Infrastruktur-Ausbau ist teuer und aufwendig. Und so haben sich die Telekommunkationsanbieter viel Zeit gelassen mit ihren Plänen für ein Hochgeschwindigkeitsnetz. Das hat sich erst geändert, nachdem Google ankündigte, selbst Glasfaseranschlüsse anzubieten. Inzwischen zogen mehrere der großen amerikanischen Anbieter nach und verkündeten eigene Pläne für Gigabit-Übertragungsraten. Geht die Entwicklung so weiter, werden schon 2020 hunderte Millionen Menschen Zugang zu einem hundertmal schnelleren Internet haben. Der Grundgedanke bei solchen langfristigen Projekten, die »Essenz von 10x«, wie Pichette sagt, ist dabei, dass nicht von vornherein völlig klar sein muss, wie sie sich auszahlen. Sondern, dass sie »sich im nächsten Jahrzehnt in 17 verschiedene Dinge verwandeln können«.

Bei allen Ambitionen ist der Google-Führung klar, dass 10x nicht bei jedem Produkt erreicht werden kann und dass sich solche Ziele nicht in jeder Minute des Firmenalltags umsetzen lassen. Aber, so Page, wenn die Latte nur hoch genug hängt – für alle als klare Vorgabe jederzeit sichtbar –, dann werden auch alle Teams und Abteilungen immer versuchen, noch etwas höher zu springen, noch mehr zu arbeiten, noch mehr Energie in den Konzern zu investieren.

Darüber hinaus sind die Google-Ingenieure überzeugt, mit einem großen Wurf oftmals effizienter, kostengünstiger und sogar einfacher zum Ziel zu kommen als mit einer Innovationsstrategie der kleinen Schritte. »Man mag es erst mal nicht glauben, aber es stimmt tatsächlich: Oft ist es einfacher, etwas zehn Mal besser zu machen, als zehn Prozent besser.« So sagt es Astro Teller. Er ist der Leiter von X, dem geheimen Forschungslabor des Konzerns. Hier entstanden das selbstfahrende Auto, Google Glass, die Kontaktlinse, die den Blutzucker misst. Hier wird an der Krebsbekämpfung geforscht und an fliegenden Windturbinen zur Stromerzeugung. Seit der Restrukturierung ist X nun ein eigenständiges Unternehmen unter dem Dach von Alphabet (mit Sergey Brin als CEO), eine Art großes Forschungszentrum, in dem sich alle gewagten neuen Produkte sammeln, bevor sie zu eigenständigen Geschäftseinheiten oder neuen Firmen ausgegliedert werden. Tellers Titel ist nicht Direktor oder Geschäftsführer oder Chefwissenschaftler, sondern »Captain of Moonshots«.

So steht es auf seiner Visitenkarte. »Moonshot« ist ein zentrales Schlagwort bei Google. Es steht für die Suche nach dem großen Wurf, angesiedelt irgendwo zwischen gewagter Vision und wilder Fantasie. Der Moonshot ist 10x ins Extrem getrieben. Der Schuss zum Mond, in der Google-Definition, setzt innerhalb weniger Jahre in die Tat um, was bislang nur Science-Fiction war. Der Moonshot, so erklärt Teller die Ursprünge des Begriffs, »braucht den Mut und die Kreativität, die es auch brauchte, um den Menschen auf den Mond zu bringen«. So wie US-Präsident John F. Kennedy zu Beginn der 1960er Jahre verkündete, bis zum Ende des Jahrzehnts werde Amerika es schaffen, auf dem Mond zu landen: nicht weil es einfach, sondern weil es schwer ist. »Kennedy verstand sehr genau, dass die enorme Größe der Aufgabe die Menschen besonders motiviert«, sagt Teller. »Ohne klaren Weg zum Ziel, wurde doch in weniger als einem Jahrzehnt erreicht, wovon Generationen zuvor geträumt hatten.«

Diese Moonshot-Mentalität ist der Kern von X, und sie ist in abgeschwächter Form in allen Bereichen des Konzerns zu finden. Sie ist der Versuch, systematisch unorthodox zu sein. Und so passt es dann auch, dass Teller ein unorthodoxer Mann ist. Er sieht nicht aus wie einer der führenden Wissenschaftler eines Weltkonzerns, er hat nichts Professorales, ist kein Forscher im weißen Laborkittel. Teller könnte auch Roadie bei einer Rockband sein, ein Künstler vielleicht, der in seinem Atelier an Metallskulpturen schweißt. Er trägt zahlreiche Ohrstecker und seine Haare in einem langen, dick geflochtenen Zopf, der bis zur Mitte des Rückens fällt. Breite Koteletten und ein Kinnbart prägen sein schmales Gesicht. Teller hat Informatik in Stanford studiert und machte seinen Abschluss in »symbolischer und heuristischer Mathematik«. Er promovierte an der Carnegie Mellon University über künstliche Intelligenz und erhielt das angesehene Hertz-Fellowship, das herausragende Doktoranden fördert. Sein Großvater war der Physiker Edward Teller, bekannt als »Vater der Wasser-stoffbombe«. Geboren 1970 in Cambridge, England, als Eric Teller, hört er schon seit Schulzeiten auf den Spitznamen Astro, den er einst für seine seltsame Frisur verpasst bekam, die an den in amerikanischen Sportstadien verwandten Kunstrasen AstroTurf erinnerte. Er hält mehrere Software- und Hardware-Patente und gründete eine Handvoll Technologie-Unternehmen, bevor er die Leitung von X übernahm.

Tellers Aufgabe als »Captain of Moonshots« ist es, radikales Denken zu systematisieren. Den Ingenieuren und Informatikern immer wieder einzuimpfen, warum 10x im Zweifelsfall der schnellere Weg ist, auch wenn das Ziel so viel ferner zu sein scheint. »Wenn man etwas zehn Prozent besser machen will, greift man automatisch auf die Instrumente und erprobten Methoden der Vergangenheit zurück«, sagt Teller. »Aber wenn du etwas zehn Mal besser machen musst, weißt du intuitiv, dass du nicht einfach da anfangen kannst, wo alle anderen angefangen haben, dass deine einzige Chance ist, alle bestehenden Annahmen zu verwerfen und nach einem ganz neuen Ansatz zu suchen.« Als Beispiel führt Teller gerne den Versuch an, ein extrem benzinsparendes Auto zu entwickeln. Es wäre bereits ein enormes Unterfangen, ein Auto zu bauen, das nur einen Liter Benzin auf 200 Kilometer verbraucht. Die technischen Hürden sind groß. Aber trotzdem wäre das Ergebnis noch immer nicht weitreichend genug, um die Umwelt wirklich radikal zu entlasten. Was aber, wenn das Ziel stattdessen wäre, ein Auto zu entwickeln, das mit einem Liter Benzin gleich 2000 Kilometer weit kommt? Diese Aufgabe ist nicht zu lösen, indem einfach die bestehende Technologie, das erprobte Denkmodell, weiterentwickelt wird. Stattdessen muss neu über die Grundlagen nachgedacht werden: über Materialien, Energie, Antrieb. Vielleicht führt der Weg auch zu völlig anderen Transportsystemen.

Kaum ein Unternehmen kann sich aber ein ganzes Labor von brillanten Wissenschaftlern leisten, die den ganzen Tag über radikale Lösungen nachdenken. Für Teller ist das nicht der Punkt. So zu arbeiten sei keine Frage von Geld oder Intelligenz, sondern von Mut. Er sagt: »Fast jeder Mensch hat die Kapazität, in 10x-Bahnen zu denken.« Das wirkliche Problem sei, eine Unternehmenskultur zu schaffen, die so eine Denke fördert. »Das Wort ›Scheitern‹ wird hier so gut wie nie in den Mund genommen«, betont Teller. »Wir reden nur von Experimenten. Was probieren wir aus, und was können wir daraus lernen? Wenn man sich die Dinge so zurechtlegt, kann einfach nichts Schlechtes dabei herauskommen.« Zur Philosophie des X-Chefs gehört dann auch, die erste Idee eines neuen Mitarbeiters immer als tollen Einfall zu loben – egal wie schlecht, weltfremd oder unausgereift sie sein mag. Er sagt: »Ich will, dass mir alle Mitarbeiter ständig ausgefallene Ideen bringen und wenn ich die erste gleich als dämlich abschmettere, war das wahrscheinlich auch schon die letzte.« Der Einwand, das sei ein ebenso billiges wie leicht zu durchschauendes psychologisches Mittel der Mitarbeiterbeeinflussung, interessiert Teller nicht. Am Ende zählt für ihn nur, seine Mitarbeiter dazu zu bekommen, nicht den gleichen ausgetretenen Pfad zu wählen, auf dem schon andere seit Jahren oder Jahrzehnten wandeln – mit mehr Erfahrung und mehr Ressourcen. So denken etwa viele Unternehmen, Wissenschaftler und Regierungen schon lange darüber nach, wie sich die Produktion von Nahrungsmitteln verbessern lässt: Noch immer hungern hunderte Millionen Menschen. Nicht nur sind die Ressourcen weltweit sehr ungleich verteilt, unsere Nahrungsmittelproduktion hat auch zu ökologisch und moralisch höchst zweifelhaften Methoden, etwa bei der Massentierhaltung, geführt. Entsprechend lange wird bereits daran geforscht, wie etwa Reispflanzen ergiebigere Ernten abwerfen oder Felder mit weniger Bewässerung auskommen. Nun als Außenseiter in die gleiche Kerbe zu hauen hält Teller für aussichtslos, denn es sei völlig unwahrscheinlich, dass die Google-Forscher klügere Ideen hätten als all die Wissenschaftler und Strategen, die sich schon seit Jahrzehnten darüber den Kopf zerbrechen. Die Chance für Google sieht Teller stattdessen darin, ganz unvoreingenommen nach völlig neuen Lösungsansätzen zu suchen. »Man stelle sich vor, das Fleisch, das wir zum Essen benötigen, und das Leder und der Pelz, den wir tragen, würden nicht von Tieren kommen«, sagt Teller. Das sei ein radikaler Gedanke, ein echter Moonshot, der sich zu verfolgen lohne.

Aber in diesem Fall war ein Start-up aus New York schneller. Modern Meadow, ein kleines Forschungsunternehmen bestehend aus Biologen, Chemikern und anderen Naturwissenschaftlern ist es bereits gelungen, künstliche, fleischähnliche Proteine im Labor zu züchten. Die Forscher haben die Proteinmasse auch bereits zu Chips und einem Hamburger-ähnlichen Klops verbraten. Parallel dazu versuchen sie, künstliches Leder quasi in der Petrischale zu züchten. Damit ist eine wichtige Hürde bereits genommen: Es gibt die Technologie, einen so verrückt klingenden Gedanken prinzipiell zu realisieren, auch wenn Aufwand und Kosten für das Kunstfleisch noch exorbitant sind. Damit ein echter Moonshot daraus wird, darf das Labor-Steak nicht allzu viel teurer sein als die Version von der Kuh. Die Kosten zu drücken, aus der Grundlagenforschung ein echtes Geschäftsmodell zu machen ist bei vielen solcher Ideen ein großes Problem, aber aus Tellers Sicht ist damit bereits eine ganz zentrale Voraussetzung erfüllt: Es ist ein neues Problem.

»Eine der wichtigsten und schwierigsten Aufgaben gerade für große Konzerne ist, sich selbst neue Aufgaben zu stellen, die es zu bewältigen gilt«, sagt Teller. Die natürliche Neigung von Unternehmen sei es, sich nur mit seinen aktuellen Problemen zu befassen und darauf alle Ressourcen zu verwenden: Wie kann sich der Vertrieb des Verkaufsschlagers noch verbessern lassen? Wo können noch zwei Prozent mehr Gewinnmarge herausgeholt werden? »So ist es aber schwer zu wachsen«, sagt Teller. Seine Aufgabe sieht er deswegen letztlich darin, für Google ständig neue Probleme zu finden, die es zu lösen gilt – und die nichts damit zu tun haben, wie sich noch ein paar Millionen Dollar mehr an Werbeeinnahmen aus dem Markt pressen lassen.

Google betreibt einen enormen, mitunter geradezu absurd scheinenden Aufwand, um sich ständig selbst neue Herausforderungen zu basteln. Tatsächlich wäre der ganze Konzern schon ausgelastet genug, würde er sich nur mit dem existierenden Geschäft befassen. Aber das ist nicht im Sinne der Gründer, sie sind die treibende Kraft hinter den immer neuen Projekten, sie drängeln und drängen und lassen das Unternehmen zu jeder Zeit spüren, dass ihnen das Jetzt und Heute einfach nicht genug ist. »Die Wahrheit ist, dass die Gründer die Welt schon immer weit stärker verändern wollten, als sie zunächst durchblicken ließen«, sagt Teller. Das ursprüngliche Firmenmotto darauf zu beschränken, die Informationen der Welt verfügbar zu machen, sei eher »ein Kompromiss mit den ursprünglichen Investoren« gewesen.

Welche Ziele aber sind lohnenswert? Nach welchen Kriterien wählen Brin und Page aus, was ambitioniert, aber nicht verrückt ist, wo es sich für Google lohnt, Milliarden zu investieren, und wo nicht? »Larry und Sergey haben ein spezielles Talent, nüchtern die Welt zu betrachten und zu entscheiden, was ganz offensichtlich zu verbessern ist, ohne sich dabei zunächst über die Zwischenschritte zu sorgen«, sagt Teller. Wenn eine Welt voller selbstfahrender Autos sicherer zu sein scheint, dann lohnt sich der Versuch, die entsprechende Technologie zu entwickeln. Aber sind damit am Ende nicht alle grundsätzlichen Fragen des menschlichen Lebens ein mögliches Ziel für Google? Von Medizin bis Ernährung, von Kommunikation bis Transport? Offenbar ja. Page sagt: »Ökonomen betonen, dass die wirklichen Treiber des Wirtschaftswachstums große Fortschritte waren in den Bereichen, die für alle wichtig sind, die Mechanisierung des Ackerbaus etwa oder die Fabrikproduktion. Aber das Problem ist, dass unsere Gesellschaft nicht mehr über solche Fragen nachdenkt, dass sie nicht mehr an Sachen arbeitet, die solchen Einfluss haben.« Es gehe darum, grundsätzliche Fragen zu stellen: Was braucht es, um Zugang zu sauberem Wasser herzustellen, ohne die Umwelt zu belasten? Und mit welchen Technologien kann man den Weg dorthin ebnen?

Page und auch viele andere Vordenker bei Google bedienen sich bei der Entwicklung neuer Projekte immer wieder eines Denkmodells, das sich an den sogenannten »ersten Prinzipien« orientiert. Dieses Modell hat seine Ursprünge in der Philosophie und geht zurück bis auf Aristoteles, der es in seiner »Metaphysik« so beschreibt: »Allen Prinzipien ist gemeinsam, dass sie ein Erstes sind, von dem aus entweder ein Ding ist oder entsteht oder erkannt wird.« In diesem Sinne sind erste Prinzipien fundamentale Annahmen oder Aussagen, die nicht von anderen Annahmen abgeleitet werden. In der Physik und anderen Naturwissenschaften ist oft von ersten Prinzipien die Rede, wenn ein Projekt sich nicht auf empirische Daten, sondern nur auf die grundsätzlichsten wissenschaftlichen Erkenntnisse stützt. Im Sprachgebrauch von Google und anderen Silicon-Valley-Größen bedeutet das Denken nach ersten Prinzipien aber vor allem, allen alten Ballast über Bord zu werfen, ganz von vorne anzufangen und eigenständig über jeden Bestandteil eines Problems nachzudenken. So wie Page und Brin sich ursprünglich nicht an existierenden Suchmaschinen orientierten, sondern einen ganz neuen mathematischen Ansatz wählten.

Auch Elon Musk, Gründer des Elektroauto-Unternehmens Tesla und der Weltraumfirma SpaceX, ist ein großer Verfechter dieses Modells. »Normalerweise denken wir über alles in Analogien nach: Wir sehen uns an, was andere Menschen machen und was es schon gibt. Es sind Variationen eines Themas«, erklärt Musk in einem Gespräch mit dem ehemaligen Partner von Google Ventures, Kevin Rose. Wenn er diesen Weg gewählt hätte, um Raketen für sein privates Raumfahrtunternehmen SpaceX zu entwickeln, dann hätte er wahrscheinlich nur nach Möglichkeiten gesucht, hier und da Kosten zu sparen, aber weitgehend das existierende Modell übernommen, wie es die Nasa und andere staatliche Raumfahrtorganisationen über Jahrzehnte entwickelt haben. Stattdessen aber begannen Musk und sein Team, lange als gesetzt geltende Annahmen zu verwerfen und viel grundsätzlichere Fragen zu stellen: Welche Bestandteile braucht eine Rakete wirklich? Welche Materialien sind dafür geeignet? Am Ende baute SpaceX eine Rakete für einen Bruchteil der Kosten, die normalerweise anfallen.

»Erste Prinzipien sind der Filter, mit dem Physiker auf die Welt blicken«, sagt Musk. »Das bedeutet, dass man alles runterbricht auf fundamentale Wahrheiten und sich von dort wieder logisch nach oben arbeitet.« Die Hoffnung ist, auf diesem Wege stets zu effizienteren, schlankeren Lösungen zu kommen. Statt etwa für ein E-Mail-Programm einfach zwei, drei neue Funktionen hinzuzufügen, mit denen die Bedienung auf dem Smartphone einfacher wird, wäre es nach dem Modell der ersten Prinzipien viel sinnvoller, ganz neu darüber nachzudenken, wie sich die Kommunikation in der mobilen digitalen Welt verändert – und was für eine Anwendung dafür gebaut werden muss. Allerdings ist der Aufwand enorm, Projekte jedes Mal so grundsätzlich anzugehen. Musk betont: »Das frisst eine ganze Menge mehr an geistiger Energie.«

Page sieht den Rückzug auf das Grundsätzliche vor allem als Weg, »nicht seiner Intuition« zu folgen. Zwar sei das Bauchgefühl bei Geschäftsentscheidungen manchmal hilfreich, aber es sei »meistens eine ganz schlechte Idee«, wenn es um Technologie geht: »Wenn man die Leute fragt, ob fahrerlose Autos möglich sind, sagen sie nein, weil sie das Gefühl haben, das kann nicht funktionieren.« Doch um die Frage wirklich zu beantworten, müsse man tief in die Grundlagen einsteigen. Technologie werde immer komplizierter. »Wenn man versucht, die Zukunft der Informationstechnologie vorherzusagen, muss man sich fragen, ob man die Physik dahinter versteht«, so Page. »Und die Antwort darauf ist wahrscheinlich: nicht vollständig.«

Zentral im Denken von Page ist die Suche nach etwas, das er die »Null-Millionen-Dollar-Probleme« nennt: Offensichtlich große Herausforderungen mit enormem Potenzial, sollten sie gelöst werden. An denen aber trotzdem niemand arbeitet und in die entsprechend null Millionen Dollar an Forschungsgeldern fließen. »Man kann etwas viel Wertvolleres für die Welt schaffen, wenn man sich die Sachen sucht, die wichtig sind, aber die bislang niemand angegangen ist«, sagt Page. Er will dieses Feld nicht einfach neuen Start-ups überlassen. Denn der normale Lauf der Dinge sieht vor, dass Konzerne sich irgendwann nur noch auf ihre großen Produkte und aufs Geldverdienen konzentrieren. Die wilden Ideen, die Angriffe auf existierende Geschäftsmodelle oder etablierte Industrien dagegen werden von jungen Unternehmern ersonnen, die nichts zu verlieren haben. Sie werden nicht aufgehalten von Firmenbürokratien und internen Machtkämpfen und sind deswegen oft weit schneller, beweglicher und innovativer als Unternehmen mit tausenden von Mitarbeitern. Google, so wünscht es sich Page, soll deswegen immer im Herzen ein Start-up bleiben. »Scrappy« – sparsam, pragmatisch – ist das Wort, das in Mountain View gerne verwendet wird, um die erwünschte Start-up-Mentalität zu umschreiben.

Aber ist das realistisch für einen Konzern mit zehntausenden Mitarbeitern? Oder gleicht das eher dem gesetzten Mittvierziger, der in der Midlife-Crisis seinen aufregenden Teenager-Jahren hinterhertrauert? Page wischt solche Einwände beiseite. Er sagt: »Wenn du nicht wenigstens ein paar Dinge tust, die verrückt sind, arbeitest du nur an den falschen Sachen.« Immer wieder verlangt Page deswegen radikalere Schritte. Als die Google-Ingenieure darüber nachzudenken begannen, wie weit die globalen Kapazitäten des Internets erhöht werden könnten, wenn der Konzern sich wirklich dahinterklemmt, einigten sie sich schnell auf eine machbare Zahl: Fünf, vielleicht zehn Prozent in den nächsten Jahren. Der Gegenvorschlag von Page: 200, besser noch 300 Prozent. Im selben Zeitraum bitte.

Zum zehnjährigen Bestehen des E-Mail-Programms Gmail ließ Page die zuständigen Abteilungsleiter antreten und beauftragte sie, sich nicht darauf zu konzentrieren, einfach Gmail 2.0 zu bauen – sondern einen neuen Kommunikationsdienst für die nächsten zehn Jahre zu entwickeln.

In den vergangenen Jahren ist die Zahl der Moonshots, an denen Google gleichzeitig arbeitet, immer größer, sind die Ideen immer gewagter, die dafür aufgewandten Ressourcen immer umfangreicher geworden. Die Medizin soll revolutioniert und die Krebsforschung nach vorne katapultiert werden. Stratosphären-Ballons sollen die Menschheit von der Grenze des Weltalls mit Internet versorgen und neue Generationen von Robotern die Arbeitswelt umwälzen. Die Google-Ingenieure haben Kontaktlinsen entwickelt, die den Blutzucker messen, und Drohnen, die Post bringen. Gleichzeitig hat der Konzern sein 10x-Konzept erfolgreich auf existierende Produkte angewandt: Die Suchmaschine ist erheblich vielseitiger, schneller und smarter geworden. Google Maps hat einen ganzen Berg neuer Funktionen, die wenige Jahre zuvor noch nicht denkbar waren. Warum denken nicht auch viele andere Konzerne so, zumindest ein bisschen? Sollten die Prinzipien des

Google-Modells nicht einfach zu kopieren sein? Von einer neuen Produktgeneration, die vielleicht nicht zehn Mal, aber immerhin doppelt so gut ist wie der Vorgänger, profitiert letztlich jedes Unternehmen. Egal ob Schraubenhersteller oder Hosenfabrikant: Höhere Qualität, ein vielseitigeres Angebot und große Verbesserungen haben noch keinen Kunden verschreckt. Was hält selbst gut verdienende Konzerne davon ab, es gar nicht erst mit richtig großen Sprüngen zu versuchen? »Die Antwort ist einfach«, sagt Teller, ohne zu zögern. »Und sie lautet: Angst.« In den meisten Gesellschaften verbringe der Mensch weit mehr Zeit damit, darüber nachzudenken, was er verlieren, als darüber, was er gewinnen könne. »Bereits Erreichtes zu schützen ist nicht das richtige Rezept, um sich an einem Moonshot zu versuchen.«

Wer lange genug auf dem Google-Campus unterwegs ist und viel Zeit mit den Ingenieuren und Konzernstrategen verbringt, bekommt schnell das Gefühl, der ganze Konzern lebe in seiner eigenen Blase, in einer Art selbst geschaffenem Experimentier-Habitat, in dem sich alles schneller dreht. Und die Googler, die nach draußen schauen, wundern sich, warum der Rest der Welt scheinbar ganz anders getaktet ist. Teller bemängelt, dass in der modernen Gesellschaft das Sicherheitsdenken zu hoch bewertet werde und sich deswegen auch so wenige wirklich wagemutige Denker und Unternehmer finden würden. »Langsam, aber sicher, steter Tropfen höhlt den Stein«, »erst einmal klein anfangen« – das seien die maßgeblichen Mantras, deren ständige Wiederholung uns aber davon abhalten würde, in großen Visionen zu denken. Teller sagt: »Ich habe vier Kinder, und es stört mich, dass sie von Natur aus große Träume haben, ihnen das aber von der Gesellschaft systematisch abtrainiert wird.«

Googles Griff nach den Sternen ist aus dieser Perspektive nicht zuletzt ein Griff nach der Verantwortung für den weltweiten Fortschritt. Weil sich am Ende niemand mehr in der Pflicht fühlt, über großen technologischen Fortschritt nachzudenken. Start-ups und kleine Unternehmen halten Moonshots für eine Aufgabe der großen Unternehmen, weil ihnen selbst das Geld dafür fehlt. Große Unternehmen halten es für eine Aufgabe von Start-ups, weil sie selbst von ihren Aktionären zurückgehalten werden. Regierungen stehen unter Druck, Steuergelder nicht an Projekte zu verteilen, die nicht sofort Ergebnisse oder Wählerstimmen bringen – weswegen die USA zum Beispiel inzwischen große Teile ihrer Raumfahrtforschung privaten Unternehmen überlassen haben. Und die Forscher an den Universitäten betreiben zwar Grundlagenforschung, bauen aber keine Produkte.

Allerdings argumentiert Teller aus einer äußerst komfortablen Position heraus: Seine Abteilung ist quasi mit einem grenzenlosen Budget ausgestattet, wenn die Idee nur gut genug ist, wird sie auch finanziert. Die Google-Denke ist in ihrer Radikalität auch nur mit Google-Gewinnen möglich, die letztlich mit der Suchmaschine erwirtschaftet werden. Aber Teller will nicht wahrhaben, dass Moonshots von genauso außerirdischen Umsätzen in anderen Bereichen abhängig sind. Er findet, dass andere Unternehmen schlichtweg die Erwartungen ihrer Anteilseigner neu justieren müssten. Nokia und andere Unternehmen, die langsam dem Untergang entgegenwanken, könnten diese Ansage auch jetzt noch machen, sonst sei ihr Schicksal vorgezeichnet: »Wenn du deine Langzeitwetten und großen Visionen schon abgeschrieben hast, weil deine Aktionäre es nicht mitmachen, bist du schon tot.« Teller schränkt ein, dass es nicht darum gehe, unnötige Risiken einzugehen und »jeder durchgeknallten Idee hinterherzulaufen«. Sondern darum, »auf eine ganz spezielle Weise demütig« zu sein. Zu akzeptieren, dass etwas vielleicht auch ganz anders geht als bisher, dass jemand anderes klüger ist, immer anzunehmen, dass es da noch eine viel bessere Lösung gibt, die nur zu erreichen ist, wenn man sich wirklich anstrengt.

Wer regelmäßig den Google-Campus besucht, bekommt schnell das Gefühl, in einer zweigeteilten Welt zu wandeln. Einerseits ist da die Profitmaschine Google, das knallhart geführte Suchmaschinen-Geschäft, mit tausenden Mitarbeitern, die sich um den Verkauf und Vertrieb von Anzeigen kümmern. Andererseits ist da die Zukunftsmaschine, die zahllosen Labore, in denen tausende Informatiker, Elektrotechniker, Maschinenbauer, Biologen und Mediziner Grundlagenforschung betreiben.

Der Kontrast zwischen Zukunfts- und Geldmaschine wurde zuletzt immer schwieriger zu ignorieren – und zu managen. Insbesondere da Page nicht plant, die Zahl der Moonshots einzuschränken. Im Gegenteil, die Gründer wollen noch weit mehr Wetten auf die Zukunft abschließen. Eine neue Struktur, mit einer Holding und eigenständigen Firmen, soll die beiden Welten klarer separieren und gleichzeitig transparenter machen. Die Entscheidung, das Kerngeschäft von den Zukunftsprojekten zu trennen, ist aber auch ein Zugeständnis an die Investoren.

Die Google-Gründer haben sich zwar bislang Diskussionen mit ihren Aktionären weitgehend vom Leib halten können. Das hat zum einen mit dem ebenso frechen wie brillanten Schachzug zu tun, dass sie beim Börsengang zwei Klassen von Aktien ausgegeben haben und die Mehrheit der stimmberechtigten Aktien für sich behielten. Den Investoren wurde damit von Anfang an gesagt: Wenn ihr mit unserer Art der Unternehmensführung nichts anfangen könnt, dann legt euer Geld woanders an. Wichtiger aber noch ist, dass Google bislang keine einzige Krise durchgemacht hat. Die Gewinne flossen und wuchsen unentwegt. Aber irgendwann werden schlechte Jahre kommen, und schlecht kann bei so einem erfolgsverwöhnten Unternehmen schon heißen: Wachstum von nur 10 Prozent statt der gewohnten 20 Prozent. Die Gewitterwolken sind schon jetzt am Horizont deutlich zu sehen. Die Werbepreise, die Google einfordern kann, fallen. Das Geschäft mit dem mobilen Internet ist weit schwieriger als erwartet. Am Ende hat aber noch keine Konzernführung lange dem Druck von Aktionären und Banken standhalten können, selbst wenn die Gründer alleine über den Kurs des Unternehmens bestimmen können.

Das bedeutet jedoch nicht, dass Page sich grundsätzlich beirren lässt. Der Google-Gründer ist überzeugt, dass in der superkompetitiven Technologiewelt ganz sicher nicht überlebt, wer konservativ agiert. Sondern im Gegenteil, nur derjenige kann bestehen, der das Tempo noch erhöht. Dass sich der Wettbewerb intensiviert, dass Konzerne und Start-ups immer intensiver darum kämpfen, die Zukunft zu formen, ist schon seit Jahren zu spüren. Die digitale Transformation ist immer noch so jung, noch so sehr in Bewegung, dass immer wieder neue Ideen und Geschäftsmodelle in kürzester Zeit die Welt überfluten. Alle Tech-Unternehmen kaufen jeweils für hunderte von Millionen Dollar im Jahr Start-ups auf, und längst nicht alle, um sie zu integrieren, sondern gerne auch, um sie vom Markt zu nehmen, bevor sie gefährlich werden. Der Fokus von Google auf 10x und auf Moonshots hat also nur zum Teil mit den Weltveränderungsvisionen der Gründer zu tun. Mindestens genauso sehr geht es ihnen darum, die Ideen selbst zu entwickeln, bevor sie jemand anderes hat.

Die großen Wetten auf die Zukunft von Lebensverlängerung bis Roboter sind dabei die extreme Variante der Google-Denke. Die Prinzipien dahinter aber gelten für die ganze Firma, prägen alle strategischen Entscheidungen. Über allem steht dabei der Gedanke: Erst erfinden, später monetarisieren. Neue Projekte werden nicht vom Geschäftsmodell rückwärtsgedacht zu einem möglichen Produkt. Das ist ein erheblicher Unterschied zu vielen Start-ups, die gegründet werden als Folge einer Geschäftsidee: Dort steht am Anfang der Profitgedanke, das Produkt wird erst danach passend dazu erdacht. Google dagegen, das gilt bei allen Betrachtungen des Unternehmens immer zu berücksichtigen, ist im Kern und zuallererst ein Unternehmen von Ingenieuren. Nicht von Betriebswirten oder Anzeigenverkäufern. Letztere spielen natürlich eine große Rolle im Unternehmensalltag. Und der Druck, Profite zu generieren, ist bei Google vielleicht sogar größer als in anderen Unternehmen – denn nur so können die Ingenieure und all ihre Projekte auch finanziert werden. Aber die Strategie des Konzerns und auch viele seiner taktischen Entscheidungen sind oft nur richtig zu verstehen, wenn man berücksichtigt, dass Google dieser Philosophie folgt: Wenn man die richtige Technologie entwickelt, lässt sich damit irgendwann auch viel Geld verdienen. Und dabei lohnt es sich, mitunter etliche Jahre zu warten. Nur so versteht man, warum Google immer wieder mit Milliardenaufwand neue Produkte entwickelt und sie dann kostenlos anbietet. Nur so versteht man, wie Google über mehr als ein Jahrzehnt hinweg die Idee eines selbstfahrenden Autos verfolgt hat.

Inzwischen ist es nicht mehr ungewöhnlich, einem der Dutzenden fahrerlosen Google-Autos in den Straßen von San Francisco oder auf einem kalifornischen Highway zu begegnen. Testfahrten sind oft Geheimsache, mit getarnten Autos an abgelegenen Orten, aber auffälliger lässt es sich wohl kaum durch die Straßen im nordkalifornischen Mountain View rollen: Auf dem Dach des umgebauten Lexus SUV rotiert ein fußballgroßes Radarsystem, das 64 Laserstrahlen in alle Richtungen schießt. Diese Lidar genannte Sensorentechnologie – zusammengesetzt aus Licht und Radar – misst die Distanz zu einem Ziel durch das reflektierte Licht eines Lasers. Auf der Seite des Autos leuchtet in bunten Farben das Google-Logo. Der Fahrer hat die Hände im Schoß liegen, gespenstisch dreht sich das Lenkrad von selbst, wenn das

Auto abbiegt und in Kurven fährt. Die Kontrolle über das Fahrzeug hat ein Roboter.

Fährt man zum ersten Mal mit in einem der Google-Autos, fällt zunächst auf, wie erstaunlich ruckelfrei es selbst durch dichten Stadtverkehr rollt. Es beschleunigt und bremst gefühlvoll, wechselt regelmäßig die Spuren, hält an Zebrastreifen für Fußgänger, weicht Radfahrern aus, folgt der geänderten Verkehrsführung an einer Baustelle. Das Überraschendste vielleicht: Der Wagen beschleunigt sehr zügig, fällt im fließenden Verkehr überhaupt nicht auf. Schließt man die Augen, ist kein Unterschied zu einem menschlichen Fahrer zu spüren. Während der gesamten Fahrt von rund 45 Minuten greift der Google-Techniker, der hinter dem Steuer sitzt, nicht einmal ein. Das Auto navigiert die gesamte Strecke über Landstraßen und durch mehrere Ortschaften bis zum Ziel vollkommen selbständig.

Der Beifahrer hat per Laptop dabei stets im Blick, wie das Auto die Welt sieht: Eine Kombination aus Laser, Radar und Kamerasensoren erzeugt ein dreidimensionales Bild in alle Richtungen. Autos erscheinen als pinke Boxen, Fußgänger als gelbe. Jeder Sensor vermittelt eine andere Perspektive, die sich auf dem Bildschirm zusammenfügt zu einer seltsamen neonfarbenen Welt der Datenströme. Dmitri Dolgov, der Software-Chef des Projekts, sagt: »Am Ende funktioniert das System ganz einfach: Der Computer wird mit einer Riesenmenge Daten gefüttert. Heraus kommen zwei Zahlen, eine für die Geschwindigkeit und die zweite für das Lenken.«

Die führenden Autokonzerne der Welt sind schon lange dabei, das Fahren schrittweise zu automatisieren: Abstandshalter, Spurassistenten und automatische Einparkhilfen sind inzwischen weit verbreitet. Google glaubt aber, das Transportwesen nicht über mehrere Jahrzehnte, sondern mit einem großen Wurf innerhalb weniger Jahre revolutionieren zu können. Das »Self-

Driving Car«, das fahrerlose Auto, ist deshalb auch eine Modellstudie der konkurrierenden Philosophien: 10x gegen 10 Prozent.

Sergey Brin erhofft sich, dass die fahrerlosen Autos auf lange Sicht »die Gesellschaft dramatisch verändern«. Mehr Verkehrssicherheit, die Reduzierung der Unfalltoten durch Roboter-Fahrer, die niemals betrunken, abgelenkt oder unaufmerksam sind, ist dabei nur der erste Schritt. Brin träumt davon, den Menschen mehr Zeit zu schenken, die sie nicht am Steuer verbringen müssen. Und ihnen Landschaften und städtische Räume zurückzugeben, die derzeit von Parkhäusern und Parkplätzen belegt sind. Google hat deshalb nicht nur Ingenieure, sondern auch Stadtplaner und Verkehrsexperten, Umweltschützer und Soziologen engagiert, die dabei helfen sollen, eine Zukunft zu planen, in der es viel weniger Autos gibt. Denn das ist das große Ziel, wie Brin es 2014 in einem Interview mit dem »Guardian« formulierte: »Mit selbstfahrenden Autos braucht nicht jeder seinen eigenen Wagen. Sie kommen einfach und holen dich ab.« Mit riesigen Flotten von Robo-Shuttles ließen sich, so die Idee, dann auch die verstopften Straßen entlasten und die Umweltverschmutzung reduzieren.

Fern dieses großen Endziels gibt es inzwischen auch ein vages Geschäftsmodell. Immer wieder wurde spekuliert, dass Google die Technologie vielleicht kostenlos an die Autoindustrie abgeben werde und stattdessen irgendwie mit Datenauswertung und Partnerschaften Geld verdienen wolle. Das aber, so heißt es in Mountain View, sei ganz sicher nicht der Plan. Trotzdem ist das fahrerlose Auto noch immer Googles größte Wette auf die Zukunft, bei der unklar ist, wie viel Geld sich wie genau damit eigentlich verdienen lässt – und ob am Ende nicht doch noch die Autokonzerne die Nase vorne haben werden. Aber solche Fragen halten die Google-Ingenieure noch immer für vernachlässigbar: »Wenn man die Welt verändert, wird man reich, wenn man sich nicht ganz doof anstellt.« So sagt es Sebastian Thrun.

Er hat das Google-Auto wesentlich mitentwickelt, und für ihn ist das Projekt ein »No-Brainer«, ein offensichtlicher Selbstläufer, dessen Sinn man auch erkennt, ohne das Gehirn einschalten zu müssen. »Im 20. Jahrhundert hat keine Erfindung die Gesellschaft mehrt verändert als das Auto«, sagt Thrun. Die Chancen, dass das selbstfahrende Auto ähnlichen Einfluss auf das 21. Jahrhundert hat, hält er für entsprechend groß.

Thrun stammt aus Solingen. Zur Uni ging er in Hildesheim und Bonn, er promovierte in Informatik, seine Schwerpunkte sind Robotik und künstliche Intelligenz. Er spricht Englisch mit deutlichem deutschen Akzent, und wenn man ihm Fragen stellt, dann blinzelt er freundlich, als wolle er sagen: Trau dich doch, fordere mich. Thrun interessiert sich seit Jugendjahren für das Gehirn und die menschliche Intelligenz, weswegen er Robotikspezialist geworden ist: »Wer versucht, einen Roboter klug zu machen, entwickelt viel Respekt für die Größe der menschlichen Intelligenz.« Die Stanford University machte ihn zum Leiter des Fachbereichs für Künstliche Intelligenz. Er ist eine Leuchtfigur im Silicon Valley, bewundert von Ingenieuren und Programmierern, die noch schuften in Garagen und Klitschen, die davon träumen, noch intelligentere Maschinen zu bauen. Denn mit dem selbstfahrenden Auto hat Thrun den vielleicht besten Roboter der Welt gebaut. Der Informatiker hatte schon als Professor in Stanford an fahrerlosen Autos geforscht und auch das Team der Universität geleitet, das 2005 an der Darpa Grand Challenge teilnahm: einem vom amerikanischen Verteidigungsministerium geförderten Wettbewerb mit dem Ziel, ein fahrerloses Auto 213 Kilometer durch die Wüste zu navigieren. Das Stanford-Team gewann den Wettbewerb – und wurde prompt von Larry Page angeheuert, der das Wettrennen genau verfolgt hatte. Thrun arbeitete bei Google zunächst an Street View. 2009 aber entschieden Page und Brin, ernsthaft ein eigenes fahrerloses

Auto entwickeln zu wollen. Sie übertrugen Thrun die Leitung des Projekts, gaben ihm knapp ein Dutzend Ingenieure und ein klares Ziel: einen Testwagen zu bauen, der 1000 Meilen auf kalifornischen Highways und Landstraßen zurücklegen kann. Nach 15 Monaten war die Aufgabe erfüllt.

In dieser Zeit entwickelten Thrun und Page eine enge Beziehung. Oft sitzen sie beim Abendessen zusammen, diskutieren »über die acht, neun, zehn Dinge, die für die Menschheit wirklich bedeutend sind«, und das Ziel, »jeden dieser Berge zu besteigen, je höher, desto besser«, so erzählt es Thrun. Von so hoch oben scheinen die Antworten offensichtlich: Die Gesundheitsindustrie muss revolutioniert und die medizinische Forschung angeschoben werden. Vor allem aber das Transportwesen hat viele Mängel. Page und Thrun sind sich einig, dass Autos noch immer viel zu unsicher sind, dass es im 21. Jahrhundert eigentlich nicht sein kann, dass selbst in westlichen Ländern jedes Jahr Millionen Menschen bei Verkehrsunfällen sterben. Sie sind überzeugt, dass die knappe Stunde, die ein amerikanischer Angestellter durchschnittlich am Tag mit Pendeln verbringt, reine Zeitverschwendung ist. Und dass Autos enorme finanzielle Investitionen sind dafür, dass sie eigentlich die allermeiste Zeit des Tages nur auf einem Parkplatz stehen.

Das selbstfahrende Auto war zunächst ein frei schwebendes Projekt, aber relativ bald entschieden Page und Brin, dass es dafür eine eigene Abteilung braucht. Eine unabhängige Abteilung am besten, in der dann auch gleich noch über die anderen Berge, die es zu besteigen gilt, nachgedacht werden soll. Aus diesen Überlegungen heraus entstand schließlich X, das heute von Astro Teller geleitete Geheimlabor. Der erste Chef von X aber ist Thrun, der in vielen Belangen genauso denkt wie Page und Brin. Der auch gerne Sätze sagt wie: »Ich glaube, dass viele große Probleme bereit sind, gelöst zu werden, aber die

Menschen sehen das nicht, weil sie nicht den Mut haben, etwas bis zu Ende zu denken.« Thrun wundert sich über die Voreingenommenheit, auch bei den gebildetsten Menschen, erst einmal zu sagen: Das geht nicht, das kann nicht funktionieren, dafür gibt es keine Beispiele. »Es waren alleine hunderte Menschen, die mir alle weißmachen wollten, dass man kein fahrerloses Auto bauen kann.« Doch Thrun hat vor langem schon eine Liste angelegt mit 20 Bereichen, um die Welt zu verändern, und hat überlegt, was man dafür erfinden muss. Das fahrerlose Auto landete ganz oben auf der Liste, als vielleicht schnellster Weg, jedes Jahr eine große Zahl von Menschenleben zu retten. Er sagt: »Ich möchte gerne die Gesellschaft bewegen, und ich habe mich gefragt, wie kann ich meinen positiven Einfluss auf die Welt maximieren?« Der Robotik-Spezialist ist überzeugt, dass dabei am Ende nur derjenige ein wirklich bedeutender Erfinder sein kann, der keinen Beispielen folgt, der nicht einfach eine existierende Technologie erweitert. Zu wirklich bedeutenden Ideen gehöre immer »das Unwohlsein« dazu, einen Weg zu gehen, den vorher noch nie jemand betreten hat. Der »Google-Trick« sei es, so sagt Thrun, über jene gesellschaftlichen Hürden zu springen, die große Ideen schnell als Fantasien abtun. Und sich dabei tatsächlich auch Anleihen bei berühmten Science-Fiction-Werken zu holen. »Erstaunlich oft entwickeln Science-Fiction-Autoren Ideen, die sich umsetzen lassen.« Jules Verne etwa habe zahlreiche Technologien in seinen Büchern beschrieben, die zu Lebzeiten des Autors unmöglich schienen und später Realität wurden, darunter ein hochentwickeltes U-Boot.

In den ersten Jahren des selbstfahrenden Autos waren die Testfahrten auf Autobahnen beschränkt. Dort ist der Verkehr weniger komplex. Inzwischen legen die Ingenieure aber auch jährlich mehr als 100 000 Kilometer auf Landstraßen und im Stadtverkehr zurück. Rund sechs Stunden täglich fahren die Google-Teams mit mehreren Dutzend Testwagen vor allem durch Kalifornien. Die Ingenieure wissen, dass ein Auto ohne Fahrer nahezu perfekt sein muss, um wirklich zu einem Massenprodukt werden zu können. Dazu hat Google eine stillgelegte Luftwaffenbasis einige Autostunden südlich des Silicon Valley angemietet und dort einen Parcours aus Straßen und Verkehrssituationen angelegt. Die weitesten Strecken aber legen die Autos in einem ausgeklügelten Simulator zurück: Über vier Millionen Meilen sind auf diese Weise zusammengekommen. Je mehr, desto besser, denn die Software wird immer klüger, der Roboter besser, umso mehr Erfahrungen sie sammeln. Das ist eine der wichtigsten Errungenschaften des Google-Autos: Die Maschine lernt. Die Google-Ingenieure machen vor allem so große Fortschritte, weil sie Maschinen beibringen, neue Informationen mit Erfahrungen abzugleichen, ihre Umgebung zu erfassen und zu interpretieren. Das ist eine Spezialität von Google und der Grund, warum sich der Konzern überhaupt an das Projekt herangetraut hat: Es geht nicht darum, ein Auto zu bauen, sondern einen intelligenten Roboter. Deswegen ist das Projekt ursprünglich von Thrun, einem Experten für künstliche Intelligenz, aufgebaut worden. Der deutsche Ingenieur hat die Leitung inzwischen abgegeben, er widmet sich nun vor allem einem eigenen Start-up, Udacity, mit dem er die Bildung revolutionieren will.

Verantwortlich für das selbstfahrende Auto ist nun Chris Urmson. Auch er ist ein promovierter Robotiker, aber ein ganz anderer Typ als sein Vorgänger: jungenhaft und jovial, ein Pragmatiker. Seine Aufgabe ist nicht, große Visionen zu verfolgen, sondern ein Projekt zur Marktreife zu führen.

Die Auto-Abteilung von Google hat ihren Sitz am Rande des Campus in einem scheinbar ganz normalen Bürogebäude. Nichts deutet darauf hin, dass hier quasi Tag und Nacht geschweißt und gehämmert, geschraubt und gebastelt wird. Doch tief im

Inneren des Gebäudes, hinter langen Gängen mit Büros und Konferenzzimmern, öffnen sich schließlich schwere Doppeltüren aus Metall und geben den Blick frei auf eine große Montagehalle. Hier wird an einigen der umgebauten Lexus-Geländewagen mit dem Laser-Radar-System auf dem Dach gewerkelt. Aber im Mittelpunkt steht fein säuberlich aufgereiht rund ein Dutzend kleiner grau-weißer Autos, die aussehen wie stark zusammengeknautschte VW-Käfer oder etwas dickliche Fiat 500. Sie haben nur zwei Sitze, keine Armaturen und vor allem auch kein Lenkrad. Das, so bedeutet Urmson, ist der Weg, den Google wirklich gehen will: das komplett automatisierte Auto, ein ganz neues eigenes Gefährt, nicht ein umgebautes Straßenmodell wie die Lexus-Testwagen.

Google hat längst nicht alle Teile des Prototyps selbst entworfen, sondern Partnerschaften mit Automobilzulieferern abgeschlossen. Während Urmson um das Auto läuft und Heckklappe und Verkleidungen öffnet, weist er auf die verschiedenen Partner hin: An der Steuerregelung etwa arbeitet ZF Lenksysteme mit, und auch an vielen weiteren Teilen wie den Bremssystemen sind deutsche Autozulieferer wesentlich beteiligt, darunter Continental und Bosch.

Das steuerlose Modell ist seit dem Sommer 2015 in Kalifornien für den Straßenverkehr zugelassen. Eine Testfahrt führt aber zunächst noch nur über einen mit Hindernissen gespickten Parkplatz. Problemlos navigiert der kleine, elektrisch angetriebene Zweisitzer vorbei an orangefarbenen Verkehrsleitkegeln, biegt ab, beschleunigt auf rund 40 Kilometer pro Stunde, bremst gefühlvoll. Es fühlt sich ein wenig an wie in der Geisterbahn, nur dass es keine Schienen gibt.

Die Google-Autos wirken dabei eher niedlich als futuristisch. Und das ist mit voller Absicht so: Ein hypermodernes Batman-Auto laufe immer Gefahr, auf manche Menschen bedrohlich zu wirken, sagt Urmson. Das Google-Auto soll aber einladend wirken, freundlich und sicher. Denn die Skepsis gegenüber dem Roboter am Steuer ist noch immer groß. Es scheint, als werde in absehbarer Zeit nicht mehr die Technologie das Hauptproblem sein, sondern die Bereitschaft der Autofahrer, die Kontrolle abzugeben und der Technik zu vertrauen. Die Ingenieure wissen das. Erstaunlicherweise zeigen die jahrelangen Tests, dass die Menschen leichter zu überzeugen sind, wenn der Roboterwagen von vornherein gar nicht erst wie ein normales Auto aussieht, wenn die gewohnten Kontrollinstrumente komplett fehlen. »Wenn ein Lenkrad vorhanden ist, scheint das den Mitfahrern zu signalisieren, dass sie am Ende doch immer die Verantwortung haben und dass sie zu jeder Minute darauf achten müssen, wann sie selbst die Kontrolle übernehmen sollen«, sagt Urmson. Noch dazu wirken die alten Testwagen, in denen sich die Lenkräder wie von Geisterhand drehen, als sei das Auto ferngesteuert, als spiele jemand damit. Am Ende war es für Google deswegen die einzig logische Antwort, gleich auf das vollautomatische Auto zu setzen und gar nicht mehr erst den Eindruck zu erwecken, als handele es sich um eine Art besseres Fahrerassistenzsystem. Die ursprüngliche Idee des Autos war zudem immer, dass die Menschen, die es transportiert, künftig ganz ungefährdet machen können, was sie ohnehin schon allzu oft hinter dem Steuer tun: lesen, E-Mails schreiben, sich schminken. Künftig, so wünscht es sich Urmson, soll jede Minute Autofahrt sein wie eine Taxifahrt – nur eben mit einem Robo-Chauffeur.

Die größte Hürde wird dabei weiterhin sein, den Menschen davon zu überzeugen, dass die Maschine nicht doch irgendwann versehentlich über eine rote Ampel schießt oder gegen einen Baum fährt. Die Insassen müssen das Gefühl haben, mit einem Roboter am Steuer wirklich sicher zu sein. Denn intuitiv glaubt der Mensch, komplexe Situationen selbst am besten im Griff zu haben. Dabei zeigt die Statistik gerade im Straßenverkehr, was das eigentliche Problem ist: In den USA etwa gehen rund 90 Prozent aller Autounfälle auf menschliches Fehlverhalten zurück. Menschen telefonieren oder schreiben SMS beim Fahren, sie übersehen Stoppschilder, zünden sich im falschen Moment eine Zigarette an, biegen ab, ohne zu blinken, oder schlafen am Steuer ein. »Computer werden nicht müde und haben eine weit bessere Reaktionszeit«, sagt Urmson. Die bereits entwickelten Fahrerassistenzsysteme sind deshalb schon ein großer Schritt gewesen, auch wenn sie nur alle paar tausend Kilometer eine wirklich wichtige Entscheidung treffen und etwa eine Vollbremsung einleiten müssen – eben immer dann, wenn der Mensch eine falsche Entscheidung trifft. Und wenn die Elektronik das auch nur jedes zweite Mal richtig hinbekommt, verringert sie die Zahl der möglichen Unfälle erheblich.

Umso erstaunlicher ist es, dass die vollautomatischen Roboter-Autos nach Angaben von Google sowie des amerikanischen Verkehrsministeriums noch keinen Unfall selbst verursacht haben – trotz der mittlerweile Millionen Kilometer, die die Autos auf regulären Straßen zurückgelegt haben, und obwohl die Maschine etwa »zehn Mal in der Sekunde« eine Entscheidung treffen muss, was zu tun ist. 13 Mal war ein selbstfahrendes Auto bis Sommer 2015 in einen Unfall verwickelt – schuld war jedes Mal der menschliche Fahrer auf der Gegenseite.

Nicht nur Google, sondern auch die meisten Verkehrsexperten sind deswegen überzeugt, dass es inzwischen keine Frage mehr ist, ob die selbstfahrenden Autos in großer Zahl auf unseren Straßen fahren werden – sondern nur noch, wann. Google will sich nicht festlegen, wann genau das fahrerlose Auto bereit für den Massenmarkt sein könnte. Brin hatte ursprünglich 2017 als Ziel vorgegeben. Die meisten Autokonzerne halten aber sogar 2020 für unrealistisch. Andererseits: Die Telekommunikationsindustrie hielt es damals auch nicht für möglich, dass ausgerechnet Apple innerhalb weniger Jahre das erste Smartphone für den Massenmarkt entwickeln würde. Urmson betont, sein persönliches Ziel sei, das Google-Auto bis zum Ende des Jahrzehnts marktreif zu haben. Dann sei sein Sohn alt genug, um den Führerschein zu machen: »Teenager sind furchtbar schlechte Autofahrer.«

Die Unternehmensberatung Boston Consulting Group (BCG) geht dagegen in einer Studie davon aus, dass vollautomatische Autos erst ab dem Jahr 2025 zum täglichen Straßenbild gehören werden. Die auf die Autoindustrie spezialisierte Abteilung der Unternehmensberatung prognostiziert, dass sich die Technologie aber schon vorher phasenweise durchsetzen werde – etwa mit einem Autopiloten für Autobahnen und später dann vor allem mit Robo-Taxis in großen Städten. »Die Autoindustrie steht vor ihrem größten Wendepunkt in mehr als 100 Jahren«, so Xavier Mosquet, Autor der Studie und Geschäftsführer der BCG-Niederlassung in Detroit. Mosquet geht sogar davon aus, dass es nicht mehr allzu lange dauern wird, bis in Großstädten ausschließlich autonome Fahrzeuge unterwegs sind. Allerdings wird es zunächst Zeit brauchen, die Produktion großer Stückzahlen in Gang zu bringen. Das Konsumenteninteresse ist jetzt schon hoch: Laut der Marktforschung von BCG wären 45 Prozent der US-Autofahrer bereit, auf ein vollautomatisches Fahrzeug umzusteigen – und viele von ihnen wären vorab auch schon bereit, erheblich mehr Geld für ein Auto mit Funktionen wie Autobahn-Autopilot oder Stau-Autopilot zu zahlen. Solche Funktionen, schätzt BCG, werden bis 2035 bereits in einem Sechstel aller Fahrzeuge sein. Und schon 2025 soll der Markt für selbstfahrende Autos einen Wert von 42 Milliarden Dollar erreichen.

Zuvor gibt es aber noch erhebliche Regulierungshürden zu überwinden. Google verhandelt bereits seit längerem mit Politikern und Verkehrssicherheitsbehörden, und auch die Autokonzerne führen Gespräche. In einigen US-Bundesstaaten gibt es bereits eingeschränkte Fahrerlaubnisse für die selbstfahrenden Autos. Das politische Interesse, mittelfristig die Verkehrsinfrastruktur in den Städten zu revolutionieren und damit zugleich auch noch die Umwelt zu entlasten, ist groß. Aber noch sind viele rechtliche Fragen offen: Wer etwa ist Schuld und haftet, wenn ein Roboter einen Unfall verursacht? Ist Softwareversagen wirklich ein mit Bremsversagen zu vergleichender technischer Defekt? Kann ein Computer-Auto von außen gehackt werden? Was passiert mit den Daten, die bei den Fahrten erhoben werden?

Auf absehbare Zeit werden die Google-Ingenieure sich nun darauf konzentrieren, die neue Technologie robuster zu machen: Der Computer muss in der Lage sein, mit einer Vielzahl von Situationen umzugehen, die nicht normal und nicht vorherzusehen sind. Das ist die große Schwierigkeit des ganzen Unterfangens: Die Maschinen können nicht einfach mit Anweisungen programmiert werden. Etwa nach dem Motto: Wenn A passiert, dann reagiere mit B. Wenn die Ampel grün wird, dann fahre los. Das Auto muss gerade dann intelligent reagieren, wenn plötzlich Situationen auftreten, die es noch nicht gelernt hat, die in keinem Test vorkamen. Oder die so viele Variablen mit sich bringen, dass sie nur schwer zu simulieren sind.

Die Autos haben zum Beispiel kein Problem, plötzlichen Hindernissen auszuweichen, und sie »sehen« die Gefahr viel früher kommen als ein menschlicher Fahrer, wenn ein anderes Auto über eine rote Ampel rast. Viel schwieriger ist dagegen der Umgang mit widrigen Wetterverhältnissen wie Schnee- und Eisglätte oder etwa Platzregen, der die Sensoren beeinträchtigt. Urmson erzählt dazu auch eine Geschichte, die eines seiner Teams bei einer Testfahrt erlebte: Plötzlich tauchte auf der Straße eine Frau im elektrischen Rollstuhl auf, die in wilden Schlangenlinien einer flügellahmen Ente hinterherjagte. »Das Auto musste verstehen, dass dies eine abnormale Situation ist und es als Erstes gilt, möglichst nicht die Ente und ganz sicher nicht die Frau im Rollstuhl zu überfahren.« Das gelang auch, aber die Anekdote dient den Ingenieuren seither als Paradebeispiel dafür, dass in der realen Welt die absurdesten Dinge passieren und der Computer jedes Mal angemessen reagieren muss. »Die große Herausforderung für uns ist, dem Auto Flexibilität beizubringen«, sagt Urmson. »Wir können nicht einfach ein Lexikon anlegen, in dem steht: Skateboard fliegt über die Straße, reagiere darauf wie folgt.«

Die größte Aufgabe auf technischer Seite liegt dabei darin, die Laser- und Kameradaten zu interpretieren. Der kugelförmige Hauptsensor auf dem Dach liefert 1,5 Millionen Messpunkte – pro Sekunde. Diese nie endende Informationsflut wird ständig analysiert und abgeglichen. Dabei helfen auch die Straßeninformationen aus Google Maps, vor allem aber die Anbindung an die Cloud und die Google-Rechenzentren. Aus der Datenrohmasse werden zunächst die Objekte herausgefiltert: andere Verkehrsteilnehmer, Ampeln, Bäume. Dann muss noch erkannt werden, was für ein Verhalten diesen Objekten zugeschrieben wird: Bäume bewegen sich nicht, aber wohin fährt der Radfahrer wohl, und was bedeutet die rote Ampel?

All diese Informationen einzusammeln und zu verstehen ist überhaupt erst möglich geworden, weil es in den vergangenen Jahren große Fortschritte in einem speziellen Bereich der Informatik gab, der sich »Computer Vision« nennt – maschinelles Sehen. Dabei geht es nicht um das herkömmliche Verarbeiten von Bilddaten, sondern darum, was der Inhalt eines Bilds bedeutet. Für eine Maschine ist das sehr schwer. Eine Fotokamera mit einem Megapixel etwa muss bereits eine Million Datenpunkte verarbeiten, die für den Computer nichts anderes sind als Zahlen. Aus diesem Datenwust herauszufiltern, welche Strukturen etwa ein menschliches Gesicht sind, ist schon höchst aufwendig.

»Computer Vision ist eine fantastische Technologie, aber wirklich, wirklich schwer und deswegen versucht man sie im Allgemeinen zu vermeiden«, sagt Andreas Wendel. Er ist Spezialist für maschinelles Sehen, und seine Aufgabe ist es, dafür zu sorgen, dass das Google-Auto all den visuellen Input, den es von seinen Kameras bekommt, richtig versteht, einordnet und damit andere Sensoren unterstützt. Schon bei Standbildern ist es schwer genug, aus der Datenflut einen Sinn herauszufiltern, »aber in Echtzeit in einem fahrenden Auto die ganze Umwelt zu analysieren ist noch mal erheblich komplizierter«. Wendel, Jahrgang 1984, kommt aus einer österreichischen Kleinstadt und gilt als einer der besten jungen Ingenieure bei Google. Wendel studierte in Graz, der Erste aus seiner Familie, der überhaupt zur Universität ging. Während seiner Promotion arbeitete er an kleinen Roboter-Drohnen, die selbständig durch den Wald fliegen können, ohne mit Bäumen zusammenzustoßen. Google stellte ihn direkt nach seiner Promotion ein – nachdem er ein halbes Dutzend Bewerbungsgespräche überstanden und einen wissenschaftlichen Vortrag gehalten hatte, der per Livestream von mehreren Ingenieurteams verfolgt wurde. Jetzt arbeitet er vor allem an der Erkennung von Verkehrsführung.

Die Google-Ingenieure sind überzeugt, dass die wichtigsten technologischen Hürden inzwischen genommen sind und dass es nicht mehr lange dauern wird, bis aus den Prototypen des selbstfahrenden Autos ein fertiges Produkt wird. Wie aber wird Google den Endspurt bis zur Marktreife bestreiten? Weitgehend im Alleingang, nur mit einigen Zulieferpartnern? Oder über groß angelegte Kooperationen mit Toyota, Volkswagen und anderen Autoherstellern? Es gebe viele Gespräche mit vielen Automobilkonzernen, bestätigt Urmson. Mit höchst unterschiedlicher Resonanz: »Manche sind enthusiastisch und sehr interessiert an einer Kooperation, andere sind auf ihre eigene Entwicklung fokussiert.«

Urmson betont aber, dass Google ständig auf der Suche nach neuen Partnerschaften ist, denn »ein Auto zu bauen ist wirklich schwer, und das war uns natürlich immer klar«. Die ersten Jahre des weitgehenden Alleingangs mit einer kleinen Anzahl von Testwagen seien deswegen stets als Lernphase gedacht gewesen, um genügend Wissen und Praxis einzusammeln, »damit wir bessere Partnerschaften abschließen können, mit wem auch immer wir uns zur Zusammenarbeit entscheiden«.

Selbst wenn Google vor allen anderen Automobilherstellern ein selbstfahrendes Auto zur Marktreife führt, wird der Konzern dabei kein Monopol haben. Im Gegenteil: Je weiter Google voranschreitet, umso mehr stellt sich die Frage, ob sich am Ende all die teuren Bemühungen auch auszahlen werden. Die Autoindustrie hat den Enthusiasmus von Google erst belächelt und dann immer nervöser verfolgt. Inzwischen haben fast alle führenden Autokonzerne eigene Projekte zum autonomen Fahren auf den Weg gebracht. Mehr noch: Sie haben die Technologie als Zukunftsmodell entdeckt und machen fleißig Werbung damit. »Es scheint tatsächlich, als habe inzwischen jeder und sein Hund ein Programm für selbstfahrende Autos«, sagt Urmson, und er wirkt dabei keineswegs glücklich über die rasant zunehmende Konkurrenz. Denn für Google könnte das noch zu einem großen Problem werden. Die Autoindustrie hat nicht nur erhebliche Ressourcen und erheblich mehr Erfahrung, sondern auch die Motivation, ihr Geschäftsmodell zu schützen. Wenn Konzerne wie VW oder Daimler erst ihr ganzes Gewicht hinter die Entwicklung eigener autonomer Fahrzeuge werfen, könnte Google trotz aller Pionierarbeit und ausgefeilter 10x-Visionen am Ende als großer Verlierer dastehen: Denn die Autoindustrie weiß nicht nur besser, wie man Fahrzeuge baut, sondern auch, wie man sie verkauft.

Urmson gibt sich zuversichtlich, dass sich die von Google entwickelte Technologie nicht einfach duplizieren lässt: »Unsere

Arbeit hier basiert auf jahrzehntelanger Erfahrung in Robotik und künstlicher Intelligenz, in maschinellem Lernen und Computer Vision.« Vor allem die Google-Infrastruktur in der Datenverarbeitung und die Kapazitäten des Cloud-Computings ließen sich nur schwer nachbauen.

Das mag zutreffen für die Konkurrenz durch Autohersteller, aber was ist mit anderen Technologiekonzernen? Im Frühjahr 2015 wurde bekannt, dass der Transportdienst Uber ein eigenes selbstfahrendes Auto entwickeln will und sich dafür gleich in ein ganzes Robotik-Labor der Carnegie Mellon University eingekauft hat. Uber-Chef Travis Kalanick hat bereits mehrfach in Interviews betont, er wolle einen Taxi-Dienst ohne menschliche Fahrer schaffen. Fast gleichzeitig verstärkten sich die Gerüchte, dass auch Apple an einem elektrischen Roboter-Auto bastelt – Codename »Titan«.

Was passiert wohl, wenn die Welt die Wahl hat zwischen einem selbstfahrenden Auto von Google und einem von Apple? Wie die Autopläne von Apple genau aussehen, sei noch nicht klar, sagen konzerninterne Kenner des Projekts. Aber Apple ist offenbar zumindest bereit, es darauf ankommen zu lassen. Leiter des Projekts, so heißt es, sei Steve Zadesky, ein Apple-Veteran, der seine Karriere bei Ford begann. Schon länger sammelt der Konzern Wissen und Personal aus der Autoindustrie ein. Allen voran auch Johann Jungwirth, zuvor Chef des Forschungs- und Entwicklungszentrums von Mercedes-Benz im Silicon Valley. Der Mercedes-Standort ist nur zehn Minuten entfernt vom Apple-Hauptquartier. Der deutsche Autobauer hatte dort teils eng mit Apple kooperiert: Immer wieder waren Ingenieure aus Cupertino zu Gast, um gemeinsam mit den Mercedes-Leuten an einer Integration von Apple-Technologie für Smartphones in den Autobordcomputer zu arbeiten. In einem Testlabor auf der Rückseite des großen Glasbaus parkte aber auch zeitweise eine schwarze

S-Klasse, hochgerüstet mit Kameras und Sensoren, die von außen nicht zu sehen sind. Auf der Seite stand in großen weißen Lettern »Intelligent Drive«. So nennt der Stuttgarter Konzern seine Variante des autonomen Fahrens. Die Mercedes-Ingenieure sind überzeugt, dass ihr auf Serientechnik basierender Ansatz am Ende der bessere ist. Und vor allem wirtschaftlich sinnvoller.

Doch egal, welcher Ansatz am Ende zum Tragen kommt: Sicher ist, dass die Technologie nun tatsächlich vor dem Durchbruch steht, wenn auch viel später als erwartet. Denn Träume vom selbstfahrenden Auto gibt es schon seit Jahrzehnten. Schon auf der Weltausstellung von 1939 präsentierte General Motors eine durch Mega-Highways verbundene Welt, in der nur ferngesteuerte Autos unterwegs sind. Erwartet wurde diese Zukunft allerdings schon für das Jahr 1960. Aber erst in den 1980er Jahren gelang es Ernst Dickmanns, einem deutschen Ingenieur von der Bundeswehr-Universität in München, einen Mercedes so mit Computern und Videokameras hochzurüsten, dass der Wagen der Mittellinie der Straße folgen und mehrere hundert Kilometer ohne Eingreifen eines Fahrers auf der Autobahn zurücklegen konnte. Doch echtes autonomes Fahren rückte erst nach der Jahrtausendwende in greifbare Nähe, als eine Kombination aus Computerprozessoren, Rechenkraft, Sensoren, digitalen Karten und Radartechnologie völlig neue Möglichkeiten eröffnete.

Aber selbst mit zunehmendem technischen Knowhow schreckten die Autokonzerne lange davor zurück, an einem echten Roboter-Auto zu basteln. Denn die meisten Autokäufer wollten gar nicht durch eine Maschine am Steuer ersetzt werden: Spaß am Fahren ist vor allem in Deutschland ein wichtiges Verkaufsargument. Doch in vielen Regionen der Welt geht es heute eher um den Stress beim Fahren: Der Verkehr wird immer dichter, die tägliche Pendelei zum Arbeitsplatz immer nervenaufreibender. Sitzt der Computer zumindest zeitweise am Steuer, könnte das nicht nur Berufspendlern das Leben erheblich erleichtern. In den vergangenen Jahren hat sich ein deutlicher Stimmungsumschwung bemerkbar gemacht.

Google habe es geschafft, »das autonome Fahren sexy zu machen«, müssen selbst die Mercedes-Leute zugestehen. Und auch Daimler-Chef Dieter Zetsche verkündete: »Im Jahre 2030 beamen wir uns zwar noch nicht von A nach B, fahren aber weitgehend autonom.« Nun scheint es, als könnte es dem Stuttgarter Konzern gar nicht mehr schnell genug gehen, als sollten alle Visionen aus dem Silicon Valley noch deutlich übertrumpft werden. Anfang 2015 stellte Daimler ein neues Mercedes-Modell namens F015 vor, das tatsächlich eher so aussieht, als würde es von Batman gefahren: ein silbern glänzender Wunderschlitten, komplett autonom natürlich. Der Innenraum wirkt wie eine Mischung aus Raumschiff-Cockpit und der Lobby eines Luxushotels. Die Mitfahrer sitzen sich auf vier drehbaren Lounge-Sesseln gegenüber. Sobald sie die Hand ausstrecken, erscheinen dank Sensoren an der jeweils passenden Stelle virtuelle Bedienelemente. Denn wenn man autonom unterwegs ist, müsse man nun wirklich nicht mehr nach vorne auf die Straße oder auf die Rücklichter der Staunachbarn schauen, sagt Interieur-Design-Chef Hartmut Sinkwitz. Der Antrieb ist emissionsfrei. Die Assistenzsysteme sind immer online. Aber um die Kunden, die Fahrspaß wollen, nicht ganz zu verschrecken, hat bei Mercedes auch dieses Zukunftsmodell noch ein Lenkrad und aus dem Boden ragen zwei Pedale hervor.

Der Unterschied zum schlichten Google-Auto könnte also kaum größer sein. Dafür klingt Daimler-Chef Zetsche inzwischen fast genauso wie Larry Page, wenn er sagt: »Wer nur an die Technik denkt, hat noch nicht erkannt, wie das autonome Fahren unsere Gesellschaft verändern wird. Das Auto wächst über seine Rolle als Transportmittel hinaus und wird endgültig zum mobilen Lebensraum.«

Vor dem Gebäude, in dem X und Astro Tellers Büro unter-gebracht sind, wird an manchen Tagen ein Seil zwischen zwei Bäume gespannt, eine sogenannte Slackline. Artistisch begabte Mitarbeiter balancieren und springen darauf herum. Wann immer sich dagegen Teller und Brin in dieser Kunst versuchten, landeten sie schnell unelegant auf dem Boden. Aber genau das sollte der Zweck der Übung sein: Wenn die Führung bereit ist, vor aller Augen auf die Nase zu fallen, können sich alle trauen. Das mag klingen wie aus einem Wochenendseminar für Mana-ger, bei dem auch über glühende Kohlen gelaufen wird und sich alle mit geschlossenen Augen in die Arme des Nachbarn fallen lassen müssen. Aber Teller stört das nicht. Die Methoden können ruhig plakativ sein, solange sie funktionieren. Genauso darf über alles nachgedacht werden, alles getestet und ausprobiert werden, ohne dass darüber gelacht wird. Teller ist dafür bekannt, Mit-arbeiter tröstend zu umarmen, die sich an einem verrückten Pro-jekt versucht haben und damit scheiterten. Für einen Moment hatte ein Google-Team etwa ernsthaft darüber nachgedacht, ein Hoverboard zu bauen: eine Art schwebendes Skateboard, wie es im Hollywood-Klassiker »Zurück in die Zukunft II« mit Michael J. Fox vorkommt. Denn so eine Anti-Schwerkraft-Plattform könnte für Transportsysteme tatsächlich revolutionär sein.

Doch am Ende wurde das Projekt schnell wieder verworfen, weil es physikalisch nicht umsetzbar schien. Stattdessen kon-zentriert sich der Konzern parallel zum fahrerlosen Auto nun auf eine ganze Reihe neuer, groß angelegter Moonshots, deren Geschäftsmodelle klarer und deren Chancen realistischer sind. Zum Beispiel die gesamte Menschheit mit Internet zu versor-gen – und zwar mithilfe von Ballons, die am Rande des Welt-alls dahinschweben.

4

In den Geheimlaboren: Woran Google wirklich arbeitet und warum

Im Sommer 2013 tauchten unerwartet 30 seltsame Objekte im azurblauen Himmel über Neuseeland auf: Fünf Meter breit und 13 Meter hoch, transparent und wabbelig im Wind, schwebten sie den Sternen entgegen, wie riesige Quallen auf dem Weg zur Meeresoberfläche. Quallen mit Antennen und Radiofrequenztechnologie. Unter Ufo-Forschern brach weltweit Aufregung aus. CNN berichtete.

Niemand brachte die Himmelserscheinungen in Verbindung mit einer Reihe von ebenso ungewöhnlichen Stellenanzeigen, die wenige Monate zuvor von Google in Auftrag gegeben worden waren. Dringend gesucht: Schneider und Ballonexperten. Es ist ein seltsames Team, das Google über Monate zusammengezogen hatte, heimlich und hinter den verschlossen Türen eines kalifornischen Geheimlabors: Textilingenieure und Luftfahrtexperten, Wifi-Techniker und Chemiker. Sie sollten ein Luftgefährt bauen, das es bisher noch nie gegeben hatte, unverwüstlicher als die sturmerfahrensten Wetterballons, so langlebig, dass es den geplanten Marathon überstehen würden: 100 Tage in der Luft, drei Umrundungen der Erde, getrieben von den großen, konstanten Windströmen, die sich um den Planeten schlängeln.

Die Ballons steigen hoch hinauf an den Rand des Weltraums, bis in die Stratosphäre. Untereinander zu einer langen Signalkette verbunden und in ständigem Kontakt zu Basisstationen am Boden beginnen sie in 20 Kilometern Höhe mit ihrem Auftrag:

als fliegender Mobilfunkturm die Welt aus der Luft mit Internet zu versorgen. Aus ihrer Umlaufbahn senden die Stratosphären-Ballons ein Wifi-Signal zurück zur Erde, bis in die entlegensten Winkel der Welt.

Zwei Drittel aller Menschen haben kein schnelles Internet. Mehrere Milliarden sind noch immer ganz ohne Online-Zugang, vor allem in ländlichen Gebieten und weiten Regionen der »Dritten Welt«, in denen Mobilfunkanbieter und Kabelkonzerne den Aufwand nicht für lohnenswert halten. Die Infrastruktur auf dem traditionellem Weg zu bauen ist teuer und langwierig: Mobilfunktürme müssen errichtet, Kabel verlegt, Satelliten ins All geschossen werden. Google will das ändern, so schnell wie möglich. Zum einen, weil es großartig wäre für viele Menschen in Indien und Afrika, für Bauern in entlegenen Regionen oder Dorfbewohner in Tibet, wenn auch sie endlich online sein könnten, und das für wenig Geld. Funktioniert das Projekt, könnte es für viele Menschen auf der Welt der erste Schritt in das digitale Zeitalter sein. Großartig wäre es aber auch für die Werbeeinnahmen des Konzerns, denn wer im Internet ist, klickt irgendwann auch auf eine Google-Anzeige. Das Ballon-Netzwerk könnte die Lösung sein, so hoffen die Google-Ingenieure, ebenso verrückt wie elegant. Bis Ende des Jahrzehnts soll die ganze Menschheit online sein, so wünscht es sich Larry Page. Und wenn ein Netzwerk aus hunderten um die Erde kreisender Ballons der schnellste Weg dorthin ist, dann probiert Google es eben so. Loon, wie das Ballon-Programm genannt wird, ist ein echter Moonshot, entstanden und entwickelt in Astro Tellers Moonshot-Fabrik X.

Verantwortlich für das Projekt ist Mike Cassidy: Auf die 50 zugehend, braungebrannte Glatze, fast immer trägt er Khaki-Shorts und abgelaufene Turnschuhe, Polohemd und darüber einen leicht abgewetzten Pullover. Cassidy hat vier Technologie- und Internetfirmen gegründet und aufgebaut. Eine hat er für rund 13 Millionen Dollar verkauft, eine weitere für gut 100 Millionen Dollar und noch eine für über 500 Millionen Dollar. Cassidy muss nicht mehr arbeiten, aber sein viertes Start-up wurde schließlich von Google gekauft. Oder besser: Google hat vor allem Cassidy selbst gekauft. Selbst unter den vielen besonderen, mitunter schrulligen, oft brillanten Köpfen, die bei Google anzutreffen sind, fällt Cassidy auf. Er hat einen Abschluss von der Harvard Business School. Er hat auch Jazz-Piano studiert am Berklee College of Music, in seiner Freizeit komponiert er Jazz-Stücke. Und er ist Luftfahrt-Ingenieur, mit einem Abschluss vom Massachusetts Institute of Technology (MIT). Als Google ihm die Leitung von Projekt Loon anbot, war Cassidy zunächst skeptisch, denn die Liste der Probleme, die von Experten für unlösbar gehalten wurden, war lang. Er lacht und schüttelt den Kopf, wenn er zurückblickt auf die vergangenen Jahre: »Ein Gerät, so groß wie ein Telefon, 20 Kilometer hoch in die Luft schießen, das dann Daten mit 20 Megabit pro Sekunde zur Erde überträgt? Haben wir hinbekommen. Ein Ballon, der 100 Tage in der Luft bleibt? Geht auch. Die Dinger steuern? Haben wir auch gelöst.« In einem riesigen ehemaligen Flugzeughangar einige Kilometer südlich von Mountain View, ursprünglich errichtet während des Zweiten Weltkriegs als Garage für Luftschiffe, wird nun ständig an immer neuen Versionen der Ballons gebastelt.

Im Sommer 2015 waren bereits Dutzende der Ballons aus dünnem Polyethylen-Plastik gleichzeitig in der Luft. Die Technologie ist so weit fortgeschritten und so billig, dass der Stratosphären-Internetdienst auch für große Flächen erfolgreich getestet wurde. Die erreichten Übertragungsgeschwindigkeiten sind mit bis zu 50 Megabit pro Sekunde höher als die meisten schnellen Anschlüsse auf dem Boden. Alle Ballon-Serien sind nach Vögeln benannt. 2015 testete Google die dreizehnte Version: Merlins. Die nächste Version, Nummer 14, soll nun schon die finale sein und Nighthawk, Nachtfalke, heißen. Cassidy ist sicher: Projekt Loon steht kurz davor, ein weltweit einsetzbares, kommerzielles Produkt zu werden.

Wenn es so weit ist, wird das Loon-Projekt den Weg des selbstfahrenden Autos nehmen und als eigene Abteilung in den Konzern integriert werden, statt als Teil von X zu experimentieren. Die Arbeit der Moonshot-Fabrik endet, sobald eine Idee die Marktreife erlangt hat. Vermarktung, Vertrieb, ein Profit-Center bauen, das ist ein Job für andere. Die wilde Truppe von Vordenkern und Fantasten, die mittlerweile hunderten Ingenieure, Künstler, Philosophen und sogar Oscar-Gewinner, die Astro Teller versammelt hat, sollen sich auf ihre Kernaufgabe konzentrieren: große Ideen entwickeln, prüfen, Prototypen bauen und verwerfen, was sich nicht umsetzen lässt. X ist eine weitgehend separate Abteilung, vergleichsweise unabhängig vom Rest des Konzerns. Viele der Projekte und Ideen, an denen hier gearbeitet wird, sind auch den anderen Googlern nicht bekannt. X ist noch immer ein Geheimlabor.

Auch wenn seine Existenz nicht mehr so geheim ist wie in den ersten Jahren, so sind es doch die allermeisten Projekte, an denen hier geforscht wird. Umso erstaunlicher, dass auch hier die Sicherheitsvorkehrungen nicht größer sind als sonst bei Google. X ist untergebracht in drei unauffälligen Gebäuden aus Glas und rotem Backstein am äußersten Rand des Campus. Es gibt keine Zäune und keine Wachleute, aber auch kein Schild, das darauf hinweist, was im Inneren des Gebäudes passiert. Eine einfache Sicherheitsschleuse führt zunächst zu ebenso einfachen Büroräumen. Nur ein großes Poster einer Mondrakete gibt einen Hinweis, woran hier gearbeitet wird. Erst tiefer im Gebäude sieht es dann endlich so aus, als würde hier tatsächlich an wilden Zukunftsideen gebastelt: Große Werkstätten stehen voll mit Elektronik, Laser, Schweißgeräten. Während Google sonst vor allem in der digitalen Welt stattfindet, ist X stark auf die physische Welt fokussiert.

Die vielen Elektrotechniker, Maschinenbauer und Chemiker verfolgen vor allem das Ziel, etwas Greifbares zu bauen. »Wir wollen uns mehr auf Atome als auf die Bits und Bytes konzentrieren«, sagt Teller. Denn X soll nicht den gleichen Ideen und Problemen hinterherlaufen wie der Rest des Konzerns, soll Google stattdessen »zu Orten führen, mit denen das Unternehmen sonst nie in Berührung gekommen wäre«.

Die Ursprünge von X gehen zurück in das Jahr 2009, als Larry Page nach einem »Director of Other« suchte, einem Chef für alles, was nichts mit der Suchmaschine zu tun hatte. Den Posten übernahm Sebastian Thrun, der deutsche Robotik-Ingenieur, der das selbstfahrende Auto entwickelte. Thrun machte Astro Teller zunächst zu seinem Ko-Direktor, konzentrierte sich dann aber zunehmend auf das Auto-Projekt, sodass Teller schließlich alleine die Führung übernahm. Seitdem hat sich Teller vor allem darauf konzentriert, aus dem Labor eine reibungslos laufende Ideenmaschine zu bauen, die Abläufe so zu systematisieren, dass eine Moonshot-Fabrik entsteht, die relativ verlässlich immer wieder neue Projekte hervorbringt.

Wichtigste Voraussetzung dafür ist, einen replizierbaren Prozess zu haben, um zunächst die richtigen Ideen auszusieben. Um das zu verdeutlichen, malt Teller drei große, überlappende Kreise auf eine Tafel, deren Schnittmenge die Essenz von X ausmacht. Der erste Kreis symbolisiert die Grundidee, »das enorme Problem« von globaler Bedeutung: zu viele Verkehrstote, Krebs, Milliarden Menschen ohne Internet. Der zweite Aspekt ist die Möglichkeit einer radikalen Lösung, einer grundlegend neuen Technologie, mit der das Problem schnell und auf neue Art und Weise gelöst werden kann. »Es bringt nichts, sich eines Themas anzunehmen, das wir genauso wie alle anderen lösen wollen oder für dessen Lösung wir 30 Jahre benötigen«, so Teller. Und letztlich braucht es eine erfolgreiche Plausibilitätsprüfung, damit die

Grundlagen der Physik und Wissenschaft nicht gesprengt werden, denn alleine mit Punkten eins und zwei »landet man bei unmöglichen Ideen wie der Zeitmaschine«. Erst alle drei Aspekte zusammen, betont Teller, ergeben einen Moonshot.

Manche Ideen haben sich mit dieser Methode schnell erledigt. Wenn etwa jemand sagt: Was, wenn wir einen großen Kupferring um den Nordpol bauen und versuchen das Magnetfeld der Erde in Energie umzuwandeln? »Da kalkulieren wir dann ein bisschen, um schnell zu sagen: Das war jetzt ein lustiger Brainstorm, aber das wird nichts.« An anderen Projekten wird dagegen über hunderte von Stunden gearbeitet, bevor sie doch im Papierkorb landen. Ein X-Team hat etwa eine ganze Weile damit zugebracht, ein Modell für eine drahtlose Stromübertragung im gesamten Haus zu entwickeln. Teller war das zu klein gedacht: »Ich habe mir das eine Weile angeschaut und dann gesagt: Dafür zu sorgen, dass wir Geräte nicht mehr mit einem Kabel in die Steckdose stecken müssen, ist zwar hübsch, aber nicht 10x, kein großes, globales Problem. Vielleicht steckt darin sogar ein gutes Geschäft, aber es passt nicht zu uns.«

Die Ideen, die die ersten Machbarkeitskalkulationen überstanden haben, landen schließlich beim »Rapid Evaluation Team«, kurz »Rapid Eval«, was so viel heißt wie schnelle Prüfung und Entwicklung. Das Team besteht aus acht sowohl handwerklich als auch mathematisch Hochbegabten mit Ingenieurs-Fachwissen aus verschiedenen Bereichen, jeder eine Art Universalgelehrter. Der Job von Rapid Eval ist, mit möglichst einfachen Mitteln schnell Prototypen und Modelle zu entwickeln und Ideen somit nicht nur theoretisch zu diskutieren, sondern sie auszuprobieren: Ist das wirklich technisch machbar? Wie kann man das bauen? Und zu welchen Kosten?

Jedes Jahr landen Dutzende, manchmal hunderte Ideen auf dem Tisch von Richard DeVaul, dem Leiter von Rapid Eval. Die

Aufgabe der Gruppe ist allerdings nicht, schnell zu erkennen, was bei einer Idee funktioniert – sondern was nicht. Und entsprechend alles daranzusetzen, ein Projekt so früh wie möglich zum Scheitern zu bringen. Das ist Tellers grundlegender Ansatz für alle X-Projekte: sich nicht an den leichtesten Problemen abzuarbeiten, sondern die größten und schwersten Hürden gleich zu testen. Diese Philosophie zieht sich auch später noch durch alle Entwicklungsstufen. »In den ersten beiden Jahren von Loon haben wir alles darangesetzt, das Projekt irgendwie kaputt zu kriegen«, sagt Teller. »Warum bis morgen oder nächste Woche mit dem Scheitern warten, wenn man heute scheitern kann?« Bei den meisten Unternehmen läuft es dagegen genau andersherum: Es wird so lange wie möglich an Projekten gebastelt, um Erfolge vermelden zu können und Budgetkürzungen zu vermeiden.

Auch Loon ist aus einer schnellen Evaluation hervorgegangen. Larry Page hatte schon 2005 begonnen, über Ballons und Datenübertragung nachzudenken. Dass Kommunikationssatelliten teuer und aufwendig sind und damit eine Innovationsbremse darstellen, beschäftigte Page schon seit Uni-Tagen. Schließlich begann er selbst, nach Alternativen zu suchen. Er fand das Bild eines Ballons, der in den 1960er Jahren mehrere Male die Erde umrundete. Warum also, fragte Page, sollte es nicht möglich sein, mit moderneren Materialien und heutiger Technik einen Ballon zu bauen, der Wochen oder sogar Monate in der Luft bleiben kann? Die Idee versprach ein klassisches Beispiel der »Null-Millionen-Dollar-Forschungs-Probleme« zu sein, auf die Page so fixiert ist: ein von anderen Industrien und der Forschung bislang ignoriertes Feld mit globalem Potenzial.

Auf die Initiative von Page hin begann das Team um Rich DeVaul ernsthaft die Machbarkeit auszuloten. DeVaul besorgte mehrere Wetterballons, steckte einen WiFi-Transmitter in einen Karton und schickte das Ganze gen Himmel. Und tatsächlich:

Die Grundidee funktionierte – und auch die mathematischen Berechnungen passten. Eine neue Moonshot-Gruppe war geboren: Fünf Ingenieure, mit Cassidy an der Spitze, stellten sich einer Vielzahl von scheinbar unlösbaren Problemen. Das drängendste: Wie können die Ballons gesteuert werden, ohne einen aufwendigen, schweren Antrieb zu bauen? Wie sollen sie gezielt von einem Ort zum anderen fliegen, und vor allem, wie sollen sie längere Zeit über einem Zielpunkt bleiben, um kontinuierlichen Internet-Service zu garantieren? Denn Ballons sind Geiseln des Winds, der Aufwand, sie in Position zu halten, ist enorm. Insbesondere in einer Höhe von 20 Kilometern: Die Stratosphäre ist zwar außer Reichweite von Wettersystemen und Flugzeugen, aber dafür blasen dort oft Winde von über 200 Stundenkilometern.

Schließlich kam Cassidys Team auf eine ebenso einfache wie elegante Lösung: Statt die Ballons stationär zu halten, driften sie einfach mit dem Wind, werden aber sofort von einem neuen Ballon ersetzt. Trotzdem benötigen die Ballons einen Steuerungsmechanismus. Google löste das Problem, indem es eine Datenverarbeitungsaufgabe daraus machte: Der US-Wetterdienst verfügt über riesige Mengen von Informationen über vergangene und aktuelle Windströmungen. Mit der richtigen Software und genügend Rechenkraft lassen sich daraus auch Modelle für die Stratosphären-Strömungen bauen – und wie sich die Ballons durch dieses Labyrinth bewegen müssen, um zu ihren erwünschten Zielorten zu gelangen. Sobald sich die Strömungen vorhersagen lassen, müssen die Ballons auf die richtige Höhe hinauf- oder hinabsteigen, um sich dann von den Winden mitreißen zu lassen. »Man braucht nur einen sehr guten Kontroll-Algorithmus und muss ungefähr drei Tage im Voraus planen«, sagt Cassidy. Die Berechnungen können dann genau vorhersagen: Mit diesem schnellen Westwind kommt der Ballon rasch voran und überquert den Ozean, zwei Tage später muss er einen Kilometer sinken, um einen viel langsameren Wind zu erwischen, der ihn für eine Weile auf Position hält.

Die Höhe wechseln die Ballons durch einen simplen Mechanismus: Im Hauptballon steckt noch ein zweiter, kleinerer Ballon. Während der große Ballon mit Auftrieb gebendem Helium vollgepumpt ist, wird der zweite mit Luft gefüllt – die schwerer ist als Helium. Je nachdem wie stark der innere kleine Ballon gefüllt ist, steigt oder fällt der Hauptballon. »Wenn man da ein paar Kilo Luft reinpumpt, geht es sofort zwei, drei Kilometer runter«, sagt Cassidy. »Die mathematische Formel für Auftrieb ist zum Glück ziemlich simpel.« Alles, was man braucht, ist ein ordentlicher Ventilator, der Luft ansaugt. Das erste Testmodell war einfach mit einem herkömmlichen tragbaren Gebläse ausgerüstet, wie sie genutzt werden, um Blätter von der Straße zu pusten.

Das Navigationssystem funktioniert inzwischen so exakt, dass die Loon-Ingenieure die Ballons alle paar Minuten mit neuen Anweisungen füttern und sie damit über interkontinentale Distanzen steuern können. Manche flogen bereits über 10 000 Kilometer, um dann schließlich auf 500 Meter genau an ihrem anvisierten Zielort anzukommen: einem Mobilfunkturm auf der Erde, der das Signal nach oben sendet. So kann auch eine ganze Flotte gesteuert werden, um Zielorte am Boden mit Internet zu versorgen, ohne den ganzen Planeten mit Ballons abdecken zu müssen. Je nach Frequenz und der Anzahl der Haushalte, die online zu bringen sind, kann ein einzelner Ballon einen Durchmesser von 40 bis 80 Kilometer am Boden mit Internet versorgen.

Es gibt noch immer technische Hürden, die das Loon-Team überwinden muss, bis das Projekt wirklich marktreif ist. In der Stratosphäre herrschen Temperaturen von bis zu minus 80 Grad, was der Elektronik zu schaffen macht. Aber kein Problem sei unlösbar, sagt Cassidy. Und auch nur mit dieser Haltung, mit einer Art »irrationalem Optimismus«, könne ein Projekt wie Loon ein Erfolg werden. Die ersten 60 Ballons platzten, als sie die Stratosphäre erreichten. »Man braucht Leute, die offenbar eine Art Defekt im Gehirn haben und trotzdem sagen, egal, wir machen weiter«, sagt Cassidy und lacht. Die meisten Mitarbeiter von X seien ausgestattet mit einer »unnatürlichen Widerstandskraft gegen Enttäuschungen«, die sie davon abhält, nach zehn Fehlschlägen zu sagen: Das funktioniert einfach nicht, wir lassen das. Die ersten Ballons hielten nur fünf Tage in der Stratosphäre durch, neuere Generationen schaffen nun fast 200 Tage. Die ganze Elektronik wiegt nur noch ein paar hundert Gramm und benötigt gerade einmal 10 Watt Strom.

Der große Vorteil des Loon-Konzepts sind die vergleichsweise geringen Kosten. Zwar braucht es viele Ballons, um den kompletten Globus lückenlos mit Internet zu versorgen, zehntausende sogar, die sich ständig abwechseln, aber warum nicht? Ballons sind nicht teuer, wenn sie massenhaft produziert werden können. Google hat sich inzwischen mit Ballonproduzenten zusammengetan, die, wie Cassidy sagt, »schnell und günstig für uns über 10 000 Ballons herstellen können«. Einmal mit Helium gefüllt, sind die Kosten, um die Ballons in die Luft zu bringen und dann dort 100 Tage und mehr zu belassen, »nahe null«, so Cassidy. Satelliten dagegen kosten schnell ein paar hundert Millionen Dollar. Und auch die Infrastrukturkosten auf dem Boden sind so enorm, dass es wohl noch Jahrzehnte dauern würde, den Rest der Menschheit online zu bringen.

Cassidy will schneller sein: »Vorsichtig berechnet können wir 200 Millionen Menschen erreichen, aber ich träume von 500 Millionen, einer Milliarde Menschen.« Dann erzählt er von einer Schule in Brasilien, abgelegen im Dschungel. Die brasilianische Regierung hatte Google eingeladen, die Stratosphären-Verbindung dort zu testen. Das Loon-Team steuerte einen der

Ballons über die Schule, ein brasilianischer Mobilfunkanbieter sandte das Signal gen Himmel. Cassidy war vor Ort, als viele der Schulkinder zum ersten Mal das Internet erlebten.

Ihm kommen die Tränen, während er davon erzählt. Er sagt: »Ich habe so viel Geld verdient, aber man kann nicht sagen, dass meine anderen Firmen wirklich die Welt verbessert haben. Das hier ist etwas ganz anderes.« Er hofft darauf, dass das Internet Millionen von Menschen vor allem in Afrika und Asien auch Zugang zu Bildung und mehr Freiheit bringt.

Allerdings investiert Google keineswegs aus rein altruistischen Motiven so viel Zeit und Geld in das Loon-Projekt. Der Konzern verfolgt damit auch knallharte Geschäftsinteressen. Cassidy ist überzeugt, dass sich Loon unweigerlich zu einem »fantastischen Geschäft« für Google entwickeln werde. Grundlage dafür sollen Partnerschaften mit zahllosen Telekommunikationsunternehmen sein, die Google zurzeit rund um die Welt abschließt. Ursprünglich hatte das Loon-Team geplant, selbst die Mobilfunkfrequenzen in den einzelnen Ländern einzukaufen, in denen die Ballons zum Einsatz kommen sollen. Doch solche Lizenzen kosten Milliarden. Stattdessen hat Google begonnen, sich mit den Mobilfunkanbietern zusammenzutun, die bereits die Frequenzen besitzen. Denn wenn die Telekommunikationsunternehmen die Lizenzen vom Staat erhalten, verpflichten sie sich dabei meist, den Mobilfunk- und Internetservice im gesamten Land anzubieten und nicht nur in den profitablen Städten. Gerade in Entwicklungsländern ist das aufwendig und kaum lohnenswert.

»Wenn wir dann etwa in Brasilien oder Tansania oder Indien bei den Anbietern vorstellig werden und fragen, was sie in den nächsten Jahren an Kosten für neue Mobilfunk-Infrastruktur eingeplant haben, ist die Antwort immer zwei oder drei Milliarden Dollar«, so Cassidy. »Wir sagen dann: Wie wär's, wenn ihr gar nichts zahlt? Wir bauen die Mobilfunktürme für euch, und wir teilen uns dann die Einnahmen. Da sagt jeder ja.« Gleichzeitig sollen so aus potenziellen Konkurrenten Verbündete werden. »Wir sind letztlich ein Kanal für die Telekommunikationsanbieter, die den Zugang zum Kunden haben«, so Cassidy.

Die Google-Strategen haben die Geschäftspläne für das Stratosphären-Internet inzwischen durchgerechnet. Wenn mittelfristig wenigstens 200 Millionen der insgesamt vier Milliarden Menschen, die noch ohne Internet sind, über Loon versorgt werden und dafür auch nur fünf Dollar im Monat zahlen würden, würde sich daraus bereits ein Umsatz von einer Milliarde Dollar im Monat ergeben. Hinzu kommt, dass all die Millionen zusätzlichen Internetnutzer natürlich auch die Google-Suchmaschine nutzen, YouTube-Videos schauen, E-Mail-Services brauchen. »Es ist ein Mythos, dass X nur ein cooles Forschungslabor ist, in dem über Science-Fiction-Projekte rumgesponnen wird, die nur vielleicht irgendwann auch einmal was werden«, betont Cassidy. »Du hast ein paar Monate Zeit, und dann muss es auch ein Geschäftsmodell geben.«

Google ist nicht mehr das einzige Unternehmen, das daran arbeitet, den ganzen Planeten mit Internet zu versorgen. Auch andere Konzerne verfolgen inzwischen die Idee, Milliarden von Menschen in Entwicklungsländern und entlegenen Regionen online zu bringen und sie damit auch gleichzeitig zu neuen Konsumenten ihrer Produkte zu machen. Facebook etwa experimentiert mit Drohnen und Satelliten, um schnelles Internet flächendeckend zur Erde zu beamen.

Der sich abzeichnende harte Konkurrenzkampf um neue Formen der Internetversorgung zwischen Facebook und Google verspricht zweierlei: Zum einen werden Konsumenten davon profitieren, wenn es mehrere Anbieter gibt, zum anderen treibt der Wettbewerb den Fortschritt noch weiter an. Denn bei dem

Versuch, die Nase vorne zu haben, stecken die Konzerne immer mehr Geld in die neuen Übertragungsmöglichkeiten und experimentieren auf immer neuen Feldern. Nachdem etwa Facebook Interesse am Drohnen-Hersteller Titan Aerospace zeigte, schlug Google sofort zu und übernahm die Firma. Die Titan-Drohnen können über lange Zeit am Rande der Erdatmosphäre fliegen. Mit einer Spannweite, ähnlich der eines Jumbo-Jets, ausgestattet mit riesigen Solar-Paneelen, sollen die Riesen-Drohnen gleich mehrere Jahre in über 20 Kilometer Höhe zirkeln und gemeinsam mit dem Projekt Loon schnelle Internetverbindungen möglich machen. Die Ballon- und Drohnenteams arbeiten eng zusammen und tauschen ihre Forschungserkenntnisse untereinander aus, sagt Loon-Chef Cassidy.

Anfang 2015 übernahm Google außerdem zusammen mit einem Finanzinvestor knapp zehn Prozent an SpaceX, der privaten Weltraumfirma des Erfinders Elon Musk, die seit einigen Jahren eigene Raketen baut und Satelliten für die Nasa ins All transportiert. Nun will SpaceX aber auch ein Netzwerk an preisgünstigen Mini-Satelliten in den Orbit schießen, um damit Internet direkt aus dem All zur Erde zu schicken. Dem stehen jedoch noch erhebliche Hürden entgegen, an denen andere Projekte gescheitert sind, die Internet via Satellit ermöglichen wollten. Zum einen sind die Kosten enorm, um entsprechende Anlagen auf dem Boden zu installieren, mit denen die Satelliten-Signale empfangen und verarbeitet werden können. Zum anderen drohen technische Schwierigkeiten.

Prinzipiell gibt es zwei Wege, um Daten aus dem All zur Erde zu transportieren: Laser und Radiowellen. Letzteres ist die seit langem erprobte Methode, die auch für den Mobilfunk genutzt wird. Doch wer Radiowellen einsetzen will, braucht dafür Lizenzen für ein entsprechendes Spektrum – und diese Lizenzen sind limitiert und entsprechend hart umkämpft. Zuletzt hat sich die Forschung deswegen auf Laser-Technologie konzentriert. Die Nasa hat 2013 die Laser-Übertragung im All getestet und dabei Downloadgeschwindigkeiten von 622 Megabit pro Sekunde erreicht: dutzende Male schneller als die normale Übertragungsrate in deutschen Haushalten, und das auf eine Entfernung von 239 000 Meilen. Denn so weit waren Sender und Empfänger im Nasa-Test voneinander entfernt. Allerdings sind die Laser-Übertragungen nur akkurat, solange sie von nichts abgelenkt werden. Im All ist das relativ einfach. Schlechtes Wetter und Wolkenformationen dagegen bringen die Technik in Schwierigkeiten. Doch unabhängig von diesen Problemen drängen Google und andere Silicon-Valley-Firmen mit Macht ins Weltraumgeschäft.

Eine ganze Reihe von Firmen im Silicon Valley sieht das Satellitengeschäft als eine weitere verkrustete Branche, die genauso überrollt und umgewälzt werden kann wie zuletzt das Taxigewerbe, die Hotelindustrie und die Medien. Obwohl schon seit Jahrzehnten kommerziell genutzt, sind Satelliten noch immer außergewöhnlich teuer – in der Herstellung und beim Transport in die Umlaufbahn. Doch das ändert sich gerade grundlegend. Dank immer kleinerer und leistungsfähigerer Computer können »Nanosats« oder »Cubesats« genannte Mini-Satelliten vieles genauso gut wie ihre konventionellen, aber hundertmal größeren und schwereren Pendants – jedoch zu einem Bruchteil der Kosten. Inklusive Transport in den Weltraum kostet ein Nanosat zwischen 35 000 und einer Million Dollar im Vergleich zu 200 Millionen bis eine Milliarde Dollar für ein herkömmliches Modell.

Im August 2014 verließ innerhalb weniger Minuten ein Schwarm von gleich 28 Mini-Satelliten die Internationale Raumstation ISS. Jeder gerade einmal so groß wie eine Schuhschachtel und nur fünf Kilogramm schwer, zogen sie in einer tiefen Umlaufbahn jeden Tag 15-mal um die Erde. Ihre Aufgabe: den

Planeten zu fotografieren, bis in den letzten Winkel. Ohne Unterbrechung, jeden Tag. Alle paar Stunden sendete der Schwarm seine Arbeit zurück zur Oberfläche, doch der einzigartige Datenstrom floss nicht zur Nasa oder nach China. Er endete in einem unauffälligen Backsteingebäude in der Innenstadt von San Francisco: eine Handvoll Räume, vollgestopft mit Elektronik und Ingenieuren. Die Satelliten gehören Planet Labs, einem Start-up, gegründet 2010 in einer Garage in Cupertino, ganz in der Nähe von Apple.

»Wir sind auf dem Weg zum größten kommerziellen Bilderstellungssystem im Orbit«, sagt Will Marshall, Gründer und Chef von Planet Labs. Marshall, schmal und ungeduldig, hat im Fach Astrophysik in Oxford promoviert und arbeitete für die Nasa daran, Wasser auf dem Mond zu finden. Doch die Zukunft der Raumfahrt sieht er in der Privatwirtschaft, zumindest für sich. Er sagt: »Wir haben gelernt, viel kleinere Satelliten zu bauen. Dadurch können wir sehr viele gleichzeitig in den Orbit schicken. Und das ermöglicht völlig neue Anwendungen.« Planet Labs hat schnell knapp hundert Millionen Dollar Wagniskapital eingesammelt.

Die im August 2014 ausgesetzten Satelliten bilden bereits den dritten Schwarm, den das Start-up in den Weltraum geschossen hat. Dutzende weitere sollen auf diese ersten 73 Satelliten folgen und sich zusammenschließen zu einem verknüpften, riesigen System: ein Planeten-Scanner, der die Erde täglich neu kartografiert. »Überraschend viel Technologie im Weltraumgeschäft ist antiquiert«, sagt Marshall. »Wir bringen die Raumfahrt endlich in die Software-Welt, und das ist ein großer Wandel.«

Planet Labs will vor allem das Geschäft mit Satellitendaten revolutionieren, das bislang von zwei Unternehmen dominiert wird: Airbus und DigitalGlobe. Beide nutzen eine kleine Anzahl von Satelliten im Orbit, um ein Fotoarchiv zu füllen und Kunden wie Microsoft oder staatliche Organisationen mit Bildmaterial zu versorgen. Planet Labs will dagegen einen tagesaktuellen Bilderdatenstrom anbieten. Marshall sieht »Hunderte mögliche Anwendungen« für staatliche Einrichtungen, Forscher und Unternehmen: von Veränderungen im Waldbestand über die Tagesproduktion von Kupferminen bis hin zu Schiffsbewegungen und der Messung von saisonalen Schwankungen in der Landwirtschaft. Das Ziel ist, eine durchsuchbare Bilderdatenbank aufzubauen, die nahezu in Echtzeit Anfragen beantworten kann: etwa wie viele Containerschiffe gerade im Hamburger Hafen liegen oder wie der Bau einer Ölpipeline vorangeht. Und auf die jeder einfach »und ganz demokratisch« zugreifen kann, betont Marshall.

Solche Anwendungen sind auch von großem Interesse für Google. Bislang kauft sich der Konzern sein Bildmaterial ein. Die Qualität ist hoch, aber der Prozess ist langsam. Satellitenbilder bei Google Maps etwa sind oft Jahre alt.

Google hat deswegen 2014 für rund 500 Millionen Dollar Skybox Imaging, einen der Hauptkonkurrenten von Planet Labs übernommen. Bislang hat Skybox erst einen Satelliten im Orbit. Nach und nach sollen jedoch 23 weitere folgen. Die weit größeren, rund hundert Kilogramm schweren Skybox-Satelliten lassen nicht nur eine höhere Auflösung für Fotos zu – sondern auch Videoaufnahmen. Droht nun ein neuer Datenkrake aus dem All? Wird der Streit um Google Street View, bei dem sich Anwohner gegen das Fotografieren der eigenen Hausfassade wehrten, im Nachhinein nur wie eine Ouvertüre in einem viel größeren Kampf um die weltweite Privatsphäre wirken?

Dass die Welt aus der Luft beobachtet wird, ist an sich nicht neu. Städte und Gemeinden lassen regelmäßig Straßen und Stadtviertel aus Flugzeugen abfotografieren. Die Aufnahmen sind so hoch aufgelöst, dass sich etwa die Standorte von Ampeln gut erkennen lassen. Solche Aufnahmen werden allerdings nur alle paar Jahre gemacht – und nicht fast jeden Tag. Skybox-Satelliten hingegen sind technisch nicht zu hohen Auflösungen in der Lage: Es können Häuser, aber keine Menschen erkannt werden.

Alle Google-Gebäude haben ein eigenes Motto, nach dem Konferenzräume benannt und Lobbys und Kantinen gestaltet werden. Die Themen haben meist keinen direkten Bezug zu den dort gerade arbeitenden Abteilungen, in manchen Gebäuden etwa sind die Räume nach Comic-Helden benannt, in anderen nach Kino-Klassikern. Manchmal aber ist das Motto bewusst gewählt. GWC7 etwa, ein relativ neuer zweistöckiger Glas- und Betonklotz, versteckt unter dichten Bäumen und abseits des normalen Campusbetriebs, hat James Bond als Motto. Es gibt eine Lounge mit einem von der Decke hängenden Stahlkamin, eine Marmorbar und Champagner im Kühlschrank. Hinter Türschildern wie »Stirb an einem anderen Tag« schicken Laboranten in blauen Kitteln Blut durch künstliche Arme und lesen die Ergebnisse aus Massenspektrometern. Im Raum »Q.«, benannt nach dem Leiter der Entwicklungsabteilung aus den Bond-Filmen, werkeln Ingenieure mit Phasenkontrastmikroskopen und kritzeln lange Formeln an Stellwände. Und in der Mitte des Gebäudes steht eine große Pappfigur von Sean Connery als Bond, aber jemand hat über seine Walther PPK, die Pistole des Agenten, das Foto einer Labor-Pipette geklebt.

GWC7 ist das Hauptquartier von Google Life Sciences, einer 2013 gegründeten Abteilung mit dem Ziel, die Gesundheitsvorsorge zu revolutionieren und die Medizin in eine neue technologische Ära zu katapultieren. Und tatsächlich klingen die Projekte, an denen hier inzwischen mehrere hundert Wissenschaftler arbeiten, so, als stammten sie aus einem Hollywood-Drehbuch. Gearbeitet wird etwa an Nanopartikeln, die in den Körper geschleust werden, um dort nach Krankheiten suchen, oder an einem Diagnostik-Armband, dass rund um die Uhr den Gesundheitszustand des Trägers überwacht. Schon weit fortgeschritten und bereits in klinischen Studien ist eine Kontaktlinse, die den Blutzucker über die Augenflüssigkeit misst und Diabetikern die ständige Blutabnahme durch einen Stich in den Finger erspart.

Vielleicht ließen sich all diese Projekte als weltentrückt, als geradezu esoterisch abtun, wäre da nicht das Personal. Unter den Chemikern und Biologen, Medizinern, Astrophysikern und Elektroingenieuren, die hier Seite an Seite arbeiten, sind viele Wissenschaftler mit Weltruf. Jessica Mega etwa, eine prominente Kardiologin, abgeworben von der Harvard Medical School. Google hat diese Strategie mittlerweile weitgehend perfektioniert: Für neue Abteilungen, insbesondere für Moonshot-Projekte, keinen Aufwand bei der Personalsuche zu scheuen, zu Beginn vier, fünf der klügsten und in ihrem Feld renommiertesten Köpfe einzustellen und ihnen freie Hand zu geben – und dann darauf zu setzen, dass sie ihr Netzwerk aktivieren und ein halbes Dutzend weiterer außergewöhnlicher Experten abwerben und zu Google locken.

Die Leitung von Google Life Sciences hat Andrew Conrad, ein promovierter Molekularbiologe. 1991 hatte er das National Genetics Institute gegründet und dort einen neuen Test für HIV entwickelt sowie ein Verfahren, Blutspenden viel schneller und billiger auf Viren zu untersuchen. Das National Genetics Institute wurde zu einem der größten Genetik-Labore, bevor Conrad es an LabCorp, den weltweit führenden Bluttest-Konzern verkaufte und dort Chefwissenschaftler wurde. Conrad, mit silberner Haartolle und ergrautem Vollbart, hat wenig gemein mit den professoralen Akademikern, die so oft in der medizinischen Forschung zu finden sind. Er legt keinen Wert auf Statussymbole, sein Büro hat gerade Platz für einen kleinen Tisch und vier Stühle, an der Tür klebt als Namensschild nur ein gelber Zettel, auf den jemand mit krakeligem Kuli »Andy« geschrieben hat. Er trägt gerne Birkenstock-Sandalen ohne Socken und Cordhosen.

Page und Brin kennt der Biologe schon lange privat, die drei sind befreundet und schon zusammen in den Urlaub gefahren. Page hat ein besonderes Interesse an Medizin und Biotechnologie, nicht zuletzt weil es das berufliche Feld seiner Ehefrau ist. Gleich nach der Gründung von X wollten Brin und Page den Biologen gewinnen, doch der war skeptisch: Er sei Fachmann für medizinische Forschung und Google habe dafür keine Abteilung. Brin antwortete: Dann bau du uns so eine Abteilung auf.

Wie nutzt man eine solche einmalige Gelegenheit, quasi mit einem Blankoscheck in der Hand völlig neu darüber nachzudenken, wie sich Gesundheitssystem und medizinische Leistungen grundlegend verbessern lassen? Der Ausgangspunkt für Conrad war am Ende ein Kerngedanke: »In den vergangenen 2000 Jahren war Medizin vor allem reaktiv, nicht proaktiv.« Soll heißen: Die Medizin kommt fast immer erst zum Einsatz, wenn schon etwas passiert ist, wenn man schon gesundheitliche Probleme hat. Bei fast allen anderen komplexen Systemen ist das anders. Autos oder Flugzeuge haben hunderte Sensoren, die ununterbrochen alle wichtigen Daten von Luftdruck bis Motortemperatur messen und analysieren. Wenn ein Wert aus der Norm fällt, kommt der Mechaniker zum Einsatz, bevor die Maschine kaputt ist. »Der Mensch aber kommt erst zum Arzt, wenn er schon krank ist«, sagt Conrad. Und bei schweren Krankheiten meist auch viel zu spät. Die Mehrheit der Krebsarten etwa wird erst in späten Stadien diagnostiziert, wenn die Überlebensrate oft nur bei unter zehn Prozent liegt. Krebsarten, die dagegen im ersten Stadium festgestellt werden, haben oft eine 90-prozentige Überlebensrate.

»Die Auslöser von Krankheiten beginnen sich in der Regel früh zu formen, aber die Menschen zeigen keine Anzeichen, dass sie krank sind«, sagt Conrad. Die Auslöser ließen sich zwar auch rechtzeitig finden, aber nur, wenn man ein Meldesystem hat, das den Köper ständig überwacht, eine Art Rauchmelder, der Alarm schlägt. »Derzeit aktivieren wir den Rauchmelder aber nur quasi einmal im Jahr, wenn wir zur Vorsorgeuntersuchung mit Blutabnahme zum Arzt gehen«, sagt Conrad. Wenn es aber an einem anderen Tag zu brennen beginnt, wird nicht Alarm geschlagen. Der Biologe begann deshalb darüber nachzudenken, wie so ein Kontroll- und Meldesystem aussehen müsste, das die wichtigsten Indikatoren im Körper – die Zahl der weißen Blutkörperchen etwa – kontinuierlich misst: Sehr klein müsste es sein, damit es nicht stört, dazu auch billig und energiesparend. So klein, dass zu sehen ist, was auf der molekularen und zellulären Ebenen passiert.

»Uns wurde schnell klar, dass man mit einer Zelle nicht aus einer Million Meilen Entfernung mit einem Megaphon sprechen kann, sondern nur aus nächster Nähe«, sagt Conrad. Die Lösung glauben die Google-Wissenschaftler in sogenannten Nanopartikeln gefunden zu haben, die als Scharnier dienen sollen zwischen der kontrollierbaren Welt der Technologie und der Welt der Biologie, »die wir überhaupt nicht kontrollieren können«. Nanopartikel sind die kleinsten, künstlich im Labor herstellbaren Maschinen, die es gibt. Diese biologisch programmierbaren Teilchen haben weniger als zwei Tausendstel des Umfangs einer roten Blutzelle und sind noch kleiner als ein Virus. Auf ihrer Oberfläche sitzen Rezeptoren oder Antikörper, mit denen sie sich mit Proteinen oder anderen Molekularbestandteilen im Köper verbinden können. Einmal in einer Kapsel geschluckt, sollen sie sich über den Blutkreislauf verteilen und als winzige Beobachter im Köper unterwegs sein. »Sich direkt mit DNA zu unterhalten ist schwierig, stattdessen befragen wir die Nanopartikel, die sich mit der DNA verbunden haben«, sagt Conrad.

Nun experimentieren die Forscher damit, die Nanopartikel chemisch zu markieren – etwa mit einer Aminosäure oder einem

Protein –, sodass sie sich zum Beispiel mit einer Krebszelle verbinden können. So erklärt es Vicky Demas, eine junge griechische Chemikerin, Leiterin der »Biomedical Systems Engineering Group«. Die Nanopartikel können viele Formen annehmen, sagt Demas, aber vorerst konzentriert sich ihr Team auf Teilchen mit einem Kern aus Eisenoxid – denn die sind magnetisch, und so können die Partikel einfach mit einem Magneten eingefangen werden, um dann die gesammelten Informationen auszulesen. Nanopartikel als solches sind nicht neu, Demas forscht schon jahrelang und früher auch für andere Firmen an ihren Funktionen. Die Aufsichtsbehörden in den USA und Europa haben bereits verschiedene Varianten der Teilchen zum Einsatz im menschlichen Körper freigegeben, Pharmafirmen arbeiten an ihrem Einsatz beim zielgerichteten Transport von Wirkstoffen innerhalb des Körpers, und auch das Fraunhofer Institut forscht unter anderem am Einsatz »polymerer Nanopartikel in der Medizin«. Ihr Vorteil liegt vor allem darin, dass sie in alle Bereiche des Körpers vordringen können, auch in das Lymphgefäßsystem. Was aber, wenn sie in unerwünschte Gebiete gelangen, etwa ins Gehirn oder die Lunge? Die gesundheitlichen Folgen sind noch nicht ausreichend erforscht. Conrad betont, dass die Partikel einfach über den Darm ausgeschieden werden können.

Zuvor aber müssen die zusammengetragenen Informationen auch weitergegeben werden. Der Plan der Google-Wissenschaftler sieht in Kurzform so aus: Die Nanopartikel sammeln sich an einem speziellen Armband, nicht größer als eine Uhr, das am Handgelenk getragen wird. Die Nanopartikel »sprechen« in einer Frequenz, die nahe dem Infrarotbereich ist, so erklärt es Conrad. Ähnlich wie ein Laser scheint Licht nahe dem Infrarotbereich durch Haut und Gewebe durch und kann so von einem entsprechenden Gerät gelesen werden. Conrad betont, dass solche neuartigen Diagnostikgeräte nichts mit sogenannten

»Wearables« ähnlich der Apple Watch gemein hätten. Es geht Google nicht um ein Lifestyle-Produkt, sondern um ein medizinisches Instrument, das entsprechend auch von den Behörden freigegeben werden muss.

Noch testen die Google-Forscher das System nicht in klinischen Studien am Menschen, sondern mit künstlichen Armen, an denen Haut und Blutkreislauf simuliert werden. Der Weg ist noch lang, sagt Conrad, aber die Forschungen der vergangenen Jahre hätten zumindest eines bewiesen: Das Modell funktioniere prinzipiell. Doch es ist nicht allein damit getan, ein Sensorensystem zu entwickeln. Die Sensoren müssen auch auf die Körperfunktionen kalibriert werden, es muss feststehen, wann sie warnen und wann nicht, was in einem menschlichen Organismus ungewöhnlich ist und was nur ein normaler Ausreißer. Bei Maschinen ist das erheblich einfacher: »Mechaniker wissen genau, was ein perfekt eingestellter Mercedes ist«, sagt Conrad. »Niemand aber hat bislang genau erforscht, was ein perfekt gesunder Mensch in verschiedenen Altersabschnitten ist.« Wenn aber die Richtwerte nicht da sind, lösen die Sensorenwerte entweder regelmäßig falschen Alarm aus – oder sorgen am Ende vielleicht für einen Ansturm auf Arztpraxen von besorgten Patienten, die sich fragen, was es wohl bedeutet, dass ihre Herzfrequenz seit zwei Tagen höher ist als in der Woche zuvor. Google hat deswegen eine bislang einmalige Studie mit dem Ziel in Auftrag gegeben, die menschliche Gesundheit exakt zu kartografieren. Conrad nennt es »die pragmatische Komponente der Science-Fiction-Visionen«. Dazu sollen über mehrere Jahre medizinische und biologische Daten von tausenden Freiwilligen eingesammelt werden, die als gesund gelten. Untersucht werden unter anderem ihr Genom, wie ihr Stoffwechsel funktioniert, alle mögliche Blutwerte und biochemischen Funktionen. Am Ende soll das zu den benötigten Richtwerte führen, die Aufschluss geben: So also sieht ein gesunder Mensch aus. Gesammelt werden die anonymisierten Daten dabei nicht von Google selbst, sondern von unabhängigen Laboren, unter Aufsicht der Universitäten Duke und Stanford.

Solche Partnerschaften sind Kernbestandteil der Strategie von Google Life Sciences. Conrad will am Ende auch nicht selber Medikamente produzieren oder Diagnostik-Armbänder verkaufen. Google will die neuen Technologien lediglich entwickeln, andere sollen sie kommerzialisieren – etwa die großen Pharmaunternehmen, mit denen Conrad jetzt schon zusammenarbeitet.

Auch wenn Conrads große Vision der proaktiven Medizin noch viele Jahre entfernt ist, soll die Arbeit der Google-Forscher dennoch bald schon erste Produkte hervorbringen. »Es gibt eine ganze Menge Bereiche, in denen wir neue Erfindungen vorbereiten«, sagt Conrad. Die den Blutzucker messende Kontaktlinse etwa sei nicht mehr weit entfernt von der Marktreife, sie soll jedoch nur eine »von vielen Kategorien sein, die wir besetzen, bevor die wirklich ausgefallenen Sachen kommen«. Die Strategie sei eine Evolution von Produkten, »nach und nach immer komplexere Geräte«, so Conrad. Am Ende, sagt der Biologe dann nur halb im Scherz, könnte der Tricorder stehen, das berühmte medizinische Diagnosegerät aus der Fernsehserie »Star Trek«, das, einmal kurz auf die betreffende Person gerichtet, innerhalb einer Sekunde den kompletten medizinischen Status eines Menschen analysieren kann. Bis dieser Moment erreicht ist, könnten aber noch 100 Jahre vergehen, »vielleicht wird er auch nie kommen«, sagt Conrad. Denn Biologie sei »chaotisch.« Die perfekten Nanopartikel zu bauen und eine tolle Technologie zu entwickeln bringt nichts, wenn sie nicht universell für alle Menschen funktioniert. Und dafür fehlt es noch an vielen Grundlagen. Conrad betont: »Alles, was ich jetzt schon sagen kann: Es ist nicht unmöglich.«

Es kommt selten vor, dass Larry Page selbst das Wort ergreift und eine seiner bislang geheimen Ideen vorstellt. Im September 2013 machte er eine Ausnahme: »Ich freue mich, Calico zu verkünden, ein neues Unternehmen, das sich auf Gesundheit konzentriert, genauer gesagt auf das Altern und die damit einhergehenden Krankheiten.« Calico wird bewusst getrennt gehalten von Google Life Sciences, denn das Mandat ist ein anderes: die ewige Jugend zu finden – oder zumindest den Tod erheblich hinauszuzögern. Das Ziel ist herauszufinden, warum der menschliche Körper mit dem Alter siecht und krankheitsanfällig wird und wie sich der Alterungsprozess zumindest verlangsamen lässt.

Die Skepsis ist groß bei Pharmafirmen, Forschungslaboren und Universitäten: Google habe keine Erfahrung in diesem Bereich, keine medizinische Expertise. Doch die kann man kaufen. Denn inzwischen ist klar: Wenn Google marschiert, werden andere folgen, allen voran die klügsten Köpfe, die sich danach sehnen, frei und ohne Geldsorgen forschen und experimentieren zu dürfen. Die Führung von Calico hat Art Levinson übernommen, Aufsichtsratschef von Apple und vormals langjähriger Chef von Genentech, einer der führenden Pharmafirmen der Welt. Levinson warb für Calico rasch eine Reihe berühmter Mediziner und Biologen an, darunter den Chefmediziner des Pharmariesen Roche und den Princeton-Genetiker David Botstein. Seitdem haben weder Google noch Calico konkretere Pläne präsentiert. »Wir suchen noch nach dem richtigen Ansatz«, sagt einer der führenden Köpfe des Tochterunternehmens, der sich nur inoffiziell äußern mag. »Soll es darum gehen, das Leben zu verlängern? Oder eher darum, bis zum Ende gesund und aktiv sein zu können?« Wahrscheinlich von beidem ein bisschen.

Klar ist jedoch: Calico will Grundlagen erforschen, will zunächst mehr Medizin-Institut als Pharmaunternehmen sein, so sagt es der Calico-Mann. Noch tragen die Forscher vor allem

Studien und Erkenntnisse zusammen, Unmengen von Daten zu biologischen Prozessen, zu Krankheiten und zum Tod, die bislang nie zusammengebracht wurden. Man hofft, so den Antworten auf die Fragen nach Leben und Sterben näher zu kommen. Schließlich kann niemand besser mit großen Datenmengen umgehen als Google. Interessant sei etwa der Zusammenhang zwischen Körpergewicht, Größe und Lebensdauer, sagt der Calico-Wissenschaftler. Vielleicht lohne es sich, eine bestimmte Gruppe kanadischer Kleinwüchsiger zu erforschen, von denen viele über 100 Jahre alt werden. Und wie passt das zusammen mit einer winzigen sibirischen Fledermausart, die nur ein paar Gramm wiegt, aber bis zu 40 Jahre alt werden kann?

Klar ist auch, dass es nicht bei Theorien bleiben soll. Am Ende, so sagt der Calico-Kenner, soll all die Grundlagenforschung Medikamente produzieren, egal ob für ein längeres oder besseres Leben. Ein potenzielles Milliardengeschäft.

Noch geheimnistuerischer als mit Calico gibt sich der Konzern nur mit einem Großprojekt, an dem inzwischen hunderte Mitarbeiter hinter verschlossenen Türen mit Hochdruck arbeiten: Roboter. Google begann 2012, eine ganze Reihe von Firmen zu übernehmen, die auf verschiedenste Felder der Roboter-Technologie spezialisiert sind: Da ist zum Beispiel Schaft, ein Team japanischer Spezialisten, die einen fortgeschrittenen humanoiden Roboter entwickelt haben. Bot&Dolly fabriziert die Roboter-Kamerasysteme, die im Kinohit »Gravity« eingesetzt wurden. Industrial Perception hat Roboterarme und ein System für maschinelles Sehen entwickelt, mit dem zum Beispiel Lastkraftwagen automatisch be- und entladen werden können. Meka stellt Robotersysteme her, die besser mit Menschen zusammenarbeiten können.

Die Bemühungen sind so weit gefächert, dass Google-Ingenieure und -Wissenschaftler gleich in einer ganzen Reihe von

Abteilungen an neuen Transportsystemen, Fabrikrobotern, Drohnen und Maschinenintelligenz basteln. Am Ende aber laufen alle Forschungen zur Roboter-Technologie in einer neuen Sparte zusammen. Welchen Stellenwert sie für den Konzern hat, lässt sich auch daran ablesen, wen Page ursprünglich mit der Leitung beauftragt hatte: Andy Rubin, der Kopf hinter Android, dem Smartphone-Betriebssystem. Rubin hatte Android ursprünglich selbst entwickelt, dann an Google verkauft und dort zum erfolgreichsten Handy-System der Welt geführt. Aber ursprünglich studierte er Robotik und arbeitete zu Beginn seiner Karriere als Robotik-Ingenieur bei Carl Zeiss, dem deutschen Technikspezialisten. Rubin gilt als Ikone, der Erfolg von Android geht zu großen Teilen auf ihn zurück. Doch im März 2013 war er plötzlich aus seiner Führungsrolle bei Google zurückgetreten und danach wie vom Erdboden verschluckt. Page hatte seinen Abgang nur mit den Worten begleitet: »Andy, mehr Moonshots bitte!«. Das halbe Silicon Valley rätselte daraufhin, wohin es ihn verschlagen würde.

Als Rubin schließlich Ende 2013 als Chef von Googles neuer Robotik-Sparte wieder auftauchte, war die Aufregung groß, nicht nur im Silicon Valley. Denn unter den von Google eingekauften Unternehmen ist auch Boston Dynamics, eine in Fachkreisen berühmte Robotik-Firma, die auch schon für das Pentagon arbeitete. Firmenvideos zeigen, wie vierbeinige Roboter, vollbepackt mit Ausrüstung, Soldaten durch unwegsames Terrain folgen wie ein Maschinen-Sherpa.

Doch die militärischen Anwendungen sind nur ein Nebenschauplatz. »Ich möchte gerne Roboter bauen, die all die alltäglichen Dinge können wie wir«, so hat Marc Raibert, der Gründer von Boston Dynamics, seine Ziele bei einem seiner seltenen öffentlichen Auftritte anlässlich einer Forschungstagung des MIT beschrieben. Raibert ist seit Jahrzehnten einer der weltweit führenden Robotik-Experten, eine Ikone.

Bei seiner Präsentation am MIT zeigte er Videos von massiven Vierbeinern aus Metall und Kunststoff, so groß wie Bernhardiner, ausgestattet mit Sensoren, die selbständig Treppen hochsteigen, durch Wald und Wiesen navigieren und synchron mit anderen Robotern rennen. Auch Stöße und Tritte machen den Maschinen nichts aus, sie stabilisieren sich von selbst, weil sie inzwischen einen Sinn für Balance haben: »Wir haben Algorithmen entwickelt, die fühlen können, ob die Füße Haftung auf dem Boden haben, ähnlich wie bei Autos«, dozierte Raibert, der gern im Hawaiihemd auftritt und sich eher jovial als professoral gibt. In den vergangenen Jahren hat Boston Dynamics Roboter entwickelt, die schneller rennen als die schnellsten Menschen, die Wände und Bäume hinaufklettern können. Wer sich im Internet Videos anschaut von »BigDog« und »Wildcat«, »Petman« und »Atlas«, sieht fauchende Metallmonster, die kraftvoll, aber wenig elegant versuchen, Mensch und Tier zu kopieren.

Im Internet sprießen deswegen immer wieder wilde Verschwörungstheorien, es wird spekuliert dass Google seine Forschungen zur künstlichen Intelligenz mit der neuen Robotik-Abteilung kombiniert, Roboter-Armeen entwickelt und am Ende die Menschheit versklaven wird. Doch Googles eigentliche Pläne haben nichts mit der Apokalypse zu tun, sondern viel mehr mit dem Schlagwort von der »Industrie 4.0«: Der Begriff beschreibt die moderne Fabrik, in der alles miteinander vernetzt ist: Maschinen, Produkte, Lieferanten. Die entscheidende Rolle dabei aber spielen Roboter. Google will Roboter, die leichter zu bedienen sind, die lernen, ihre Umgebung zu verstehen, und kompliziertere Aufgaben übernehmen können – etwa im Zusammenbau von Elektronik. Auch in der Logistik ergeben sich durch den technologischen Fortschritt neue Möglichkeiten, die aber von existierenden Robotik-Produkten noch nicht ausreichend genutzt werden und die Google wie viele Konkurrenten als zu erobernde

Zukunftsmärkte definiert hat. So erzählen es Ingenieure, die vertraut sind mit den Projekten.

Page selbst gibt sich zurückhaltend, was seine genauen Plänen betrifft. Google sei ein Katalysator für das wachsende Interesse an Robotik, sagt er. »Ich sehe das als einen Bereich mit vielen Möglichkeiten, um generell die Welt effizienter, produktiver und kostengünstiger zu machen.«

Mit solchen Ideen ist der Konzern in Mountain View keineswegs alleine. Die Automatisierung ist in vielen Industrien schon seit Jahrzehnten ein stetig voranschreitender Trend. Aber in den vergangenen zwei Jahren hat sich der Prozess schlagartig beschleunigt. Roboter werden immer schneller, kleiner und klüger, und daraus ergeben sich immer mehr Einsatzmöglichkeiten in Fabriken und in der Industriefertigung. Seit zwei Jahren setzt BMW in seinem Werk im amerikanischen Spartanburg Roboter ein, die helfen, die Türinnenseite der X3-Modelle zu isolieren. Im ersten Schritt legen die Mitarbeiter eine Klebefolie auf und drücken sie leicht an. Danach übernimmt ein kleiner Roboter den kraftraubenden Part: Er bewegt einen Rollkopf vor und zurück, bis die Dichtung fest ist.

Solche feinmotorischen Arbeiten haben bis vor kurzem immer nur Menschen hinbekommen. Aber die Arbeitsteilung mit dem Roboter soll in BMW-Werken zum Standard werden. »Mensch und Maschine arbeiten Hand in Hand«, sagt Stefan Bartscher, Leiter des Innovationsmanagements in der Produktion des Münchner Konzerns. »Es ist der Beginn eines neuen Zeitalters.«

2013 wurden weltweit knapp 180 000 Industrieroboter installiert, ein Zuwachs von zwölf Prozent, mehr als je zuvor. In den kommenden Jahren soll die Nachfrage mindestens im gleichen Umfang steigen. Alleine in den USA sollen bis 2025 1,2 Millionen neue Roboter installiert werden. Aber die klassischen Industrie- und Fabrikroboter werden nur noch ein Teil des Booms sein, der in den kommenden Jahren erwartet wird. Wissenschaft und Industrie forschen mit großem Aufwand an ganz neuen automatisierten Maschinen. Dabei geht es kaum noch um Androiden oder einfache Stahlungetüme mit Greifarmen, sondern vielmehr um intelligente, computergestützte Maschinen aller Art, die den Menschen in allen Lebenslagen unterstützen sollen: im Haushalt, beim Autofahren, bei der Arbeit.

Deutschland, das Land der Maschinenbauer, ist schon lange eine Weltmacht der Automatisierungstechnologie. Viele der Roboter in China und Taiwan, Detroit und Pittsburgh stammen aus deutschen Fabriken. Doch mit dem Boom, mit den Möglichkeiten der digitalisierten Maschinenwelt, drängen angriffslustige und finanzstarke neue Spieler in den Markt. Google ist dabei nur einer von vielen namhaften Aspiranten. Auch Uber, der Transportdienst, hat eine Robotik-Forschungsabteilung eröffnet und mit einem Schlag 50 führende Wissenschaftler aus Forschungseinrichtungen abgeworben, die unter anderem den Mars-Rover der Nasa entwickelt hatten. Facebook investiert heftig in die Forschung zur Maschinenintelligenz. Apple arbeitet, wie bereits erwähnt, an einem eigenen selbstfahrenden Auto.

In der Robotik zeichne sich tatsächlich »ein neues Paradigma« ab, sagt Ken Goldberg. »Es gibt nicht einfach mehr brutale Rechenkraft, sondern ganz neue, große Ideen.« Goldberg ist Professor für Robotik an der University of California in Berkeley, nur wenige Kilometer entfernt von Googles Hauptquartier, und leitet zudem eine Roboter-Forschungsallianz von kalifornischen Universitäten.

Lange seien Roboter immer nur als einzelne Maschinen betrachtet worden, die einzeln programmiert und gesteuert werden, sagt Goldberg. Doch durch das Internet und allgegenwärtige Netzwerke und Datenverbindungen könnten Roboter nun ständig extern mit Informationen aus der Datenwolke versorgt werden und voneinander lernen. Die noch junge Forschungsrichtung heißt deswegen Cloud-Robotik. »Über die Cloud können Maschinen auf riesige Mengen von Rechenkraft zugreifen, Daten teilen und ganz neue mathematische Berechnungen durchführen«, sagt Goldberg.

Roboter können damit vor allem erheblich schneller lernen. »Ganz vereinfacht kann man sagen: Ein Roboter kann in 10 000 Stunden etwas lernen, oder 10 000 Roboter können das Gleiche in einer Stunde lernen«, so Goldberg. Es sei inzwischen bewiesen, dass eine Gruppe von lernenden Maschinen bessere Entscheidungen trifft als eine Maschine allein. Daraus lassen sich mathematische Modelle entwickeln, die Roboter zu weit komplexeren Aufgaben befähigen.

Bislang ist eine der Grundregeln in der Robotik: Aufgaben, die für Menschen schwer sind, wie sehr exaktes Schweißen, sind oft leicht für Maschinen. Viele Aufgaben, die für Menschen leicht sind, wie das Abräumen von Geschirr nach dem Abendessen, sind schwer für Maschinen. Das soll sich ändern. Robotern kann etwa das Greifen erleichtert werden, indem sie Gegenstände im Sichtfeld mit einer riesigen Datenbank abgleichen, identifizieren und im Gegenzug Anleitungen bekommen, wie sie etwa am besten eine Kaffeetasse greifen. Einfache Haushaltsroboter, die den Boden aufräumen und etwa in Altenwohnheimen Stolperfallen entfernen, seien schon bald möglich, sagt Goldberg.

Naheliegende Anwendungen gibt es auch in der Medizin. Chirurgen etwa werden zunehmend mühselige Aufgaben wie das Entfernen von Gewebe abgenommen. Immer mehr solcher Assistenzaufgaben seien in vielen Bereichen für die vernetzten Maschinen möglich, so Goldberg.

Dazu zählt auch das von Google entwickelte selbstfahrende Auto, das am Ende nichts anderes ist als ein Roboter, eine autonom operierende Maschine, die ständig lernt und ihre Intelligenz per Datenverbindung aus der Datenwolke bezieht. Andy Rubin, der Google inzwischen verlassen hat, um sein eigenes Start-up zu gründen, sieht auch sonst Ähnlichkeiten zwischen dem selbstfahrenden Auto und Googles Roboter-Plänen: »Das automatisierte Auto war Science-Fiction, als das Projekt begann, nun ist es in Reichweite«, sagte Rubin Ende 2013 in einem Interview mit der »New York Times«, das einzige Mal, dass er sich öffentlich zu diesem Thema äußerte. Doch wie bei jedem Moonshot müsse man Geduld haben: »Wir brauchen genügend Vorlauf und eine Zehn-Jahres-Vision.«

Und wie bei allen langfristigen Visionen sind die Robotik-Pläne von Google ständig in Bewegung und werden stark beeinflusst von technologischen Durchbrüchen oder neuen Entwicklungen. Naheliegend ist jedoch, dass der Konzern an einer seiner grundlegenden Ideen für die neue Sparte, von denen Beteiligte erzählen, festhalten wird: dem Versuch, ein übergreifendes Roboter-Betriebssystem zu schaffen, eine global einsetzbare Software für alle möglichen Maschinensysteme. Denn am Ende hat der Konzern die Robotik als lukratives Feld für sich definiert, weil Google hier seine globalen Führungspositionen aus verschiedenen Bereichen zusammenbringen kann: Software-Betriebssysteme, maschinelles Lernen und das Verarbeiten riesiger Datenmengen.

Konzerngründer Page meint, es sei noch zu früh, um genau zu sagen, wohin sich die Robotik entwickelt. »Alle wissen, dass wir auf einen Wendepunkt zusteuern, und niemand weiß genau, wie er aussieht. Aber klar ist, dass wir ihn erreichen werden.«

Google hat es in den vergangenen Jahren zu einer seiner wichtigsten Konzernstrategien gemacht, sein angesammeltes Spezialwissen in neue Bereiche zu transferieren und nach Schnittmengen in den verschiedenen Forschungsbereichen zu suchen, in denen sich der Konzern einen klaren Vorsprung erarbeitet hat. Das zeigt sich auch in einem weiteren X-Projekt mit dem Codenamen »Wing«. Parallel zur Robotik und dem selbstfahrenden Auto forschten Ingenieure mehr als zwei Jahre im Geheimen an selbstfliegenden Vehikeln: Drohnen, die »ganz neue Wege eröffnen sollen, Sachen zu bewegen, und zwar schneller, billiger und umweltschonender als bisher«, wie es bei Google heißt. Das Ziel ist, ein massentaugliches Liefersystem aus der Luft zu entwickeln, Roboter-Fluggeräte, die Waren, Medizin, Dokumente schnell und direkt selbst in die entlegensten Winkel der Erde bringen.

Im Sommer 2014 führte Google in der australischen Einöde die ersten von mehreren Dutzend Testflügen durch. Die neu entwickelten Drohnen sind nur 80 Zentimeter hoch und 1,50 Meter breit, etwa die Spannweite eines Bussards. Die glänzend weißen, flügellosen Drohnen sind ausgestattet mit vier verstellbaren Rotoren, die sowohl Vorwärtsbewegung als auch Schweben in der Luft ermöglichen. Das Kipprotor-Prinzip wird in der Luftfahrt-Branche schon lange verwandt. In rund 40 bis 60 Meter Höhe über dem Zielort geht das Fluggerät dann in den Schwebezustand und lässt vorsichtig ein kleines, rechteckiges Modul, eine Art Paketbox, an einem dünnen Seil zum Boden herab. Nachdem der Inhalt ausgeklinkt wurde, surrt das Modul wieder zur Drohne hinauf.

Das Konzept hat dabei wenig mit ferngesteuerten Flugzeugen zu tun, sondern viel mehr mit dem selbstfahrenden Auto: Die Drohnen fliegen auf programmierten Routen und reagieren automatisch auf Hindernisse und Schwierigkeiten wie Windstöße. Entwickelt wurde das Projekt deswegen auch nicht unter der Federführung eines Luftfahrt-Ingenieurs, sondern von einem Robotik-Experten vom MIT.

Der Lieferservice aus der Luft ist noch weit entfernt von der Marktreife, aber die Strategen in Mountain View sind überzeugt, damit irgendwann den Warentransport auf der Welt revolutionieren zu können – und so auch gleich das Wirtschaftswachstum anzuschieben. Denn die Geschichte habe gezeigt, so heißt es bei Google, dass Fortschritte beim Warentransport nicht nur das Leben der Konsumenten einfacher machen, sondern Impulse für viele Industrien liefern. Die Konzern-Vordenker haben sich dazu die Veränderungen angeschaut, die Dampfschiffe und Eisenbahnen, FedEx und Logistik-Netzwerke gebracht haben.

X-Chef Teller zieht sogar einen Vergleich zum legendären Pony Express, der einst den Wilden Westen mit Post und Waren versorgte. »Das veränderte die Gesellschaft, weil es möglich wurde, Dinge relativ sicher und zügig zu transportieren.« Später hätten erst die Post, dann Nacht-Express-Lieferungen die Welt verändert, und Ähnliches sei nun zu beobachten bei Lieferdiensten, die noch am selben Tag Waren aller Art bringen. »Warum sollte der nächste 10x-Schritt, die Chance, etwas in wenigen Minuten zu erhalten, nicht wieder die Welt verändern?«, so Teller.

Die Google-Ingenieure erhoffen sich eine Vielzahl von Anwendungsmöglichkeiten für ihre Transportdrohnen: Die Mutter, die mit zwei kranken Kindern zu Hause sitzt und nicht vor die Tür kann. Der Bauer in einer abgelegenen Region, der dringend Saatgut braucht. Vor allem in Entwicklungsländern mit schlecht ausgebauten Straßen, auf Inseln oder in den Bergen sollen die Drohnen schnell und billig liefern und damit die Wirtschaft ankurbeln. Aber auch für verstopfte Straßen in Großstädten und die smogverseuchten, wuchernden Metropolen in Teilen Asiens soll der Lufttransport eine Alternative sein.

Um diese Pläne zu verwirklichen, sollen in den kommenden Jahren noch ganze Reihen von Drohnen entwickelt werden, in verschiedenen Größen und Formen. Zunächst aber arbeiten die Ingenieure vor allem an präziser Navigation und an Sicherheitssystemen, um Kollisionen zu vermeiden: Die Vehikel müssen in der Lage sein, ihre Routen so zu fliegen, dass sie nicht nur am richtigen Ort ankommen, sondern auch Lärmbelästigung vermeiden und nur über erlaubtem Gebiet fliegen. Denn wer will schon alle fünf Minuten eine Drohne über den eigenen Vorgarten fliegen sehen, nur weil der Nachbar sich jede Tüte Milch lieber aus der Luft abwerfen lässt, statt in den Supermarkt zu gehen?

Ebenfalls mit dem Luftraum zu tun hat ein Projekt, das Google bereits seit 2007 verfolgt. Damals begann der Konzern mit vereinzelten Investitionen in Start-ups, die sich auf saubere Energie spezialisiert haben. Darunter befand sich auch Makani Power, ein kleines Unternehmen, das mit fliegenden Windturbinen experimentiert: Knapp zehn Meter lange Kohlefaser-Konstruktionen, die aussehen wie ein Flugzeugflügel, auf dem bis zu acht Propeller sitzen. Gehalten nur von einem Kabel, kreisen sie in einer Höhe von 140 bis 310 Metern. Ein Generator verwandelt die Kreisbewegungen der Propeller in Strom, der über das Kabel zu einer Basisstation nach unten geleitet wird.

2013 übernahm X schließlich Makani Power komplett. Die fliegenden Turbinen sind ein Lieblingsthema von Teller, »weil sie ein wundervolles Physikprojekt« sind. Denn die Idee soll kapitalisieren, dass der Wind umso kräftiger weht, je weiter man sich vom Erdboden entfernt. Das haben sich früher schon Windmühlen und später dann Windparks zunutze gemacht. Entscheidend dabei ist, dass, wenn sich die Windgeschwindigkeit verdoppelt, die Windkraft gleich um den Faktor acht zunimmt, sich also potenziert. Etwas mehr Wind verspricht gleich viel mehr Energie, die von den Turbinen produziert werden kann. Das Problem: Die herkömmlichen Windturbinen einfach einige hundert Meter hoch zu bauen ist zu teuer und zu aufwendig und auch politisch nicht durchsetzbar – denn schon jetzt wehren sich vielerorts die Bürger gegen eine Verschandelung der Landschaft durch die weithin sichtbaren Propellertürme.

Mit ihren fliegenden Karbonflügeln wollen Google und Makani Power diese Regel brechen: Je höher die Turbine, umso höher auch die Kosten. Teller ist überzeugt: »Wenn es gelingt, die Energiekosten gegenüber den herkömmlichen Windturbinen zu halbieren, sie auf das Niveau von Kohle und Gas zu bringen, würde das die Welt komplett verändern.« Aber wie stehen die Chancen, die Idee umzusetzen und den Himmel mit zigtausenden fliegenden Roboter-Turbinen einzudecken? Teller zuckt die Achseln. Er sagt: »Natürlich kann das alles auch danebengehen, aber es wäre doch verrückt, es nicht wenigstens zu versuchen.«

Google kündigt neue Produkte oder Forschungsprojekte nur selten mit großen Fanfaren an. Pressekonferenzen erspart sich das Unternehmen meist. Stattdessen erscheint oft plötzlich ein nüchterner Text auf einem der öffentlich einsehbaren Firmenblogs. So auch im Frühjahr 2013, als auf dem Blog der Forschungsabteilung ein neuer Eintrag so beginnt: »Heute also gründen wir das Quanten-Labor für Künstliche Intelligenz. Der Sitz des Labors wird bei der Nasa sein, und dort werden wir mit einem Quantencomputer arbeiten.«

Was so belanglos klingt, als würde Procter&Gamble eine neue Zahnpasta vorstellen, ist der Versuch, in eine Technologie vorzustoßen, die bislang nur in Science-Fiction-Werken eine Rolle gespielt hat. Das seltsame, subatomare Reich der Quantenmechanik war bislang in der öffentlichen Wahrnehmung irgendwo zwischen Einstein und »Star Trek« angesiedelt. Unfassbar kompliziert, selbst für die klügsten Wissenschaftler, auch noch Jahrzehnte nachdem Physikgenies wie Werner Heisenberg, Niels Bohr und später Richard Feynman erste Theorien formulierten. Die Welt der Quanten scheint so absurd, weil sie zwei gegensätzliche Zustände gleichzeitig erlaubt: an und aus, ja und nein. Eine Welt, in der eine Katze gleichzeitig tot und lebendig sein kann, so zeigte es der Physiker Erwin Schrödinger in einem berühmten Gedankenexperiment.

Bislang glaubten die Experten, es würden noch Jahrzehnte vergehen, bis es einen Computer gibt, der die Gesetze der Quantenmechanik nutzen kann: 0 und 1 zur gleichen Zeit, in einem sich überlagernden Zustand. Die Folgen wären enorm und würden eine zweite Computerrevolution einleiten, mit Maschinen, deren Rechenkraft gigantisch wäre. Aber genau deswegen galt ein Quantencomputer lange Zeit auch als unvorstellbar.

Google kommentierte den Vorstoß in diese Welt dagegen ganz trocken so: »Wir glauben, dass Quantencomputer helfen können, einige der größten Herausforderungen der Informatik zu lösen.« Der Satz stammt von Hartmut Neven. Er leitet das Quantum Artificial Intelligence Laboratory von Google und verkündete deswegen auch offiziell die Forschungsbemühungen des Konzerns. Neven stammt aus Aachen, er promovierte 1996 am Institut für Neuroinformatik der Ruhr-Universität Bochum. Er gilt als einer der klügsten Köpfe unter den Google-Wissenschaftlern, so brillant wie schrullig. Er hat Google Glass mitentwickelt, ist Experte für Robotik und maschinelles Lernen und schon lange tief abgetaucht in die Welt der Quanten.

Google hat sich für seine Forschungen mit der US-Raumfahrtbehörde Nasa zusammengetan. Aber auch das amerikanische Verteidigungsministerium, Rüstungshersteller und viele andere Labore sind inzwischen auf den Zug aufgesprungen. Denn alle, die an Quantencomputern arbeiten, erhoffen sich Großes: den Weg zur künstlichen Intelligenz und eine neue IT-Industrie, die über das Internet auf Quantenrechner zugreifen kann und damit Software und Apps entwickelt, die bislang undenkbar waren.

Denn die Quantenwelt, wenn sie denn funktionierte, würde bedeuten, schneller rechnen zu können – zigtausende Mal schneller. So ließen sich Probleme lösen, die bislang selbst für Supercomputer nicht zu berechnen waren oder deren Berechnung hundert Jahre gedauert hätte. Neven beschreibt diese fantastischen Möglichkeiten ganz nüchtern: »In der Theorie sind Quantencomputer herkömmlichen PCs enorm überlegen.«

Die Nasa hofft diese Rechenkraft unter anderem für die Entdeckung neuer erdähnlicher Planeten oder die Raumfahrt einsetzen zu können. Die Google-Ingenieure erwarten, dass die Quantenrechner vor allem bei der Lösung kreativer Probleme zum Einsatz kommen, denn dafür seien klassische Computer schlecht geeignet. Und sie erhoffen sich große Schritte beim maschinellen Lernen. Denn daran hängen letztlich alle Probleme und Durchbrüche in der Informatik: die Welt besser in Computermodellen abzubilden und so bessere Vorhersagen treffen zu können. Neven schreibt dazu in einem Blogeintrag: »Wenn wir Krankheiten heilen wollen, brauchen wir bessere Modelle, wie diese Krankheiten sich entwickeln. Wenn wir effektive Umweltleitlinien schaffen wollen, brauchen wir bessere Modelle, was mit dem Klima passiert. Und wenn wir eine nützlichere Suchmaschine bauen wollen, müssen wir Spracheingaben besser verstehen.« Google hat nun bereits erste Quanten-Algorithmen konstruiert. Noch geht es vor allem darum zu verstehen, was mit einem Quantencomputer möglich ist. Aber die Frage, wie er funktioniert, ist ein erheblicher Fortschritt gegenüber der Frage, ob er funktioniert.

Den Quantencomputer hat Google jedoch nicht selbst entwickelt, sondern von einer kanadischen Firma namens D-Wave gekauft. Der Kern der Maschine, die Krebs heilen, Kampfjets steuern, Aktienkurse vorhersagen und neue Planeten entdecken soll, ist nur fingernagelgroß. Er sitzt fast unsichtbar am untersten Ende eines fast zwei Meter langen Gewirrs aus Kabeln, Metallplatten und Konduktoren, eingeschlossen von einer schwarzen Box so groß wie ein Gartenhäuschen. Im Inneren herrschen Temperaturen nahe dem absoluten Nullpunkt, völlige Dunkelheit und totale Stille. Nur unter diesen Bedingungen funktioniert die bizarre Welt der Quantenmechanik, in der alles anders ist.

2013 standen ein halbes Dutzend solcher Maschinen in einer Werkshalle am Stadtrand von Vancouver, Kanada. Hier ist der Firmensitz von D-Wave, des weltweit ersten und bislang einzigen Produzenten programmierbarer Quantencomputer. Gegründet 1999 von Fantasten, so sagen manche. Von Genies, sagen andere. Derzeit sieht es so aus, als liege letztere Fraktion richtig. Die längste Zeit war D-Wave nur wenigen Eingeweihten bekannt. Als zu aussichtslos, zu verrückt galt selbst Experten das, woran in den Firmenlaboren getüftelt wurde. Doch nun wächst das Interesse an D-Wave rasant. Erst sickerte durch, wer das Unternehmen finanziert: Jeff Bezos, Chef von Amazon und bekannt als einer der klügsten Köpfe in der Technologiebranche, gab Startkapital aus dem eigenen Vermögen. Die Investmentbank Goldman Sachs schoss weiteres Geld hinzu, ebenso wie ein Investor namens In-Q-Tel – wobei sich hinter diesem Namen die CIA verbirgt. Dann begann D-Wave die ersten Quantencomputer zu verkaufen. Neben Google und der Nasa griff auch Lockheed Martin zu, der größte Rüstungshersteller der Welt.

Die Skepsis gegenüber D-Wave war lange groß. Heiße Luft fabriziere das Unternehmen, kritisierten manche Physiker. Schnell sei der Prozessor vielleicht, aber nur durch Trickserei und herkömmliche Technik, nicht durch Quantenmechanik, warnten Computerwissenschaftler. Die Kritiker sind weniger geworden, aber nicht verschwunden. »Das ist die menschliche Natur, erst einmal abzulehnen, alles, was neu und anders ist, zu kritisieren« sagt Eric Ladizinsky, Mitgründer und Chefwissenschaftler von D-Wave.

Müsste man aus einer Menschenmenge einen Quantenphysiker herausgreifen und dürfte dabei nur nach dem Äußeren gehen, wäre Ladizinsky kaum die erste Wahl: Über 1,90 Meter groß und braungebrannt hat, Ladizinsky die Statur eines Footballspielers, seine Armmuskeln dehnen das enge T-Shirt. Ladizinsky las sein erstes Buch über Quantenmechanik schon mit elf Jahren. »Für Laien geschrieben, natürlich«, sagt er. Aber trotzdem. Er studierte Physik an der University of California in Los Angeles und hatte große Träume. »Ich wollte den Warp-Antrieb erfinden wie bei Raumschiff Enterprise, eine Zeitmaschine bauen«, erinnert sich Ladizinsky. Sein erster Job führt ihn zum damals führenden Satellitenhersteller TRW. In der Abteilung für fortgeschrittene Technologie kommt er wieder mit der Quantenwelt in Kontakt, er arbeitet an einem »Superconducting Quantum Interference Device«. Doch der entscheidende Moment, »das große Aha-Erlebnis«, kommt erst später, 1997, als er eine Vorlesung des Physikers John Preskill besucht. Preskill spricht davon, welche irren Möglichkeiten sich eröffneten, ließe sich die Quantenphysik mit der damals entstehenden Computerindustrie vereinigen. Und Ladizinsky beschließt: »Das ist die coolste Sache, die ich je gehört habe. Ich baue einen Quantencomputer.« Ladizinsky überzeugt seinen Chef bei TRW, einen Tag in der Woche an seinem Fantasieprojekt arbeiten zu können. Zwei Jahre lang verschafft er sich einen Überblick über den Stand der Forschung. Er liest ein Buch über das Manhattan-Projekt: Dutzende Wissenschaftler verschiedener Disziplinen, eingeschlossen in einem Labor in der Wüste von New Mexico, entwickelten in wenigen Jahren quasi aus dem Nichts die Atombombe. Ladizinsky findet in diesem Buch die Antwort auf seine große Frage: Wie lässt sich Fortschritt beschleunigen? Sein Schluss: Um einen Quantencomputer statt in 50 Jahren in zehn Jahren zu bauen, »muss ich ein Mini-Manhattan-Projekt aufziehen«.

Ladizinsky beginnt ein Netzwerk aus Quanten-Experten zu bauen, sammelt landesweit Physiker und Ingenieure. Er versucht den Weg der Bombenbauer zu kopieren und setzt auf die bewährte Kombination aus öffentlicher Forschung, staatlicher

Förderung und militärischen Interessen. Im Jahr 2000 beginnt auch die US-Regierung, sich für Quantencomputer zu interessieren, sie schreibt ein Förderprojekt aus, gesteuert von der »Defense Advanced Research Projects Agency«, kurz Darpa. Die Behörde hatte unter anderem erheblichen Anteil an der Entwicklung des Internets. Ladizinsky beantragt zehn Millionen Dollar – und gewinnt die Ausschreibung. Doch das Geld kommt nur in kleinen Portionen, und es wird an viele Institutionen verteilt. Es folgen drei Jahre Frustration, die Fortschritte sind gering.

Ladizinsky gibt das Darpa-Projekt auf. Vielleicht ist es Glück, »vielleicht auch Fügung«, denn befreit von Darpa sucht Ladizinsky nach privatem Geld und findet Geordie Rose. In den 1990er Jahren, als er Physikstudent an der University of British Columbia in Vancouver war, hatte auch Rose begonnen, sich für Quantencomputer zu interessieren. Zumindest in einem Punkt war er nun schon weiter als Ladizinksy: Er hat bereits erste Geldgeber gefunden. Die beiden Physiker schließen sich zusammen. Das ist D-Wave im Jahr 2003: Ladizinsky sammelt Quantenphysiker und Ingenieure, Rose sammelt Patente. Heute hängen genau 100 Patenturkunden fein aufgereiht in der Lobby der Unternehmenszentrale. Es geht schnell voran, weil sich D-Wave nicht aufhält mit technischen Problemen, die andere lösen können. Statt eine eigene Mini-Produktion für Quanten-Prozessoren aufzubauen, sucht Ladizinsky sich einen Chip-Fabrikanten mit Leerlaufzeiten in seiner Fabrikation. »Alles, was ich tun musste, war, den Halbleiter-Experten beizubringen, wie man Supraleiter baut«, sagt der Physiker.

2011 ist das erste Quanten-Prozessor-System fertig, D-Wave One. Sehr vereinfacht dargestellt funktioniert der Prozessor so: Im Zentrum steht das Quantum-Bit (Qubit). Es unterscheidet sich von den Informationseinheiten klassischer Computer vor allem in einem Punkt: Ein herkömmliches Bit ist entweder an (1) oder aus (0). Qubits dagegen können Zustände annehmen, die einer Mischung aus An und Aus entsprechen. Dabei wird ausgenutzt, dass Elementarteilchen und Atome in mehreren Zuständen gleichzeitig existieren können. Wenn nun mehrere Qubits auch noch miteinander verschränkt werden, lässt sich damit schnell eine unglaublich hohe Zahl von Werten gleichzeitig messen. Prinzipiell lassen sich Kalkulationen dadurch extrem viel schneller durchführen als von herkömmlichen Computern.

Die nächste Generation der Quanten-Prozessoren, der D-Wave Two, hat bereits 512 Qubits, viermal so viele wie der erste Prozessor. Erste Experimente von Google zeigen, dass er auch entsprechend schneller ist. Bei Rechnungen mit 500 Variablen und verschiedenen Einschränkungen war der D-Wave-Computer im Schnitt 11 000-mal schneller, bei den schwierigsten Aufgabenstellungen sogar 55 000-mal schneller als herkömmliche Computer.

Der Quantenrechner ist allerdings nur bei bestimmten Aufgabenstellungen schneller. Sowohl D-Wave als auch Google betonen, dass herkömmliche Computer daher auch nicht ersetzt, sondern vor allem ergänzt werden sollen. Hinzu kommt, dass die Quantenwelt schon auf kleinste Störungen extrem empfindlich reagiert – was den Betrieb von Quanten-Prozessoren extrem aufwendig macht. Jegliche Form von magnetischen Feldern, Strahlung und Erschütterungen müssen ferngehalten werden. Daher auch die aufwendige »kryogenische Verpackung«, um eine Temperatur nahe dem absoluten Nullpunkt zu erreichen.

Entsprechend schwer sind die Quanteneigenschaften experimentell nachvollziehbar, was die anhaltende Skepsis mancher Wissenschaftler fördert. Nicht zu Unrecht: In der Wissenschaftsgeschichte gab es immer wieder Beispiele von gefälschten Experimenten, überzogenen Verkündigungen und gänzlich unsinnigen Technologien – von angeblichen Durchbrüchen bei der Stammzellforschung bis hin zur kalten Fusion. Selbsternannter Chefkritiker von D-Wave ist Scott Aaronson, ein Computerwissenschaftler am MIT. Aaronson betont in Interviews und auf seinem Blog immer wieder, dass es aus seiner Sicht »keinen direkten Beweis« gebe, dass die D-Wave-Prozessoren quantenmechanisch funktionieren. Auch das Google-Engagement beweise nur, dass der D-Wave-Computer »genau einen Nutzen hat, nämlich physikalische Experimente, um die Funktion der Maschine zu testen«.

Inzwischen hat das Google-Team um Hartmut Neven Fortschritte mit eigenen Tests gemacht und diese auch in wissenschaftlichen Fachpublikationen veröffentlicht. Unter anderem haben die Ingenieure festgestellt, dass die D-Wave-Maschine bei extrem niedrigen Temperaturen bessere Ergebnisse liefert. Dies deute darauf hin, dass tatsächlich Quanten-Effekte auftreten. Google will sich aber auch nicht allein auf die D-Wave-Maschine verlassen: Der Konzern hat begonnen, Physiker und andere Spezialisten einzustellen – um einen eigenen Quantencomputer zu bauen.

Es gibt viele Wirtschaftsexperten, die sich über die immer neuen, immer ambitionierteren Projekte von Google wundern. Ökonomen bezweifeln den betriebswirtschaftlichen Sinn dieser Vorhaben. Die Wall Street sorgt sich um den Börsenkurs. Investoren fürchten, dass Google sinnlos Geld verbrennt für die Steckenpferd-Projekte zweier leicht skurriler Gründer. Ist der vermeintliche visionäre Weitblick von Google überbewertet, eher der Beweis, dass der Konzern mehr Geld als Ideen hat?

»Wir achten sicherlich sehr genau darauf, wie wir unser Geld ausgeben«, sagt Page. Er habe dabei allerdings auch gar keine andere Wahl, als zu experimentieren, zu sehen, wie die Dinge laufen. »Ich wünschte manchmal, wir könnten uns einfach bei anderen etwas abschauen und es dann genauso machen«, so Page. »Die meisten anderen Technologie-Firmen sind aber nicht sehr gut darin, ihr verfügbares Kapital zu investieren.« Um zu wachsen, müsse Google also ständig Neues probieren.

Viel konkretere Hilfestellung gibt Google den Analysten und Investoren bei Fragen nach der Geschäftsentwicklung nicht, denn das Unternehmen weigert sich traditionell, seine Strategie öffentlich ausführlich zu rechtfertigen. Das war jedoch einfacher durchzuhalten, als die Wachstumsprojektionen noch größer waren und die Zahl der vermeintlichen Randprojekte viel kleiner. Die Kapitalaufwendungen stiegen zwischen 2013 und 2015 deutlich. Diese enormen Investitionen werfen zunehmend Fragen auf, denen Google sich nicht ganz verschließen kann. Zuletzt wanderten die Moonshots immer mehr vom Rand des Geschäftsbetriebs ins Zentrum des Unternehmens und begannen, immer mehr Zeit, Energie und vor allem auch Geld zu fressen. Die Einführung der Holdingstruktur verfolgt deshalb auch das Ziel, die Geschäftsergebnisse der Suchmaschine sowie der Holding Alphabet getrennt auszuweisen. Einzelne Geschäftsbereiche werden zwar auch weiterhin nicht aufgeschlüsselt, aber so lässt sich besser erkennen, wie das Kerngeschäft des Konzerns läuft.

Weiterer Beleg dafür, dass der Konzern auf den Druck der Börse reagiert, war die Entscheidung, dass Google Glass »eine Pause einlegt und sich Zeit nimmt, seine Strategie neu zu überdenken«, wie der damalige Finanzvorstand Patrick Pichette in seiner letzten Analystenkonferenz vor seinem Ruhestand betonte. Dabei ließ er durchblicken, dass auch alle anderen Moonshot-Projekte jederzeit das gleiche Schicksal ereilen könnte: »Wir entscheiden, ob wir sie einstellen, das haben wir mit vielen Projekten immer wieder gemacht.« Der Handyhersteller Motorola etwa wurde erstaunlich schnell wieder verkauft. Ebenso könnte auch das Projekt Loon wieder dichtgemacht werden, wenn sich die geplanten Einnahmen nicht einstellen – oder Facebook mit seinem Drohnen-Programm schneller und besser ist. Doch das scheint unwahrscheinlich. Denn tatsächlich ist Google längst nicht mehr der einzige Konzern, der in scheinbar abseitige Ideen und Science-Fiction-Projekte investiert: Microsoft stellte Anfang des Jahres eine Hologramm-Brille vor, Amazon arbeitet an futuristischen Computerchips, Apple plant ein revolutionäres Elektroauto.

Drehen also alle im Silicon Valley durch? Wohl kaum. Denn letztlich ähneln sich alle Projekte in einem entscheidenden Punkt: Sie basieren auf der exponentiell wachsenden Leistungsfähigkeit von Computern und den einhergehenden großen Fortschritten beim maschinellen Lernen. Sie setzen darauf, dass die Durchdringung der Welt mit Software und Sensoren und immer intelligenteren Maschinen jetzt erst richtig losgeht und dass der technische Fortschritt sich weiter beschleunigen wird. Aus dieser Perspektive ist es nicht nur sinnvoll, sondern sogar unternehmerisch geboten, sich nun mit aller Macht darum zu bemühen, die Zukunft vorherzusehen. Denn die vergangenen zwei Jahrzehnte haben gezeigt, dass vieles, was gerade noch obskur erscheint, viel schneller als in der Vergangenheit zum neuen Standard werden kann. Die noch vor wenigen Jahren als Fantasie geltenden selbstfahrenden Autos verändern die Industrie schon heute so sehr, dass Daimler im Frühjahr 2015 bereits mit viel Tamtam in der Wüste von Nevada den ersten selbstfahrenden LKW vorstellte. Die erfolgreichen Wirtschaftsgiganten haben es in früheren Industrieepochen nicht anders gemacht: Siemens expandierte von Telegrafen zu Waschmaschinen, Zügen und Kraftwerken. General Electric fing mit Glühbirnen und anderen Elektrizitätsprodukten an, um seiner Produktpalette später Mikrowellen, Schiffsmotoren und Ölbohranlagen hinzuzufügen.

Entscheidend aber ist vielleicht am Ende, dass Google weiterhin den Großteil seiner Energie, Ressourcen und auch Ambitionen in den allerersten Moonshot des Unternehmens steckt: Die Suchmaschine.

5
Suche: Die Vermessung der Welt und »ambitionierte Intelligenz«

Wer am Büro von Ben Gomes vorbeikommt, ahnt nicht, dass hier einer der einflussreichsten Denker des Konzerns arbeitet. Es ist ein schlichtes Standardzimmer wie viele andere im Googleplex: farbloser Teppich, praktische Schreibtische. Noch zwei weitere Informatiker sitzen mit im Raum. Gomes ist einer der ersten Mitarbeiter von Google, beteiligt an zwei der drei ersten Patente, Mitentwickler der Suchmaschine. Er überarbeitete und verbesserte in den Gründungsjahren des Unternehmens den von Brin und Page entwickelten Web-Index-Crawler. Sein Spitzname: Zar der Suche. Gomes verantwortet, was wir sehen, wenn wir googeln.

Die Suchmaschine ist Googles Ur-Moonshot. Denn damals, als das Web noch neu war, wer konnte da vorausahnen, wie sich Millionen und Abermillionen von Dokumenten und Webseiten durchkämmen ließen – und das in Sekundenbruchteilen? Google betrachtet dieses Ziel jedoch als längst noch nicht erreicht. Auch heute ist die Internetsuche Googles wichtigstes Forschungsgebiet und Gegenstand großer Pläne. Gomes nennt es »die dritte Phase«. Die erste Phase bestand darin, das Web zu organisieren und die Informationen zugänglich zu machen. In der zweiten Phase ging es um Sprache, in welcher Beziehung Wörter zueinander stehen, wie Synonyme funktionieren und wie Computer damit umgehen. Nun geht es um neue Maschinenintelligenz und »Roboter-Mensch-Interaktion«, um natürliche Unterhaltungen mit einem Computer und ein digitales Modell der ganzen Welt.

Beim täglichen Googeln übersehen wir oft, welch große

Sprünge Gomes und seine zigtausend Mitarbeiter in vergleichsweise kurzer Zeit gemacht haben. »Als ich 1999 zu Google kam, ging es im Grunde darum, die Wörter aus der Suchanfrage in einem Dokument zu finden«, sagt Gomes. Heute bewältigt Google weit über 100 Milliarden Suchanfragen im Monat, erkennt Synonyme, vervollständigt eingegebene Wörter, Sätze und Fragen, korrigiert Grammatik, kombiniert Nachrichten, Bilder, Videos. Einst brauchte es sechs Wochen, bis ein neues Dokument im Internet von der Suchmaschine gefunden wurde. Heute dauert es meist weniger als eine Minute, bis neue Inhalte auf einer populären Webseite oder ein neuer Blogeintrag angezeigt werden.

Vieles, was die Suchmaschine leistet, erscheint uns längst selbstverständlich. Wie kompliziert kann es schon sein, ein falsch geschriebenes Wort zu erkennen und durch das richtige zu ersetzen? Eine begonnene Suchanfrage automatisch zu vervollständigen? »Sehr kompliziert«, sagt Gomes. Über manche dieser Fortschritte dachte Gomes jahrelang nach, hangelte sich von Eingebung zu Eingebung, von einem leicht verbesserten Algorithmus zum nächsten. Das sei die Grundstrategie, die Basis für alles, das Google-Naturell: »So lange dranbleiben, bis der große Sprung kommt.« Jedes Jahr werden im Schnitt 1000 Veränderungen an der Suchtechnologie vorgenommen.

Bei fast allen Projekten geht es letztlich darum, einem maschinellen System beizubringen, die Nuancen der menschlichen Kommunikation zu verstehen. In den Anfangsjahren taten sich die Ingenieure etwa lange schwer damit, die Suchmaschine zu lehren, die zahlreichen Doppelbedeutungen von Wörtern richtig einzuordnen: Dass »Hot Dog« zwar ein heißer Hund sein kann, in aller Regel aber ein Würstchen ist. Dass ein Hahn krähen kann oder Wasser liefert, eine Birne sowohl Obst als auch Lichtspender sein kann. Am Ende halfen Gomes und seinen Kollegen dabei auch die Theorien des österreichisch-britischen Philosophen Ludwig Wittgenstein, der sich ausführlich damit befasst hatte, wie Wörter immer durch ihren Kontext beeinflusst werden.

Gomes, klein und energiegeladen, mit kurzen schwarzen Locken und einer Vorliebe für Hemden in knalligen Farben, ist in seinem Redefluss kaum zu stoppen. Er springt hin und her zwischen Whiteboard und Schreibtisch. Er sitzt nicht auf seinem Bürostuhl, sondern kniet, mit der Brust gegen die Lehne, damit die Hände frei sind zum Gestikulieren. Er erzählt, wie die Suchmaschine nun nicht mehr nur das Internet durchwühlt, sondern auch Apps erfassen und so vor allem auf dem Smartphone direkt auf die Inhalte von Anwendungen zusteuern kann.

Geboren in Tansania, aufgewachsen in Bangalore, Indien, ist Gomes der Erste seiner Familie, der studieren konnte. Die einzige Informationsquelle seiner Jugend waren die zwei Bücher, die er pro Monat aus der Bibliothek des britischen Konsulats ausleihen durfte. Es ist kein Zufall, dass es Gomes nach seiner Promotion zu einem Unternehmen zog, dessen erklärtes Ziel es ist, das Wissen der Welt zu sammeln und zu organisieren. »Ich stamme aus der ›Dritten Welt‹, und am Ende geht es für mich darum, ein System zu entwickeln, mit dem Menschen, die nicht wissen, wie man tippt oder einen Computer bedient, die vielleicht noch nicht mal richtig lesen und schreiben können, dennoch auf alles Wissen der Welt zugreifen können«, sagt Gomes. »Noch vor einer Generation war es undenkbar, dass ein Kind in Tansania im Prinzip Zugang zu den gleichen Informationen hat wie der Präsident der USA.« Gomes' großes Ziel ist deshalb, die Interaktion zwischen Mensch und Maschine intuitiver zu machen, ein »natürlicheres Interface«, wie der Fachbegriff heißt, für den Zugang in die digitale Welt zu bauen. Dafür muss das riesige, komplexe System, das verkürzt bekannt ist als die Google-Suche, vor allem zwei Dinge besser verstehen: die menschliche Sprache und wie alles in der Welt zusammenhängt. Das ist die dritte Phase, von der Gomes spricht, und je mehr er davon erzählt, desto deutlicher wird, dass es dabei um viel mehr geht als neue, effizientere Wege, um das Internet nach Informationen abzugrasen.

»Wenn ich über die Suche nachdenke, sehe ich, dass wir immer noch sehr weit davon entfernt sind, jede Frage zu beantworten, genau zu verstehen, wie die Details aus ganz verschiedenen Bereichen zusammenhängen«, sagt Page. Der Google-Gründer ist begeisterter Kiteboarder, eine Variante des Windsurfens, war sogar schon in den kalten Gewässern vor Alaska unterwegs. »Ich möchte gerne wissen, wo ich kiteboarden kann, aber um das zu beantworten, muss das Wetter in Betracht gezogen werden, die Windverhältnisse, die Logistik«, sagt Page. Noch können die Algorithmen all diese Fakten nicht als Antwort auf eine Frage zusammenbringen. Page ist deswegen sicher, dass für die Suche noch »einschlagende« Fortschritte anstehen.

Die Zeiten seien aufregender denn je für Informatiker, denn auf einmal »scheinen Problemlösungen in Sicht, die vor 20 Jahren noch unmöglich waren«, sagt auch Gomes. Zu verdanken sei das nicht nur dem Mooreschen Gesetz, sondern jahrzehntelanger Forschung in verschiedenen Bereichen, die nun zum Tragen kommt. Die neuen Möglichkeiten, die für so viel Euphorie unter den Google-Ingenieuren sorgen, entstehen dabei aus der Synthese der einzelnen Technologien: Sprachanalyse und Objekterkennung, Rechenleistung und Datenverarbeitung »fusionieren zu etwas ganz anderem«. Immer mehr wird die Produktentwicklung von wissenschaftlichen Erkenntnissen beeinflusst.

Die vergangenen Jahre hat Gomes damit zugebracht, ein System zu bauen, in dem die schier unendlich scheinende Menge an Informationen, die von den Google-Suchalgorithmen zutage gefördert wird, auch noch miteinander verknüpft und zueinander in Beziehung gesetzt werden kann. »Um die Welt zu verstehen, muss man ein Modell der Welt schaffen«, sagt Gomes. Google arbeitet deswegen daran, eine große Datenbank »aller Dinge in der Welt und wie sie zusammenhängen« zu bauen.

Gomes marschiert zu einem Whiteboard am Ende des Raumes, mit großen Strichen malt er auf, woran er und seine Sucharmee mit Hochdruck arbeiten: »Wir nennen es den Knowledge Graph«, das Wissensdiagramm. Es geht darum, die unsichtbaren Verbindungslinien aufzuzeichnen, was mit was, wer mit wem und wie in Verbindung steht. Berlin ist Hauptstadt, das heißt, hier sitzt die Regierung, das heißt, hier lebt Angela Merkel, und sie ist 1,65 Meter groß. Für einen Menschen ist das logisch, für eine Maschine aber sehr kompliziert: zu verstehen, was der Zusammenhang zwischen einem Laden und seinen Öffnungszeiten, zwischen Bayern München und dem aktuellem Tabellenplatz ist. Über 50 Milliarden solcher Beziehungen zwischen über 600 Millionen Orten, Menschen, Objekten hat Google allein vom Start des Projekts im Jahr 2011 bis zum Sommer 2015 hergestellt. Täglich werden es mehr, mithilfe einer endlosen Rechenoperation. Denn am Ende ist alles mit allem in der Welt verbunden. Verknüpft werden die Informationen, indem Algorithmen alle möglichen Datenbanken auslesen und analysieren, von Wikipedia bis zu Nachrichtenarchiven.

Bereits im Jahr 2005 hat der Technologie-Experte John Batelle über eine solche ferne Zukunft spekuliert und dabei aus der Kurzgeschichte »Wenn die Sterne erlöschen« von Isaac Asimov zitiert: »Alle zu sammelnden Informationen waren gesammelt, es gab nichts mehr zu tun. Aber alle gesammelten Informationen mussten noch korreliert werden und in alle möglichen Beziehungen zueinander gesetzt werden.« Google hat nicht nur die Milliarden Webseiten der Welt in seinen Datenbanken, sondern auch Milliarden Fotos und Videos gesammelt, die Welt kartografiert, Straßen fotografiert, Bücher gescannt.

»Wir haben Karten der Welt, wir wissen, welche Orte es auf

der Welt gibt, und deswegen können wir nun auch sagen, wie weit ein Ort vom nächsten entfernt ist«, sagt Gomes. Die Suchmaschine versteht, dass es einen Zusammenhang zwischen der Golden Gate Bridge und San Francisco gibt. Sie versteht auch, dass jemand, der mit einem Smartphone in Hamburg steht und nach einem Fahrradladen sucht, wahrscheinlich einen Laden in seinem direktem Umfeld meint, und zeigt deswegen Suchergebnisse, die in Beziehung zum Standort stehen, ganz oben an.

All die gesammelten Informationen, zusammen mit dem Standort und der unendlich großen Zahl an analysierten Suchergebissen der Vergangenheit, verfolgen deswegen zunächst nur ein Ziel: verdichtetes Wissen auszuspucken, Fragen zu antizipieren, die Suche nach Informationen zu komprimieren in möglichst nur einen einzigen Schritt. Denn Computer, die den Kontext einer Frage verstehen, geben klügere Antworten. Sie denken quasi mit, so wünschen es sich Gomes und sein Team. Seit einiger Zeit gibt es deswegen bei immer mehr Google-Suchen einen kleinen Kasten, in dem allerlei Informationen zusammengefasst werden wie in einem Lexikoneintrag. Wer etwa nach einer bestimmten Pizzeria sucht, bekommt nicht nur die passenden Webseiten geliefert, sondern neben den Suchergebnissen einen kleinen Kasten, der versucht, die vermutlich wichtigsten damit zusammenhängenden Informationen auf einen Blick wiederzugeben: Adresse, Fotos, Karte, Öffnungszeiten, Bewertungen, Auszüge aus dem Menü, Entfernung mit dem Auto vom aktuellen Standort des Suchenden. Wer etwa nach »DFB-Pokal« sucht, dem werden ganz oben gleich die letzten Spielergebnisse und kommende Begegnungen zusammengefasst. Wer nach Boris Becker sucht, sieht als Erstes einen biografischen Kasten mit Fotos, Videoclips, Nachrichten und den wichtigsten weiterführenden Links.

»In unseren Köpfen haben wir ein kohärentes Bild der Welt, und dieses Wissen versuchen wir nachzubauen«, sagt Gomes.

Der nächste Schritt für den Informatiker ist nun ein Computer, der nicht nur Fragen schneller beantworten, sondern sich unterhalten kann. Denn die Vernetzung der Daten ermöglicht es, Fragen zu stellen, die aufeinander aufbauen. »Je mehr wir das Wissen der Welt kartografieren, umso mehr Antworten können wir geben«, sagt Gomes. Dann greift er zu seinem Smartphone, öffnet die Google-App und beginnt eine Unterhaltung mit einem Roboter:

Gomes: »Ok Google, wer ist der Präsident von Deutschland?«

Computer: »Joachim Gauck ist der Präsident von Deutschland.«

Gomes: »Wer ist seine Ehefrau?«

Computer: »Seine Partnerin ist seit 2000 Daniela Schadt.«

Die Maschinenintelligenz hat automatisch erkannt, dass Gomes in seiner zweiten Frage noch immer über Gauck redet. Und sie identifiziert die richtige Person, obwohl Gomes mit »Ehefrau« eigentlich eine falsche Bezeichnung verwendet, denn Joachim Gauck und Daniela Schadt sind nicht verheiratet – die Maschine hingegen verwendet dann in ihrer Antwort die in der Datenbank gefundene korrekte Bezeichnung »Partnerin«.

Das Beispiel zeigt, worum es Google geht: nicht nur um bessere Suchergebnisse, sondern um neue Formen der Kommunikation zwischen Mensch und Computer. In der Welt von morgen, in der Geräte wie die Apple Watch, Mini-Handys oder neue Varianten von am Körper tragbaren Computern wie Google Glass nur winzige Bildschirme haben und oft auch keine Tastatur, soll die Interaktion mit Maschinen menschlicher, natürlicher sein. »Wir glauben, dass wir mit Geräten zunehmend so interagieren sollten, wie wir als Menschen untereinander agieren«, sagt Gomes. Seine Aufgabe, das Ziel der tausenden von Informatikern und Ingenieuren in der Suchmaschinen-Abteilung sei es, eine »fundamentale Technologie« zu entwickeln, die das erlaubt.

Neben dem Knowledge Graph ist der zweite Baustein hierfür die Spracherkennung. Google verwendet sehr viel Zeit und Energie darauf, Computern endlich beizubringen, Menschen besser zu verstehen. Sprachbefehle gibt es zwar schon lange, sei es im Auto oder auch neuere Varianten wie Siri in Apples iPhone, doch lange funktionierte die Technologie mehr schlecht als recht. Das beginnt sich nun schnell zu ändern, was gravierende Folgen für unseren Umgang mit fast allen technischen Geräten haben wird: denn auch der Bordcomputer im Auto, der Fernseher und allerlei Geräte im Haus lassen sich ganz anders bedienen, wenn man nicht mehr lange auf Tasten herumtippen oder sich durch Menüs klicken muss. Gomes denkt noch einen Schritt weiter und will erreichen, Computer nicht nur mit Sprache zu bedienen, sondern sie im Gegenzug auch mit Sprache reagieren zu lassen. Sei es das digitale Thermometer, das die Wetterdaten vorliest, oder das Smartphone, das auf alle möglichen Fragen antwortet, weil es auf den Knowledge Graph zugreift. Die Schwierigkeit dabei ist, dem Computer die Fähigkeit anzutrainieren, zu abstrahieren und komplexe Zusammenhänge zu verstehen. Eine simple Faktenfrage, etwa wo die nächste Tankstelle ist, beantwortet die Maschine problemlos. Aber die Algorithmen können inzwischen weit mehr. Wer etwa in sein Android-Smartphone die Frage spricht: »Warum ist der Himmel blau?«, dem antwortet die Google-Software umgehend mit einer Erklärung, wie kurzwelliges blaues Licht mehr gestreut wird als langwelliges rotes Licht. Wer fragt: »Was ist die Handlung des Films ›Der Pate‹«?, bekommt eine Zusammenfassung des Hollywood-Klassikers vorgelesen. Gomes' Ziel ist, dass in den kommenden Jahren der Computer quasi jede Frage buchstäblich auf Zuruf beantworten kann.

Die Software nutzt dabei das hinterlegte Wissen aus dem Knowledge Graph auch dazu, Sprache besser zu verstehen und

Eingaben zu korrigieren. Gomes etwa spricht Englisch mit starkem indischen Akzent, was für das System oft schwierig ist. Wenn er etwa nach dem Fluss Po fragt, gibt es oft keine Antwort, denn seine Aussprache klingt, als könnte er Bo gesagt haben – und auch einen Fluss solchen Namens gibt es. Oder meint er am Ende die vietnamesische Suppe Pho? Das System ist verwirrt und antwortet mit einer Fehlermeldung. Fragt Gomes aber nach »dem Fluss Po in Italien«, versteht ihn die Spracherkennung sofort richtig, denn aus der Wissensdatenbank erkennt das System in Sekundenbruchteilen, dass es dort einen Fluss mit einem ungefähr so klingenden Namen gibt, und verwirft deswegen alle anderen Varianten, die aufgrund seiner unklaren Aussprache möglich waren. »Wenn man das Wissen der Welt hat, ist es leichter für eine Maschine, das Gesagte sinnvoll zusammenzusetzen«, so der Informatiker. Das lässt sich bei Spracheingaben teils direkt mitverfolgen, wenn auf dem Bildschirm zunächst der Text erscheint, den das System ursprünglich verstanden hat – und dann eine Sekunde später, nachdem die Datenbanken abgegrast wurden, durch eine wahrscheinlichere Variante korrigiert wird.

Google ist nicht der einzige Konzern, der an der Spracheingabe forscht, Microsoft und Apple haben ihre Bemühungen ebenfalls intensiviert. Denn die Sprachsteuerung ist auch einer der zentralen Pfeiler, um digitale persönliche Assistenten für Smartphones zu entwickeln. Die intelligenten Software-Agenten sollen dabei helfen, den digitalen Informationswust zu sortieren. Dazu analysieren die digitalen Assistenten wie Apples Siri und Cortana von Microsoft unter anderem E-Mails und Aufenthaltsort des Smartphone-Nutzers, um dann nach individuellem Bedarf etwa Aufgaben und Termine zu organisieren. Google hat dazu ein System von personalisierten »Karten« entwickelt, die Nutzern immer notizartig zusammengefasst aktuell relevante Informationen einblenden. Etwa die Wettervorhersage für den Tag, wann es Zeit ist, sich auf den Weg zu einem Termin oder einer Restaurantreservierung zu machen, ob ein gebuchter Flug Verspätung hat, wo das Auto geparkt wurde, welche kulturellen Veranstaltungen in der Umgebung interessant sein könnten. Es gibt bereits hunderte solcher personalisierten, digitalen Notizzettel. Google Now, so der Name des Assistenzsystems, analysiert dabei auf Wunsch auch Informationen aus Apps wie Airbnb, Uber oder Spotify, um noch mehr personalisierte Informationen anzuzeigen. Der Zugriff auf die Nutzerdaten wie E-Mail und Terminkalender erfolgt allerdings nicht automatisch, sondern muss genehmigt werden und kann auch für einzelne Funktionen, etwa den Standort oder den Suchverlauf, untersagt werden. Je mehr Zugriff, je mehr Daten die Software hat, umso besser funktioniert das System natürlich. Google Now ist deswegen ein Paradebeispiel für die Zweischneidigkeit der digitalen Welt. Einerseits kann eine Anwendung wie Now von großem Nutzen sein und dabei helfen, das digitalisierte Leben besser zu managen. Andererseits kann sie das nur, wenn der Nutzer sich weitgehend gläsern macht, sein Verhalten und seine Korrespondenz zur Verwendung freigibt.

Zuständig für Now ist Aparna Chennapragada, eine lebhafte indischstämmige Informatikerin, die sich bei Google schon lange um »Informationsverarbeitung« kümmert. »Wir wollen sicherstellen, dass der Nutzer volle Kontrolle hat und ausdrücklich sagt, ja, ich will, dass Google mir hilft«, betont Chennapragada. »Aber das System kann nicht vorhersagen, wie der Verkehr auf dem Weg zu einem Termin ist, wenn es nicht weiß, wo du bist.« Das Ziel der Assistenz-Software sei am Ende simpel: Dem Menschen so viel Arbeit wie möglich durch Technologie abzunehmen, »die ganze Welt der Informationen in kleine, leicht verdauliche Bissen zu unterteilen und zu servieren«. Google führt dazu große Studien mit tausenden Nutzern durch, die mehrmals täglich gefragt werden: Was braucht ihr gerade in diesem Moment, und wie kann eine App das liefern? Eines der Ergebnisse dabei: eine Now-Karte, die anzeigt, wo genau das Auto auf einem Parkplatz abgestellt wurde.

Chennapragada ist überzeugt, dass aus technologischer Sicht die Welt auf faszinierende Zeiten zusteuert, die bestimmt werden durch drei grundsätzliche Verlagerungen: Zum einen sind durch die Verbreitung des Smartphones Milliarden von Menschen »zu Übertragungsmaschinen« geworden, die ständig neue Informationen erzeugen und versenden. Zum anderen wird es immer leichter, auf all diese Informationen zuzugreifen. Und weil, drittens, der Computer unser ständiger Begleiter ist, entsteht daraus eine Welt der umgebungs- und kontextbezogenen Informatik. Noch befinden wir uns erst am Anfang dieser Entwicklung, die sich aber im Laufe der nächsten zehn Jahre enorm beschleunigen wird. Bis zum großen Ziel der Ingenieure, mit jedem Computer eine »natürliche Unterhaltung« zu haben, ist es noch weit. Auf dem Weg dorthin, sagt Gomes, »müssen wir noch einige wissenschaftliche Probleme lösen«. Der Schlüssel dazu, so glauben viele der klügsten Köpfe im Silicon Valley, ist das menschliche Gehirn.

Im Sommer 2012 schlossen Google-Wissenschaftler 16 000 Computerkerne zu einer Maschine zusammen und zeigten ihr eine Woche lang YouTube-Videos. Die Maschine, so die Hoffnung, würde funktionieren wie das Gehirn eines neugeborenen Kindes: Bombardiert mit genügend Informationen, würde sie nach einer Weile selbst beginnen, sich die Welt zu ordnen, und häufige Objekte wiedererkennen. Der Versuch gelang. Nach zehn Millionen Videobildern erkannte der Computer Objekte, Menschen – und Katzen. Das Projekt trägt den Namen Google Brain, das Google-Gehirn, denn das System versucht die Neuronenverbindungen des menschlichen Gehirns nachzuahmen. Eine Milliarde

Verbindungen simulierte das Google-Gehirn bereits. Tendenz rasant steigend.

Die Idee, das menschliche Gehirn als Vorlage für Computer zu nehmen, ist nicht neu. Schon seit den 1980er Jahren diskutieren Wissenschaftler über solche sogenannten künstlichen neuronalen Netze. Aber lange waren das fast ausschließlich theoretische Debatten. In der Praxis schien die Idee von künstlichen Neuronen, die sich nach Belieben manipulieren lassen, nicht realisierbar zu sein, galt manchen sogar als verrückt.

Der führende Forscher im Feld der künstlichen neuronalen Netze ist seit mehr als 30 Jahren Geoffrey Hinton, Professor für Informatik an der University of Toronto. Hinton ist ergraut und schmal, distinguiert und vorsichtig mit jedem Satz, den er sagt. Gespräche mit ihm finden ausschließlich im Stehen statt, ein kaputter Rücken, wie er entschuldigend sagt, aber er verbringt die meiste Zeit ohnehin an einer Tafel, um seine komplexen Forschungen in Diagrammen verständlicher zu machen. Hinton hat seine Karriere, sein Leben, dem Traum gewidmet, Computersysteme zu schaffen, die organische Intelligenz simulieren. Er wünscht sich Computer, »die menschlicher agieren«. Der Informatiker ist schon seit seiner Schulzeit in England fasziniert davon, wie das Gehirn Informationen speichert und verarbeitet, indem es diese über ein enormes Neuronen-Netz verteilt. Er studierte in den 1970er Jahren in Cambridge und Edinburgh und begann kurz darauf, Ideen zu publizieren, wie Hardware und Software klüger werden könnten, wenn sie sich nur mehr an den Abläufen im Gehirn orientierten. Diskutiert wurden diese Ideen nur in Fachkreisen. Seit einigen Jahren jedoch gibt es kaum ein Feld, an dem im Silicon Valley intensiver gearbeitet wird, oft zusammengefasst unter einem Überbegriff: Deep Learning.

Künstliche Intelligenz zu schaffen ist schon immer das große Ziel der Informatik, doch über Jahrzehnte blieben die Fortschritte gering. Das ändert sich nun scheinbar rasant, dank der Theorien, die Hinton schon lange umtreiben. Deep Learning verschmilzt Computer- und Neurowissenschaften miteinander, verfolgt letztlich die Idee, Maschinen klüger zu machen, indem sie ein menschliches Verständnis ihrer Umgebung entwickeln. Deep Learning ist dabei zwar nur Teil einer breiten Strömung von Fortschritten des maschinellen Lernens, die darauf basieren, Daten besser zu verstehen und auszuwerten und Maschinen intelligenter zu machen. Aber es ist sicherlich der prominenteste Ansatz. Viele Fortschritte, die in den vergangenen Jahren möglich geworden sind, basieren auf der Idee künstlicher neuronaler Netze: Computer verstehen und übersetzen die menschliche Sprache besser. Roboter können ihre Umgebung besser sehen und verstehen. Software kann komplexe Daten, etwa in der Medizinforschung, besser analysieren. Aber das sind nur erste Schritte. Was ist alles möglich mit einer Maschine, die auch nur ansatzweise das menschliche Gehirn simuliert? Künstliche Intelligenz? Vielleicht, irgendwann. Auch Larry Page hegt schon lange ein besonderes Interesse an Deep Learning, deswegen setzte er viel daran, Hinton zu verpflichten. Seit 2013 arbeitet der Theoretiker für Google.

Page spricht, wenn es um Deep Learning geht, von »ambitionierter Intelligenz«. Der Weg zu wirklicher künstlicher Intelligenz sei noch weit, »und wir versuchen, bei unserer Arbeit daran möglichst offen zu sein, damit die Menschen wissen, was wir tun und dass wir sorgsam sind«. Es habe in der Vergangenheit einen »langen Winter der künstlichen Intelligenz« gegeben, während dessen die Forscher das Thema weitgehend abgeschrieben hatten. Sogar das maschinelle Lernen sei mit Skepsis betrachtet worden. »Aber nicht von mir«, sagt Page. »Ich habe immer drauf gedrängt, dieses Feld voranzubringen.« Es sei wundervoll, wie in den vergangenen Jahren nun plötzlich alle viel ambitionierter geworden seien. Immer, wenn Google Deep Learning in einem Bereich anwandte, sei »der Fortschritt enorm« gewesen. Aber das sei erst der Anfang, die Möglichkeiten würden erst jetzt wirklich zunehmen, denn nun werden »immer mehr Dinge computerisiert«.

Hinton ist überzeugt, dass die vergangenen Jahrzehnte der Forschung zur künstlichen Intelligenz (KI) eine Sackgasse waren, dass man nun aber endlich auf dem richtigen Weg sei. Seinem Weg. Er hätte auch zu IBM oder Microsoft gehen können, aber er entschied sich für Google, »weil hier kein Unterschied zwischen Wissenschaftlern und Ingenieuren gemacht wird«. Wer kluge Theorien hat, darf auch an konkreten Produkten mitbauen.

Hinton sagt, er sei vor allem überrascht gewesen, wie wenig hierarchisch es bei einem Konzern zugehen kann, dass Projektgruppen und Abteilungen sich einfach ganz direkt und aus eigenem Antrieb untereinander austauschen. »Google arbeitet ein wenig wie Bakterien, die untereinander Gene austauschen: Das Fachwissen von einem Team wird eingespeist in ein anderes Team, ohne dass dabei erst das Management gefragt wird.« Google baute Hintons neueste Forschungsergebnisse innerhalb eines Jahres in erste Produkte ein. Die Zeit drängt, denn seitdem klar ist, was mit Deep Learning alles erreicht werden kann, ist die Forschung von der Nische zum hart umkämpften Feld geworden. Wenn Computer Objekte, Personen und Sprache besser erkennen können, sind ganz neue Produkte denkbar. Apples sprechender iPhone-Assistent Siri, Googles selbstfahrendes Auto, Microsofts Computerübersetzungsdienst sind noch nicht ausgereift, aber Wegweiser, was in der Zukunft möglich sein wird.

2014 war Google deswegen auch bereit, laut Insidern über 400 Millionen Dollar für ein kleines britisches Labor für künstliche Intelligenz namens Deepmind zu zahlen. Auch Facebook, Apple, Microsoft und alle anderen führenden Unternehmen der Branche investieren im großen Stil. Der Wettbewerb um Fachleute ist hart. Die Gehälter von Informatikern, die sich auf maschinelles Lernen spezialisiert haben, liegen nicht selten bei 200 000 Dollar und mehr im Jahr. Es gibt keine Forschungsabteilung im Silicon Valley, die nicht alles daransetzt, die neuen Möglichkeiten im Bereich der Maschinenintelligenz für sich zu nutzen. Vor allem Facebook investierte zuletzt erheblich und forscht an ganz neuen Software-Ansätzen, die auf neuronalen Netzen basieren. Doch niemand hat so viele Experten versammelt und so große Sprünge gemacht wie Google.

Sehr vereinfacht dargestellt besteht ein neuronales Netz, so wie es die Deep-Learning-Forscher um Hinton verstehen, aus verschiedenen Ebenen von Software, die miteinander verbunden sind und die Struktur der menschlichen Hirnrinde nachbilden. Je mehr Ebenen übereinandergelagert sind, umso mehr leistet das neuronale Netz. Google kann teils bereits mehrere Dutzend Ebenen übereinanderstapeln. Einer der wichtigste Bereiche, in dem die Neuronen-Netze zum Einsatz kommen, ist die Spracherkennung für Smartphones. Schon lange versuchen Informatiker die Spracheingabe zu einem alternativen, wenn nicht sogar zentralen Mittel der Interaktion mit Computern zu machen. Lange ging das nur in kleinen Schritten voran, die Systeme funktionierten mehr schlecht als recht. Sehr limitierte Operationen, wie dem Bordcomputer im Auto ein Navigationsziel per Sprache einzugeben, klappen dabei schon deutlich besser, als etwa Siri, das Sprachsystem des iPhones, nach der nächsten Pizzeria zu fragen.

Zuletzt aber haben die Technologie-Firmen ihre Bemühungen um eine bessere Spracheingabe stark intensiviert. Denn die traditionellen Instrumente zur Interaktionen zwischen Mensch und Maschine passen nicht mehr so recht in die Zeit immer kleinerer, immer komplexerer Geräte: Mit Maus und echter Tastatur lässt sich kein Smartphone bedienen. Am Handgelenk zu tragende Computer wie die Apple Watch lassen sich auch über Touchscreen nur schwer steuern. Die Produktentwickler bei den großen

Konzernen sind sich einig, dass es nur mit einer zuverlässig funktionieren Spracheingabe gelingen wird, Smartwatches und andere am Körper tragbare Computer, sogenannte Wearables, zu popularisieren.

Seitdem Google nun die Deep-Learning-Forschung auf die Spracherkennung für Smartphones übertragen hat, ist die Fehlerrate dramatisch gesunken. Schon bald wird die Software die menschliche Stimme perfekt verstehen. Hinton erwartet, dass alle traditionellen Spracherkennungssysteme über kurz oder lang »durch interne neuronale Netze ersetzt werden, bei denen unten Schallwellen eingegeben werden und oben Sätze transkribiert in Schriftform herauskommen.«

Hinton kann noch immer nicht ganz glauben, dass er nun ein Star ist, Vorreiter einer neuen Wissenschaft, die lange »als schwarze Kunst« galt, wie er sagt, weil ihre Magie schwer zu beweisen war. Schon vor Jahrzehnten hat Hinton erste Theorien formuliert, welche großen Sprünge neuronale Netze möglich machen könnten. Doch erst die zuletzt immens gewachsene Rechenkraft von Computern verwirklicht nun, worüber Hinton lange nur spekulieren konnte. Noch vor zehn Jahren, sagt Hinton, war es technisch nicht möglich, das Potenzial der neuronalen Netze in der Informatik auch nur ansatzweise auszuschöpfen. »Wir galten als durchgeknallte Querdenker«, sagt Hinton. Nun sind die Deep-Learning-Theoretiker die Avantgarde, zu der alle aufschließen wollen.

Ihr Ansatz basiert dabei auf einer radikalen Idee: dass die menschliche Intelligenz auf einige sehr wenige Algorithmen, vielleicht sogar nur auf einen einzigen Algorithmus zurückgeht. Lange glaubte man das Gegenteil, dass es tausende Quellen geben müsste und dass, wer künstliche Intelligenz schaffen will, entsprechend unzählige komplexe Computersysteme bauen müsste für jede Eigenschaft: Sprache, Logik, Sehen. Diese Annahme wurde vor allem von frühen Theoretikern der künstlichen Intelligenz (KI) wie Marvin Minsky verfochten, der in seinem Buch »Mentopolis« (im englischen Original: »The Society of Mind«) die These aufstellte, dass die menschliche Intelligenz erst im gemeinsamen Konzert tausender einfacher Agenten entstehe. Die Theorie vom singulären Algorithmus dagegen basiert auf Experimenten, die vermuten lassen, dass die gleiche Gehirnregion, die Sehimpulse von den Augen verarbeitet, auch Hörimpulse von den Ohren verarbeiten kann. Zwar funktioniert das nicht bei Erwachsenen, sondern nur in einem sehr frühen Entwicklungsstadium, aber die Forscher ziehen daraus die Schlussfolgerung, dass das menschliche Gehirn letztlich eine lernfähige Universalmaschine ist. »Wir sind fasziniert von der Idee, dass das Gehirn durchgängig auf die gleiche Art lernt und dass das auch er Grund ist, warum die Hirnrinde in allen Regionen sehr ähnlich aussieht«, sagt Hinton. »Und sobald man einmal herausgefunden hat, wie das funktioniert, macht es keinen Unterschied, ob man einem System das Sehen, Hören, Fühlen oder vielleicht sogar logisches Denken beibringt.«

Hinton ist überzeugt, dass seine neuronalen Netze schon jetzt »Gedanken« haben. Früher wären KI-Forscher davon ausgegangen, dass es irgendwo im Kopf etwas geben müsste, das aussieht wie ein Satz. »Aber das ist genauso doof, als würde man glauben, dass, wenn man die Welt als Pixel sieht, irgendwo im Kopf auch Pixel sind.« Stattdessen bestehen Sätze im Gehirn nicht mehr aus Wörtern, sondern aus Neuronenmustern. Hintons Modelle versuchen das in der künstlichen Software-Welt nachzuahmen: »Man gibt einen Satz ein, es entsteht Neuronen-Aktivität, und das ist am Ende nichts anderes als ein Gedanke.« Hintons Forschung arbeitet deswegen vor allem mit der Idee, solche »Gedanken-Vektoren« auf unterschiedliche Art und Weise in die neuronalen Netze einzuspeisen: als Sprache, Text – oder auch als Bild- und Videomaterial.

Der zweite Schwerpunkt der Deep-Learning-Forscher liegt vor allem auf dem maschinellen Sehen, der sogenannten Computer Vision, die auch für die Ingenieure des selbstfahrenden Autos so wichtig ist. Bislang tun sich Computer schwer damit, Objekte zu erkennen und den Pixeln, die sie eingespeist bekommen, eine Bedeutung zuzuschreiben. Das menschliche Gehirn dagegen ist in der Lage, aus kleinen Ausschnitten ein vollständiges Bild der Realität zu modellieren: Auch wenn das Auge nur auf einen kleinen Punkt fokussiert ist, wird im Kopf daraus ein ganzes Bild gestrickt und interpretiert. Sehr vereinfacht gesagt, ist die Idee nun, dass sich dank neuronaler Netze auch Maschinen die Welt künstlich zusammenstellen können.

Hinton und die Google-Forscher füttern deswegen die neuronalen Netze nicht nur mit Sätzen, sondern auch mit Bildern: »Wir können unserem Netz antrainieren, dass da ein Hund, ein Baby, ein Sofa ist, und dann erkennt die Maschine, was das bedeutet.« Faszinierend sei das, sagt Hinton, »denn wir haben dem System nur einen Ausschnitt gegeben, und es sagt uns genau, was zu sehen ist«. Diese Technik nennt sich »Neural Captioning«, und sie funktioniert sowohl für Bilder als auch für Text und Sprache. »Das ist schon recht nah dran an echter Intelligenz, oder?«, sagt Hinton. Die Fortschritte in der visuellen Erkennung machen sich bereits zunehmend in Alltagsanwendungen bemerkbar. Software kann automatisch erkennen, was auf Fotos zu sehen ist: Sonnenuntergänge, Katzen, ein Fußballspiel. Im nächsten Schritt sollen die Maschinen dann einen ganzen Film analysieren oder ein Buch zusammenfassen können. Noch reicht dazu vor allem die Rechenkraft nicht.

Dass Deep Learning schon jetzt große technologische Schritte ermöglicht hat, steht inzwischen außer Frage. Aber längst nicht alle Experten sind überzeugt, dass auch Hintons ganz große Visionen am Ende Wirklichkeit werden können. Die Vertreter einer traditionelleren Forschungsrichtung zur künstlichen Intelligenz haben deswegen einen Test ersonnen, der zeigen soll, dass neuronale Netze nicht wirklich logisch Denken oder Sprache verstehen können. Bislang haben Hintons Neuronen-Maschinen diesen Test nicht bestanden, aber der Informatiker ist sich sicher, dass das nur noch eine Frage der Zeit sei. Für ihn ist klar, dass eine neue Ära der Maschinenintelligenz unmittelbar bevorsteht, denn den neuronalen Netzwerken gelingt es immer häufiger, die manuelle Programmierung durch den Menschen zu schlagen. Hinton sagt: »Es ist wie damals, als es die ersten Dampfmaschinen gab und die Menschen ein Wett-Tauziehen veranstalteten, wer stärker ist. Als das erste Mal eine Dampfmaschine gewann, war es vorbei. Der Mensch hatte nie wieder eine Chance.«

Hintons Forschungen sollen letztlich auch ganz neue Möglichkeiten für Googles Suchmaschine eröffnen. Im Vordergrund steht dabei die Idee, jeden Satz in einen Gedanken-Vektor umzuwandeln und in ein neuronales Netz einzuspeisen. Auf diese Weise könnten auch Dokumente im Internet und Webseiten in solche Vektoren umgewandelt werden. Das System könnte dann die einzelnen Vektoren vergleichen und neue Gedanken von vorhergehenden ableiten. So könnten die neuronalen Netze »beginnen zu verstehen, wie Argumentation funktioniert, wie ein Gedanke zum nächsten führt und wie verschiedene Gedanken sich unterstützten«, so Hinton.

Wenn der Forscher seine »große Wette«, wie er es nennt, gewinnt, könnten die riesigen Informationsmengen im Internet sich damit ganz anders analysieren, ordnen und filtern lassen: »Wäre es nicht fantastisch, wenn wir der Suchmaschine sagen könnten: Finde wissenschaftliche Aufsätze, die Medikamente für gut befinden, und filtere alle heraus, bei denen die Verfasser von der Pharmaindustrie bezahlt worden sind? Oder wenn wir nach Dokumenten googeln können, die angeblich den Kampf gegen den Klimawandel unterstützen, das Problem aber eigentlich heimlich untergraben?«

Nach und nach fließen Hintons Forschungen in immer mehr Alltagsanwendungen. Zum Beispiel in Google Photo. Gomes, der Zar der Suche, liebt es, die Fotosammlung auf seinem Smartphone nach immer neuen Kategorien zu durchsuchen. »Zeig mir Fotos von Sonnenuntergängen in der Karibik«, ruft er dann etwa in das Handy hinein. Oder: »Zeig mir Fotos von Blumen aus dem Garten.« Ohne dass die Fotos gekennzeichnet wären, erkennen die Algorithmen die Bildinhalte, spucken innerhalb einer Sekunde etwa die Urlaubsfotos aus der Karibik oder Blumenbilder aus. Solche Probleme seien noch bis vor kurzem fast unmöglich zu knacken gewesen, sagt Gomes, der sich schon im Studium mit neuronalen Netzen befasst hatte. »Da ist jetzt einiges in Bewegung, wir sind immer noch dabei herauszufinden, auf was wir das alles anwenden können.«

Während Gomes vor allem von futuristischen Computern träumt, die dem intelligenten, allgegenwärtigen Computer aus »Star Trek« nicht unähnlich scheinen, verspricht sich Google von intelligenter Software mit neuen Analysefähigkeiten letztlich aber auch Fortschritte in einem ganz anderen Bereich: Werbeanzeigen. Denn je besser die Software Inhalte erkennen und Daten interpretieren kann, umso bessere Anzeigensysteme kann das Unternehmen bauen. So viele Freiheiten die Entwickler bei Google auch haben, am Ende muss doch immer auch die Anzeigen-Maschine gefüttert werden. Nur so kann das Google-Prinzip funktionieren, Software-Anwendungen für Milliarden von Menschen zur kostenlosen Nutzung zu entwickeln. Nur so kann es sich rechnen, dass die Ingenieure in Mountain View immer wieder jahrelang Ideen hinterherlaufen, die sich sonst nur Science-Fiction-Autoren ausmalen. Zum Beispiel kleinste tragbare Computer als Universalübersetzer, die alle Sprachbarrieren in Luft auflösen.

Google arbeitet schon seit mehr als einem Jahrzehnt daran, diesen Traum zu realisieren, und hat dafür eine eigene Abteilung: Google Translate. Die gleichnamige Anwendung übersetzt mittlerweile Texte zwischen fast 100 Sprachen, vom Englischen ins Deutsche genauso wie vom Isländischen ins Japanische.

Wer etwa einen SPIEGEL-Text eingibt, bekommt ihn einen Sekundenbruchteil später zum Beispiel auf Französisch vorgelegt. Italienische Webseiten lassen sich per Mausklick auf Deutsch anzeigen. Ein rätselhaftes Hinweisschild an einem japanischen Bahnhof muss nur mit dem Smartphone fotografiert werden, schon erkennt die Translate-App automatisch den Text im Bildausschnitt und übersetzt. Die Übersetzungen sind oft nicht perfekt, mitunter richtig schief – aber sie werden beständig besser.

Verantwortlich für Google Translate war lange Zeit ein Informatiker aus einem kleinen Dorf in Franken. Franz Josef Och, Jahrgang 1971, studierte Informatik in Erlangen und promovierte schließlich über Maschinenintelligenz in Aachen. Darpa, das Forschungsinstitut des US-Verteidigungsministeriums, brachte ihn nach Kalifornien. Dort forschte er an Maschinenübersetzung – mit Erfolg, wie sich herumsprach.

2004 bekam Och einen Anruf von Larry Page. Der Google-Gründer fragte: Willst du das nicht richtig groß aufziehen? Och sagte ja und bekam bei Google seine eigene Abteilung. Mehr als zehn Jahre hat Och dort das Übersetzungsprojekt geleitet, bis er 2014 von Craig Venter abgeworben wurde, dem Genetiker, der einst als Erster das komplette menschliche Genom sequenzierte. Och ist nun Chief Data Scientist von Venters Firma Human Longevity, deren Ziel es ist, das menschliche Leben durch neue genetische Therapien zu verlängern.

Viele Jahre aber hatte Och nur ein Ziel: den perfekten Übersetzungscomputer zu bauen. Eine Maschine, so unauffällig und schnell, »dass man sie kaum wahrnimmt, nur als ein Flüstern im

Ohr«. Die jeden Text, jede Webseite, ja jede Unterhaltung umgehend in jeder anderen Sprache ausspuckt. Was zunächst vor allem problemloses Reisen für Touristen und eine düstere Zukunft für viele Dolmetscher zu bedeuten scheint, ist für Och weit mehr – ein Weg zur künstlichen Intelligenz. Schon als Teenager träumte er von Maschinen, die zutiefst menschliche Eigenschaften simulieren können.

Ochs Arbeit bei Google ist die Grundlage für eine der ambitioniertesten Anwendungen, die der Konzern bislang gebaut hat. Das Ziel von Translate ist schnell umschrieben: dem babylonischen Sprachengewirr der Menschheit ein Ende zu bereiten. Diese Aufgabe ist trotz aller technischen Fortschritte noch immer hochkomplex und lässt die Informatik wieder und wieder an ihre Grenzen stoßen.

Den Grundstein für Maschinenübersetzung hatte vor Jahrzehnten IBM gelegt, doch das Unternehmen hat das Projekt mangels Fortschritt bald wieder aufgegeben. Die ersten Jahre bei Google waren für Och deswegen »reine Grundlagenforschung« mit einer Handvoll Kollegen. Zuletzt jedoch waren die Fortschritte enorm, »ein Quantensprung«, sagt Och. Noch schwankt die Qualität der Übersetzung je nach Sprache stark, und die Anwendung funktioniert am besten, solange man die Sätze eher einfach hält. Doch wer etwa dem Taxifahrer in Peking klarmachen möchte, dass man dringend zu einer Apotheke gefahren werden will, muss das nur auf Deutsch ins Handy sprechen, und schon tönt es, etwas blechern, aber korrekt heraus: »Qing dai wo qu yijia yaodian.«

Über die Jahre ist das Translate-Team erheblich gewachsen. Darunter sind auch mehrere deutsche Informatiker – aber überraschenderweise kein Linguist. Och selbst ist ebenfalls kein Sprachtalent. Im Gegenteil: »Sprachen lernen fällt mir schwer«, sagt er. »Das ist ja das Schöne an der Maschinenübersetzung: Man muss vor allem Mathe und Statistik beherrschen und programmieren können.« Wörterbücher aufbauen, grammatikalische Strukturen definieren, all die Regeln, mit denen Maschinen in Anlehnung an menschliche Übersetzer früher gefüttert wurden, spielen für das Google-Team dagegen kaum eine Rolle. Zu oft stellten sich die Regeln als zu unflexibel heraus und überforderten den Computer. Im Englischen und im Deutschen etwa stehen Adjektive vor dem Substantiv, im Französischen normalerweise dahinter. Da ist die Maschine schnell »lost in translation«.

Stattdessen setzt Google auf das, was der Konzern am besten versteht und im Überfluss hat: große Mengen an Daten. »Vereinfacht gesagt, setzt der Computer existierende Übersetzungen in Beziehung zueinander und lernt eigenständig aus diesen Milliarden und Abermilliarden von Wörtern, wie er das am besten zu machen hat«, sagt Och. »Am Ende berechnen wir die Wahrscheinlichkeit einer Übersetzung.« Und je mehr Daten es gibt, umso besser funktioniert das System. Der Übersetzungscomputer wurde deswegen auch erst mit dem Internet möglich: Das weltweite Netz bietet einen riesigen Schatz bereits vorhandener Übersetzungen. Die Algorithmen durchforsten den Wust, sie sammeln und die Maschine lernt. Wenn der Computer beispielsweise einen Satz vom Französischen ins Deutsche übersetzen soll, sucht er nach passenden existierenden Phrasen und berechnet, wie er daraus am besten einen neuen Satz komponieren kann. Das funktioniert oft gut, aber längst nicht perfekt. Syntax, Intonation, Doppeldeutiges bleiben ein großes Problem für die Software. So kommen immer wieder Übersetzungen zustande, die zwar gerade noch verständlich, für Sprachwissenschaftler aber ein Albtraum sind. Die Maschine hat kein Gefühl für sprachliche Ästhetik oder für Kontext. Muss Google dem System also Kreativität beibringen, um wirklich erfolgreich zu sein? Nein, sagt Och, es ist eine Frage des »besseren Lernens«. Der Rechner muss nur genauer nachahmen.

Grundsätzlich klappen die Übersetzungen besser, wenn die Sprachen aus Sicht der Maschine ähnlich sind, also in Grammatik und Wortstruktur, und wenn es viele Daten gibt. Englisch und Spanisch funktioniert besonders gut, Englisch und Japanisch dagegen weit weniger. »Und leider gehören ausgerechnet Englisch und Deutsch zu den schwierigen Sprachpaaren«, sagt Och. »Das ärgert mich total.«

Für Sprachen, die nur von vergleichsweise wenigen Menschen gesprochen werden, gibt es zum Teil nicht ausreichend viel Material. So fehlt es etwa an isländischen oder kasachischen Datenbanken, von denen die Übersetzungsmaschine lernen kann. Google hat deswegen eine Crowdsourcing-Anwendung integriert, über die von Nutzern direkt Material eingespeist oder Übersetzungen korrigiert werden können.

Was aber hat Google mit Translate vor? Och bleibt vage. Nur so viel: »Durch die Maschinenübersetzung werden viele Informationen für viele Menschen zugänglich, und das macht viele andere Dinge möglich.« Sicher ist, dass der Übersetzungsservice Google viele Nutzer zuführt: 2015 nutzen mehr als eine halbe Milliarde Menschen jeden Monat Translate für mehr als eine Milliarde Übersetzungen pro Tag. Die Zahlen wachsen rasant, vor allem weil immer mehr Menschen aus Schwellen- und Entwicklungsländern das Internet erobern – dessen Hauptsprache aber mit knapp 50 Prozent Englisch ist. Maschinelle Übersetzung von Webseiten und Dokumenten ist für die Neu-Onliner deswegen oft essenziell. Zuletzt haben sich die Translate-Ingenieure deswegen darauf konzentriert, dass ihre Anwendung auch ohne Internetverbindung funktioniert, die insbesondere in Entwicklungsländern oft wackelig und noch dazu teuer ist.

Das Translate-Team hat eine App gebaut, die das Handy zu einem maschinellen Dolmetscher macht, der kontinuierlich eine Unterhaltung übersetzen kann – ohne dabei online zu sein.

Das Translate-Team lässt die Anwendung von Barack Turovsky und Julie Cattiau demonstrieren: Turovsky ist Russe und Cattiau Französin. Mit dem Smartphone in der Mitte unterhalten sich die beiden Google-Manager: Cattiau spricht auf Französisch hinein, umgehend tönt es auf Russisch aus dem Handy heraus. Umgekehrt erkennt die Software, dass Turovsky Russisch spricht, und übersetzt ins Französische.

Fast schon wie Magie erscheint zudem die visuelle Spracherkennung. Über die Smartphone-Kamera kann die Translate-App jede Form von Text lesen und übersetzen: Wer etwa die Kamera in Madrid auf eine spanische Tapas-Karte richtet, bekommt umgehend angezeigt, dass man Oreja de Cerdo meiden sollte, wenn man keine Schweineohren mag. Der Clou: Die Anwendung zeigt die Übersetzung nicht in einem separaten Fenster an, sondern tauscht einfach durch einen visuellen Trick die Buchstaben aus, legt die Übersetzung direkt über den Bildausschnitt, so dass die Karte wirklich fast erscheint, als wäre sie auf Deutsch verfasst. Auch hier kommt wieder Deep Learning zum Einsatz.

Trotz aller Fortschritte ist die Maschinenübersetzung oft noch fehlerhaft, sind die Ingenieure längst nicht zufrieden. Zudem wächst die Konkurrenz. Facebook etwa hat eine Firma übernommen, die ein System für Spracheingabe und maschinelle Übersetzung entwickelt hat. Das soziale Netzwerk will so die Kommunikation zwischen seinen über 1,5 Milliarden Nutzern aus über 200 Ländern erleichtern. Für Smartphones gibt es reihenweise Übersetzungsanwendungen. Die Europäische Union hat ihr eigenes Maschinenübersetzungsprogramm namens MT@EC entwickelt, das vor allem den bürokratischen Jargon beherrschen soll. Auch weil aufgrund von Budgetkürzungen die EU womöglich in den nächsten Jahren viele ihrer angestellten Übersetzer entlassen könnte. Mehrere Übersetzungs-Start-ups basteln – zum Teil auf Basis von Crowdsourcing-Plattformen – an Übersetzungsprogrammen. Und auch Microsoft hat seine Forscher auf eine Übersetzungsmaschine angesetzt. Im Herbst 2012 demonstrierte Rick Rashid, Chefwissenschaftler des Konzerns, das Ergebnis auf einer Konferenz in China: Rashid redete auf Englisch, ein Microsoft-Computer übersetzte simultan auf Mandarin – nicht im blechernen Maschinenton, sondern in Rashids eigener Stimme, zusammengesetzt aus zuvor aufgenommenen Sprechproben.

Google setzt nun darauf, Translate vor allem mithilfe der neuronalen Netze zu perfektionieren. Hinton, der Deep-Learning-Theoretiker, verwendet darauf viel Zeit. Noch arbeiten die Google-Forscher daran, die Maschinen zu »trainieren«, sie das Übersetzen von Sprachen richtig lernen zu lassen. Hinton versucht, mit simplen Worten zu erklären, wie sein System funktioniert. Das klingt dann so: »Man nimmt ein neuronales Netz, in dem sich die Neuronen miteinander verbinden, und mit jedem Schritt ist der Zustand der Neuronen zum einen durch den Input bestimmt, plus was immer durch die Verbindung untereinander im vorhergehenden Moment ausgelöst wurde.« Er greift nach einem Stift und zeichnet auf einem Whiteboard mit wilden Strichen Modelle und Grafiken, die zeigen, wie Neuronen durch Netzwerke fließen, sich miteinander verbinden und gegenseitig beeinflussen. Immer tiefer verliert sich Hinton in Beschreibungen von Dekodier-Netzwerken, mathematischen Wahrscheinlichkeitsrechnungen und »Back-Propagation-Algorithmen«. Ungeachtet der technischen Details der einzelnen Schritte, unterm Strich ist Hinton überzeugt: »Zum Ende des Jahrzehnts wird Maschinen-Übersetzung auf diese Art und Weise stattfinden.«

Das klingt so, als sei das Ziel einer wirklich perfekten Übersetzungsmaschine noch recht fern, die technischen Hürden und Kosten gleichermaßen groß, die Erfolgsaussichten unsicher. Aber so haben viele Google-Projekte angefangen. Kaum jemand weiß das besser als Luc Vincent. Der französische Informatiker ist Chef von Google Street View. 2004 kam Larry Page mit einer Idee zu ihm: Was, wenn man die ganze Welt zu einem riesigen Fotoprojekt macht, wenn man eine Anwendung baut, die es jedem Internetbenutzer ermöglicht, die gesamte Welt online zu durchschreiten? Page selbst war mit einer Videokamera in der Hand durch Mountain View gefahren, um Material zu sammeln. Verrückt sei die Idee damals gewesen, sagt Vincent, »wahnsinnig teuer« und technisch schwer vorstellbar: alle Orte in allen Ländern der Welt zu fotografieren.

Vincent fing an mit einem Dutzend Praktikanten und einem VW-Kleinbus voller Kameras. Heute sind rund um die Welt hunderte Street-View-Autos gleichzeitig unterwegs, um alle paar Meter Rundum-Aufnahmen der Umgebung zu machen. Diese Bilder werden miteinander verbunden und ergeben so eine Art riesiges, zusammenhängendes Bild der Welt. Fast zehn Millionen Kilometer wurden vermessen, ungefähr ein Zehntel aller Straßen auf der Welt.

Die Google-Kameras sind dazu inzwischen auch auf Booten im Amazonas unterwegs, auf Schneemobilen in der Arktis und sogar auf einem Kamel in der Wüste. Oder auch auf einem kleinen Schlauchboot-Katamaran, der sich an einem sonnigen kalifornischen Frühlingsmorgen vorsichtig den Weg durch den Jachthafen von San Francisco bahnt, hinaus auf die Bucht in Richtung Golden Gate Bridge. Das Boot fährt führerlos. Kein Mensch ist an Bord, sondern nur ein Metallgestell mit einer fußballgroßen Kugel, ausgerüstet mit 15 Kameraobjektiven und gekennzeichnet mit dem Google-Logo. Gesteuert wird der Mini-Katamaran per Fernbedienung von einer Google-Ingenieurin und einem Umweltexperten der Wasserschutzorganisation San Francisco Bay Keepers, die in rund 100 Metern Abstand in einem eigenen Boot folgen. Im Sekundentakt schießt die Kugelkamera eine endlose

Abfolge von Panoramafotos, markiert mit den exakten Koordinaten. Hunderte Kilometer Küste wird sie in den folgenden Wochen abfotografieren, um den Umweltschützern dabei zu helfen, das kalifornische Dammsystem zu vermessen und die Wasserstände zu kontrollieren.

Street View und die gesamte Abteilung Maps gehören zu Google Search. Die digitalen Karten sind die Grundlage dafür, dass Google fast unschlagbar ist in der am schnellsten wachsenden Suchkategorie: den Wo-Fragen. Wo ist die nächste Pizzeria, wo fährt der nächste Bus, wo hat das neue Fitness-Studio aufgemacht? Schon an Desktop-Computern sind ein Fünftel aller Google-Suchen ortsbezogen. Mit dem Siegeszug des Smartphones haben sich digitale Karten zur vielleicht wichtigsten Anwendungen der Online-Welt entwickelt. Denn mobile Geräte speisen Standortinformationen mit ein. Daraus sind viele digitale Geschäftsmodelle entstanden: Der Transport-Service Uber etwa oder auch der Übernachtungsvermittler Airbnb nutzen digitale Karten und Standortinformationen als Basis für ihre eigenen Dienstleistungen. Auch Firmen wie Amazon und FedEx stützen ihre globale Logistik auf Mapping-Daten. In den kommenden Jahren wird sich diese Entwicklung noch weiter beschleunigen: Mapping, wie die Verarbeitung von Informationen in digitalen Karten genannt wird, wird immer mehr zu einer Art Betriebssystem für die wachsende Zahl der Geschäftsmodelle, die auf Standortinformationen basieren. Und wer das Betriebssystem kontrolliert, das haben schon Windows und iOS und Android gezeigt, ist im Kampf um die Vorherrschaft in der digitalen Welt einen großen Schritt voraus.

Apple und Microsoft haben deshalb mit großem Aufwand eigene Kartenanwendungen entwickelt. OpenStreetMaps ist ein unabhängiges Non-Profit-Projekt nach dem Vorbild von Wikipedia. Aber Google Maps ist mit Abstand die führende Mapping-

Software: Sie verzeichnete im Herbst 2015 mehr als eine Milliarde Nutzer und zeigte mehr als zwei Millionen Nahverkehrshaltestellen und Live-Verkehrsinformationen für über 60 Länder.

Zwischenzeitlich entbrannte im Frühjahr 2015 ein Bieterstreit um eines der wenigen Unternehmen, deren Technologie es mit Google Maps zumindest in einem Bereich aufnehmen kann: Here, eine Tochterfirma des finnischen Nokia-Konzerns mit Sitz in Berlin, hat einen Marktanteil von rund 80 Prozent für fest installierte Auto-Navigationssysteme. Das Unternehmen mit einem Jahresumsatz von zuletzt rund einer Milliarde Euro und 6000 Mitarbeitern bietet digitale Karten für 196 Länder an. Uber, dessen App bislang von Google Maps abhängig ist, war interessiert. BMW, Audi und Daimler schlossen sich in einem Konsortium zusammen und bekamen schließlich den Zuschlag für rund 2,5 Milliarden Dollar. Denn die Autohersteller sind nicht mehr nur alleine wegen ihrer Navigationssysteme auf die Mapping-Daten angewiesen, sondern auch wegen der Entwicklung selbstfahrender Autos. Googles Vorsprung beim Wettrennen zum fahrerlosen Auto beruht nicht zuletzt auf seiner hauseigenen Kartentechnologie.

Über die Jahre hat Google Unsummen in die Weiterentwicklung von Maps investiert. Anfangs waren digitale Karten rudimentär, kaum mehr als ein Online-Straßenatlas. Heute ist Maps eine hochkomplexe Anwendung, die zugreift auf zahlreiche Datenbanken, auf das Wissen der Welt, das Google über so lange Zeit eingesammelt hat. Wer nach einer Bankfiliale um die Ecke sucht, dem wird auf der Karte nicht nur die Adresse angezeigt, sondern auch gleich Öffnungszeiten, Bewertungen, Fotos und wie weit das Ziel vom aktuellen Standort mit dem Auto entfernt ist.

Google ist nun bemüht, seine Investitionen in die Karten-Technologie wieder einzuspielen. Fast eine Million Software-

Entwickler und tausende Unternehmen nutzen Maps, um eigene Apps zu bauen. Für kleine Start-ups und Hobbynutzer ist der Zugang zum sogenannten API (dem Application Programmer Interface oder, auf Deutsch, der Programmiererschnittstelle) umsonst.

»Aber ab einem gewissen Limit nehmen wir Geld«, sagt Manik Gupta, Abteilungsleiter von Google Maps. Gupta hat vor sieben Jahren angefangen, an dem Projekt zu arbeiten, zunächst in der indischen Google-Niederlassung in Bangalore. Damals waren es nur wenige Dutzend Programmierer, die sich mit Maps befassten, heute sitzt Gupta gemeinsam mit mehr als tausend Maps-Mitarbeitern im Hauptquartier des Konzerns im kalifornischen Mountain View.

In den vergangenen Jahren hat Google Terabyte um Terabyte an Kartendaten gesammelt, teils umsonst von staatlichen Institutionen wie etwa Forstverwaltungen, teils gekauft von privaten Anbietern. Aus allem verfügbaren Material, Straßenkarten, Satellitenbildern, Street-View-Fotos, konstruieren die Google-Ingenieure dann ihre eigene Karte. Es ist ein riesiges, niemals endendes Projekt, denn ständig kommen neue Straßen hinzu, und in vielen Ländern gibt es für ländliche Gebiete überhaupt keine Karten.

Google hat deswegen eine Anwendung gebaut, mit der Nutzer insbesondere in Afrika oder Asien selbst Straßen und Verkehrsführungen eingeben oder Fehler melden können. In manchen Ländern der »Dritten Welt« ist Google Maps die einzige überhaupt vorhandene Karte. »So versuchen wir ein ständig aktualisiertes Modell der ganzen Welt zu schaffen«, sagt Gupta.

Die dafür benötigte Expertise in Datenverarbeitung ist so enorm, dass nur wenige Unternehmen überhaupt versuchen können, mit Google mitzuhalten. Apple etwa führte 2012 eine eigene Maps-Anwendung ein und bemüht sich seither, Google wenigstens von den eigenen Geräten, von iPhones und iPads zu verdrängen. Doch die Apple-Alternative hatte lange mit Fehlern zu kämpfen und ist in der Gunst der Nutzer weit abgeschlagen. Auch Microsoft spielt mit seinem eigenen Kartenangebot kaum eine Rolle. Die Nokia-Tochter Here ist nur in der Auto-Navigation relevant. Nachdem Google 2012 eine Bezahlschranke für Vielnutzer des Kartendienstes einführte, wechselten dann auch nur wenige prominente Online-Dienste wie Foursquare zu OpenStreetMap.

Der Vorsprung von Google hat viel mit Street View zu tun. Die Kamera-Autos »erfassen die Welt, und wir filtern die Informationen heraus«, sagt Gupta. »Die Menge an Informationen, die wir mit Algorithmen aus Bildern extrahieren können, ist unglaublich.« Die Google-Software erkennt auf dem Bildmaterial zum Beispiel Verkehrsschilder und kann Navigationsanweisungen in Maps entsprechend darauf abstimmen, wenn etwa an einer Kreuzung nicht links abgebogen werden kann. Genauso erkennen die Algorithmen auch Restaurantketten oder Läden und speisen automatisch in die Karte ein, wo zum Beispiel eine McDonald's- oder eine H&M-Filiale ist.

Die Street-View-Welt erstreckt sich inzwischen auch auf Radwege und bietet Innenaufnahmen von Restaurants, Museen, Läden. Damit folgt Google vor allem den Wünschen der Nutzer. Denn Street View wird zu über 80 Prozent lokal genutzt: Von Anwohnern, die eine Joggingstrecke zunächst online erkunden oder den neuen Italiener von innen sehen wollen, bevor sie einen Tisch buchen. Ladenbesitzer oder Restaurantbetreiber können bei Google Innenaufnahmen beantragen – ein Street-View-Team schiebt dann einen kleinen Handwagen mit aufmontierter Kugelkamera durch die Räume.

Fast überall auf der Welt wird Street View immer detaillierter. Nur in wenigen Ländern ist Street-View-Chef Vincent auf größere Probleme gestoßen. In Russland etwa, wo die Behörden alle Aufnahmen kontrollieren wollten. Und in Deutschland, wo manche Bürger ihre Privatsphäre bedroht sehen, wenn Fotos ihrer Häuser ins Netz gestellt werden. Zwar werden Personen, Nummernschilder und andere Details, die eine Identifikation erlauben würden, von Google ohnehin automatisch unkenntlich gemacht, doch in Deutschland musste der Internetkonzern auf Wunsch auch rund drei Prozent aller abfotografierten Häuser verpixeln.

»Wir tun unser Bestes, die Privatsphäre unserer Nutzer zu schützen, denn wir wollen auf keinen Fall ihr Vertrauen verlieren«, versichert Vincent. Aber das funktioniert nicht immer. Ausgerechnet in Deutschland wurden durch den Fehler eines Mitarbeiters vor einigen Jahren mehr Daten gesammelt als erlaubt. Diese Daten wurden zwar nicht weitergegeben und sofort vernichtet, als der Fehler bemerkt wurde, doch das Vertrauen in das Projekt war erschüttert.

Vincent und Gupta betonen, dass Google gerade in Europa bemüht ist, Maps noch mehr an die Wünsche der Nutzer anzupassen. Insbesondere der öffentliche Nahverkehr soll stärker in die Kartenanwendung integriert werden, »weil die Europäer nicht das Auto, sondern den Bus nehmen«, so Gupta. Durch Partnerschaften mit öffentlichen Verkehrsbetrieben sollen Millionen weitere Bus- und Bahnhaltestellen und die entsprechenden Fahrpläne zu den Karten hinzukommen.

Die Google-Ingenieure arbeiten unterdessen schon an der nächsten Generation von Kartenanwendungen. Mapping- und Standortdaten spielen eine große Rolle für digitale Assistenten und die Weiterentwicklung von Google Now, für das gesamte Feld der Personalisierung von Online- und Smartphone-Diensten. Zudem werden in den kommenden Jahren durch das rasant wachsende Internet der Dinge immer mehr Geräte in der Lage sein, Standorte und Informationen zu übertragen. Wird dann der verloren gegangene Hausschlüssel auch über Google Maps zu finden sein? Und benötigen Smartwatches wie die Apple Watch und neue Formen von Wearables, also am Körper zu tragende Computer, nicht eher viele kleine kartenbasierte Service-Apps, wie etwa Sprachnavigation? »Ich habe darauf auch noch keine klaren Antworten«, sagt Gupta. »Sicher aber ist: Die nächste Evolutionsstufe wird weit über das Smartphone hinausgehen.«

6
Kluge Köpfe, Kreativität und keine Angst vor Risiko: Wie Google arbeitet

Google pflegt immer schon einen eigenen Konzern-Sprech, eine seltsame Mischung aus Verniedlichungen, New-Age-Sinnbildern und Techno-Schlagwörtern. So werden etwa aus neuen Mitarbeitern »Noogler«, und Laszlo Bock leitet nicht einfach die Personalabteilung, sondern ist »Vice President of People Operations«. Bock, ein energischer, durchtrainierter Marathonläufer, hat im Laufe eines Jahrzehnts die vielleicht aufwendigste und effizienteste Personalabteilung der Welt aufgebaut – zwangsweise. Denn bei Google gehen viele Bewerbungen ein, sehr viele: drei Millionen pro Jahr. Tendenz steigend. Und anders als zu erwarten wird dabei kein Bewerber von Algorithmen aussortiert. Dutzende Personaler machen den ganzen Tag nichts anderes, als sich Lebensläufe durchzulesen. »Ein Vollzeitjob«, sagt der Personalchef.

Bock ist gebürtiger Ungar, einst geflüchtet über Österreich in die USA. Er versteht ein wenig Deutsch, und als er über die Philosophie des Konzerns spricht, will er als Erstes wissen, wie »butt kissing« ins Deutsche übersetzt wird: den Hintern küssen. Denn genau das, betont Bock, versuche man bei Google unbedingt zu verhindern: Mitarbeiter, die, um weiterzukommen, mehr damit beschäftigt sind, ihre Vorgesetzten glücklich zu machen, als Produkte zu verbessern.

Bock, Google-typisch stets in Jeans, T-Shirt und Turnschuhen unterwegs, denkt viel darüber nach, was Angestellte zufriedener und in der Folge effizienter und kreativer macht. Selbst große

Unternehmen betreiben ihre Personalentwicklung und -organisation erstaunlich oft mehr oder minder aus dem Bauch heraus: Eingestellt wird, wer irgendwie passt – vor allem dem zuständigen Manager. Beim Bewerbungsgespräch entscheidet oft persönliche Sympathie. Strukturiert wird, wie man es eben schon immer machte: streng hierarchisch mit regelmäßigen Beförderungen, die auch schon mal zu Abteilungen mit fast genauso vielen Führungskräften wie Mitarbeitern führen. Doch immer mehr Unternehmen versuchen mittlerweile, einen wissenschaftlicheren Weg zu gehen, um Konzepte zu entwickeln, wie Menschen am besten zusammenarbeiten. Wohl kein Konzern verfolgt diesen streng analytischen Ansatz energischer als Google. Das Ziel sei, Prinzipien zu finden, »die empirisch belegbar sind«, sagt Bock. Die wissenschaftliche Antworten auf Fragen geben, die Managementexperten schon lange umtreiben: Gibt es geborene Anführer, oder kann jeder lernen, ein guter Chef zu sein? Was unterscheidet gute von außergewöhnlichen Angestellten? Was ist die ideale Struktur von Abteilungen?

Google nennt diesen Ansatz »People Analytics«. Die grundlegende Idee hinter diesem datenbasierten Managementkonzept ist simpel: Ein Unternehmen kann sich nur auf Dauer an der Weltspitze halten, wenn das Management richtig führt und die Unternehmensstrukturen dafür sorgen, dass die Mitarbeiter ihre Stärken voll ausspielen können. Das mag banal erscheinen, aber viele Firmen machen oft das Gegenteil: Die Personalpolitik ist von Seilschaften bestimmt. Entscheidungen werden auf Grundlage innenpolitischer Ränkespiele getroffen. Abteilungen bekämpfen sich untereinander. Talente werden nicht gefördert, sondern von internen Gegnern ins Abseits befördert. Führungskräfte stellen lieber den schwächeren Bewerber ein, von dem sie sich nicht bedroht fühlen.

Unter Bocks Leitung hat Google eine interne Forschungseinheit aufgebaut, das »People & Innovation Lab«, kurz PiLab. Ein Team aus Wissenschaftlern, darunter reihenweise promovierte Soziologen und Psychologen, analysiert Forschungsergebnisse aus allen Bereichen menschlichen Verhaltens und versucht daraus Handlungskonzepte für alle möglichen Managementfragen abzuleiten: Wie, zum Beispiel, kann Entscheidungsmüdigkeit vorgebeugt werden? Wie werden Reibungsverluste in Abteilungen am besten verhindert?

Alle sechs Monate erstellen die Personalforscher ein sogenanntes »psychografisches Profil« der Google-Belegschaft, das Aufschluss geben soll über die Werte, Interessen und Vorlieben der Mitarbeiter, welchen Lifestyle sie pflegen und wie sich der Arbeitsplatz nahtlos in diese Lebenswelt einfügen kann. PiLab führt dabei immer wieder firmeninterne Experimente durch, die zeigen sollen, welche Ansätze am effizientesten eine produktive Arbeitsumgebung schaffen: Wie kann das Unternehmen Mitarbeitern dabei helfen, mehr zu sparen? Welches finanzielle Belohnungssystem hat die langfristigste Wirkung auf die Zufriedenheit der Angestellten? Daraus resultierend hat Google eine ganze Reihe von Instrumenten entwickelt, die auf den ersten Blick seltsam erscheinen. So können sich etwa Mitarbeiter untereinander für eine besonders gute Zusammenarbeit oder Hilfe bei einem Projekt bei ihren Kollegen mit einem Bonus von 175 Dollar bedanken. Google zahlt den beantragten Bonus umgehend aus, ohne dass dazu eine Genehmigung des Vorgesetzten eingeholt werden muss. Das System, zeigt die Forschung, fördert Kollegialität.

Bock versteht das Personalmanagement der knapp 55 000 Google-Mitarbeiter eher als großes Forschungsprojekt in menschlichem Verhalten, als eine bürokratische Pflichtübung, die dafür sorgt, dass Gehälter pünktlich gezahlt werden. Wenn der Personalchef über die Managementphilosophie von Google spricht, zitiert er immer wieder Studien, unterlegt jeden Ansatz mit »Datenpunkten«. Google versucht zum Beispiel, seinen Mitarbeitern möglichst viele Mitwirkungsmöglichkeiten in Entscheidungsprozessen zu geben und sie möglichst frei gestalten zu lassen, wie sie ihre Arbeit machen. Bock betont, dazu gebe es mittlerweile immer mehr Forschungsergebnisse, aber er verweist insbesondere auf eine Meta-Studie der University of Sheffield, die Managementprinzipien bei einer Vielzahl von Unternehmen untersuchte. Demnach waren alle bekannten Ansätze wie etwa Six Sigma, entwickelt von Motorala und in den 1980er Jahren von Konzernchef Jack Welch bei General Electric popularisiert, nur in bestimmten Situationen effizient. »Das Einzige, was immer funktioniert, ist, den Mitarbeitern Freiheit zu geben«, sagt Bock. »Und zwar konkret, indem man Teams erlaubt, sich selbst zu organisieren, ihre eigenen Ziele und Produktivitätskennzahlen festzulegen.« Google versucht deshalb, so weit es geht, einseitige Vorgaben von oben zu vermeiden und die Eigenmotivation der Mitarbeiter zu fördern. Bock zitiert dazu ein Experiment mit zwei Nike-Fabriken in Mexico. Die eine Fabrik arbeitete selbstverwaltet und produzierte 140 T-Shirts am Tag. Die andere wurde straff geführt und produzierte 70 T-Shirts am Tag. »Die Mitarbeiter der selbstverwalteten Fabrik wurden deswegen weit höher bezahlt, aber die Kosten pro T-Shirt waren viel geringer, weil die hohe Produktivität weit mehr wog als die Personalkosten«, so Bock.

Der zweite wichtige Aspekt, auf den der Personalchef immer wieder verweist, ist eine klar definierte Mission, ein großes Ziel. Die Forschung dokumentiere eindeutig, dass Angestellte mehr leisten und länger bei einem Unternehmen bleiben, wenn sie in ihrer Arbeit einen tieferen Sinn erkennen. Deswegen verwenden Page und seine Führungsmannschaft so viel Zeit darauf, immer wieder neue Ambitionen und noch größere Pläne zu verkünden.

Das Wirtschaftsmagazin »Fortune« erstellt jährlich eine Liste der besten Arbeitgeber und zieht dabei Kriterien wie Bezahlung, soziale Leistung, Fairness, Aufstiegschancen und Unternehmensklima heran. Regelmäßig belegt Google bei diesem Ranking den ersten Platz. Auch auf anderen solcher Listen, etwa Umfragen unter Studenten, wo sie am liebsten arbeiten wollen, landet Google immer wieder auf den vordersten Plätzen. Gerade unter jungen Digital-Arbeitern kommen die aus Mountain View in die Welt getragenen Unternehmensphilosophien wie »Man kann auch ohne Anzug seriös sein« oder »Arbeit sollte eine Herausforderung sein, die Herausforderung aber Spaß machen« gut an. Im Talentwettbewerb um Wissensarbeiter ist die Bezahlung längst nur noch ein Faktor unter vielen – und oft sogar ein untergeordneter. Die klügsten Köpfe, die besten Programmierer und Ingenieure, bekommen überall Unsummen geboten und wählen ihren Job deswegen nach anderen Kriterien aus.

Die Beliebtheit von Google als Arbeitgeber hat vor allem damit zu tun, dass Bock sich zum Ziel gesetzt hat, eine »Happiness-Maschine« zu bauen: eine Arbeitsumgebung, die für die Mitarbeiter nicht nur irgendwie erträglich ist, sondern sie zufrieden, ja sogar glücklich macht. So glücklich, dass sie sich nicht abwerben lassen, so glücklich, dass sie immer noch ein wenig mehr Einsatz bringen. »Es gibt zwei Wege, sehr viel Geld zu machen«, sagt Bock. Zum einen »das klassische Modell, mit dem wir tausende Jahre Erfahrung haben«: die Mitarbeiter »mies« zu behandeln, »wie eine austauschbare Ware«, sie »zu knechten und regelmäßig zu ersetzen«. Der andere Weg: die Mitarbeiter so gut wie möglich zu behandeln, ihnen eine Umgebung zu bauen, in der sie sich wohlfühlen. Bock ist überzeugt, dass sich dieses Modell auf Dauer durchsetzen wird, zumindest für die großen Weltkonzerne. »Die besten Leute auf dem Planeten sind zunehmend mobil, und sie schauen sich sehr genau an, wie sie arbeiten wollen«, sagt Bock. Aber noch dominiere das klassische Modell, vermutet der Personalchef und erzählt dazu von einer Begegnung mit dem Chef eines globalen Medienunternehmens. Die wichtigste Voraussetzung, um seine Angestellten ordentlich zu behandeln, glaubt Bock, sei eine Wertefrage: anzunehmen, dass der Mensch grundsätzlich »gut und ehrlich« ist. Der Medienunternehmer aber habe betont, dass er vom Gegenteil überzeugt sei: dass die Menschen prinzipiell Lügner seien, dass man ihnen nicht trauen könne und ihnen ständig auf die Finger schauen müsse. »Diese Haltung reflektiert genau, wie die Angestellten in solchen Unternehmen behandelt werden«, sagt Bock.

Die Ambitionen der Personalforscher bei Google können sich mit denen der Ingenieure und Wissenschaftler in den anderen Abteilungen des Konzerns durchaus messen lassen. Das Prinzip des 10x lässt sich nicht nur auf Informatik, sondern auch auf Personalentwicklung anwenden. Bock hat etwa ein Programm entwickelt, das sich an der berühmten Framingham Herz-Studie orientiert. Dabei beobachten Ärzte seit den 1950er Jahren kontinuierlich rund 5000 Menschen aus einem Ort in Massachusetts, um herauszufinden, wie sich Lebensgewohnheiten auf die Gesundheit auswirken. 2013 haben die PiLab-Forscher eine ähnliche Langzeitstudie für die Erforschung der Arbeit begonnen. Das Projekt unter dem Namen Google DNA, kurz gDNA, soll herausfinden, wie Produktivität maximiert, Zufriedenheit erhöht und Teams effizienter werden können. Dabei wurde zunächst eine Gruppe von 4000 Google-Mitarbeitern repräsentativ ausgewählt, die zweimal pro Jahr detailliert über alle Aspekte ihres Lebens und ihrer Arbeit befragt werden. Insgesamt, so hofft Bock, soll die Studie über ein Jahrhundert laufen.

Aber schon jetzt liefert die gDNA-Studie erste Einsichten. Google hat unter anderem festgestellt, dass es schwierig ist, Mitarbeiter wirklich auf Dauer zufriedenzustellen. Die Studien und Datenauswertungen der Personaler haben gezeigt, dass neue Angestellte anfangs zwar fast immer hochzufrieden sind, die

Zufriedenheit bei den meisten aber kontinuierlich im Laufe der Jahre abnimmt. Bei einigen Mitarbeitern nimmt die Zufriedenheit jedoch nie ab. Der Unterschied: Sie sind dankbarer. Deswegen machen sich die Personaler in Mountain View nun verstärkt Gedanken, wie sie ihre Angestellten dankbarer machen können. Dazu gehört etwa, dass Google den Angehörigen eines verstorbenen Mitarbeiters über ein Jahrzehnt das halbe Jahresgehalt weiterzahlt.

Google betreibt solche Programme natürlich nicht aus reinem Gutmenschentum, sondern weil sie »ganz klare betriebswirtschaftliche Vorteile« mit sich bringen. Wissensarbeiter sind nachweislich produktiver, wenn sie sich in ihrer Arbeitsumgebung explizit wohlfühlen, wenn sie gerne ins Büro kommen und den Arbeitsplatz nicht als eine sinnlose Tretmühle sehen. Der Konkurrenzkampf um die klügsten Köpfe in einem globalen Arbeitsmarkt wird nicht nur unter den Silicon-Valley-Riesen, sondern unter allen Weltkonzernen immer härter. Google sucht nicht nur bei Apple, sondern auch bei Siemens, Bosch und Daimler nach Ingenieuren. Im Gegenzug wildern vor allem aufsteigende Start-ups, die mit Unternehmensbeteiligungen und Aktienoptionen im Millionenbereich locken, im großen Stil bei Google. Insider schätzen, dass fast ein Drittel aller Uber-Mitarbeiter von Google kommen. Bei Dropbox, einem Cloud-Anbieter, sind gleich zwei Vorstände sowie der Personalchef und der Leiter der Rechtsabteilung ehemalige Google-Topmanager.

Wer im Silicon Valley seine besten Mitarbeiter auf Dauer halten will, muss deswegen immer kreativer werden, immer mehr bieten. Annehmlichkeiten wie eine Bowlingbahn auf dem Campus und Kantinen mit offenen Show-Küchen, die Heilbutt mit Trüffelschaum servieren, sind dabei zwar ein nicht zu unterschätzender Faktor. Doch weit schwerer wiegen für die allgemeine Zufriedenheit die prinzipiellen Aspekte des Arbeitsverhältnisses.

Zum Beispiel, wie fair die Aufstiegsmöglichkeiten sind. Google erlaubt seinen Mitarbeitern deswegen unter anderem, sich selbst für eine Beförderung vorzuschlagen, über die dann nicht nur der direkte Vorgesetzte, sondern ein Komitee entscheidet.

Die drängendste Frage von allen aber, zentral für die Zufriedenheit der Mitarbeiter und die Produktivität der Teams, ist eine altbekannte, die schon viele versucht haben zu beantworten: Was macht einen guten Chef aus? Um auf diese Frage eine endgültige Antwort zu finden, führte Google einen großangelegten Versuch durch. Unter dem Projektnamen Oxygen, Sauerstoff, trugen die Personalforscher mehr als 10 000 Aussagen über Führungskräfte aus den verschiedensten Quellen zusammen: Mitarbeiterumfragen, Leistungsbewertungen, Managementauszeichnungen. Statistiker durchforsteten die Daten nach Strukturen, korrelierten Schlagwörter, analysierten die Zusammenhänge von Lob und Tadel. Am Ende formulierten die Personalforscher acht Grundsätze, die einen guten Chef ausmachen.

Google war dabei davon ausgegangen, dass ganz oben auf der Liste der Punkt landet, der firmenintern bislang immer unausgesprochen als der wichtigste überhaupt galt: dass der beste Ingenieur, der versierteste Experte natürlich auch derjenige sein muss, der das Team führt. Aber die technische Expertise landete ganz am Schluss der Liste. Viel wichtiger sind scheinbar auf der Hand liegende, allgemeine Führungsprinzipien: »Helfe deinen Mitarbeitern bei der Karriere-Entwicklung.« »Habe eine klare Vision und Strategie für dein Team.« »Sei produktiv und ergebnisorientiert.« Die Forschung zeigt: So simpel diese Grundsätze sind, so oft werden sie dennoch von vielen Führungskräften ignoriert. Google verwendet deswegen nun viel Zeit darauf, dem Management diese Leitsätze immer wieder einzutrichten. Das Unternehmen beschäftigt dazu eine ganze Reihe von Coaches, die im Zweifelsfall auch immer wieder Einzeltrainings mit Führungskräften absolvieren. Ähnliche empirisch belegte Grundsätze will Bock nun als Nächstes für Teams entwickeln. »Es gibt viele Meinungen, was angeblich gute Teams ausmacht, aber trotzdem lässt sich nicht genau sagen: Ok, für diese Aufgabe oder jene Problemlage muss ein Team genau so aussehen«, so der Personalchef.

Die aufwendigen Datenanalysen und Studien der Arbeitsforscher haben bereits dazu geführt, dass Google in den vergangenen Jahren seinen Einstellungs- und Rekrutierungsprozess komplett umgekrempelt hat. Die Personaler haben fast alle klassischen Faktoren der Kandidatenauswahl über Bord geworfen: Schulnoten, Intelligenztests, an welcher Uni der Abschluss gemacht wurde. »Wir können genau belegen, dass all dieser Kram nicht vorhersagen kann, wie gut oder schlecht jemand den Job machen wird«, betont Bock. Gleiches gilt für traditionelle Bewerbungsgespräche und die dabei oft genutzten Instrumente wie besondere Denksportaufgaben und beliebte Fragen wie: Was ist Ihre größte Schwäche? Fast alle Bewerbungsgespräche dieser Art seien Zeitverschwendung, sagt Bock, denn wissenschaftliche Erkenntnisse zeigten, dass sich die Personaler und Manager in den ersten zehn Sekunden ein Bild des Kandidaten machen und all ihre Fragen am Ende nur dazu dienen, diesen Eindruck zu bestätigen. Deshalb gelte es, einen Bewerbungsprozess zu schaffen, der diese persönlichen, zwischenmenschlichen Vorurteile ausschalte. Die beste Vorhersage, wie ein Kandidat sich wirklich im Job machen würde, sei ein Test mit Arbeitsproben, betont Bock. Dabei werden die Bewerber gebeten, eine Aufgabe durchzuführen, wie sie die Stelle tatsächlich vorsieht. Hinzu kommt ein allgemeiner Test der kognitiven Fähigkeiten mit eindeutig richtigen und falschen Antworten, die keine Interpretation zulassen. Und letztlich ein strukturiertes Gespräch mit sehr allgemeinen Fragen: Erzählen Sie von einer Situation, in der Sie Ihre Abteilung vorangebracht haben, und wie Ihre Kollegen darauf reagiert haben. »Solche Fragen sind dröge, aber sie liefern eine konsistente Datenbasis«, sagt Bock. Aus den Antworten ließe sich eine klare Linie zwischen durchschnittlichen und herausragenden Kandidaten ablesen, denn die hätten bessere Beispiele parat und könnten ihre Handlungen besser erklären.

Die Google-Personaler legen dabei besonderen Wert darauf, das Pflichtbewusstsein und die Gewissenhaftigkeit von Kandidaten zu messen. Dies sei einer der besten Indikatoren, denn gewissenhafte Mitarbeiter »arbeiten, bis eine Aufgabe wirklich erledigt ist, und hören nicht bei ›Passt schon irgendwie‹ auf«, sagt Bock. Google achtet zudem darauf, dass bei Bewerbungsgesprächen für Führungsjobs nicht nur der potenzielle Vorgesetzte dabei ist, sondern auch ein oder zwei Mitarbeiter aus dem Team oder der Abteilung, die der Kandidat leiten würde. Damit soll von vornherein signalisiert werden, wie viel Wert auf harmonische Teams und flache Hierarchien gelegt wird.

Besonders genau schauen die Google-Personaler bei Bewerbungen von Frauen hin – auch dies aufgrund der Auswertung von zahlreichen Studien. Denn die Analyse von geschlechtsspezifischem Bewerbungsverhalten hat gezeigt, dass Männer in solchen Situationen eher dazu neigen, groß aufzutischen, während Frauen ihre eigenen Leistungen tendenziell unter Wert verkaufen.

Doch ein wissenschaftlich durchstrukturierter Bewerbungsprozess hilft Google nicht dabei, überhaupt die Kandidaten zu bekommen, die der Konzern will. Denn unter den drei Millionen Bewerbern erfüllen nur wenige die Ansprüche. »Das ist ja das Blöde: Die allerbesten Leute bewerben sich meistens nicht«, sagt Bock. »Die haben schon tolle Jobs, arbeiten an coolen Sachen und werden super vergütet.«

Zudem häufen sich die Kandidaten, die sich nicht aus Interesse an Technologie bewerben, sondern weil die Internetkonzerne zu einem Ort geworden sind, »wo man sich ein nettes, lukratives

Leben« machen kann, so Bock. Die nicht unbedingt die Welt verändern, sondern vor allem gutes Geld verdienen wollen. »Diese Kandidaten sind schwer rauszufiltern«, sagt Bock.

Lange hat Google bei der Personalsuche auf das Prinzip der sich selbst replizierenden Talentmaschine gesetzt: Wenn erst einmal ein kluger Kopf eingestellt ist, bringt der meist noch ehemalige Kollegen oder Studienfreunde mit. Aber auf Dauer kann das schnell zu Eintönigkeit führen und zu Abteilungen, die alle nur aus den gleichen Stanford-Informatikern bestehen. Stattdessen sammeln nun firmeninterne Headhunter ständig Talente aus aller Welt in einer Kandidatendatenbank. Eine Software durchsucht dabei auch ständig das Internet nach potenziellen Top-Leuten und fügt sie der Liste hinzu. Mit manchen Kandidaten netzwerken die Personaler über Jahre. Andere werden gleich mitsamt ihrer ganzen Abteilung eingestellt, um ihnen den Wechsel schmackhaft zu machen. Mitunter wurde auch schon ein ganz neuer Google-Außenposten in einer anderen Stadt eröffnet, damit die umworbenen Ingenieure nicht umziehen müssen. So was kann schnell teuer werden, aber dafür spart Google an anderer Stelle: Die wirklich besten Leute brauchen fast kein Training, keine Einarbeitung und keine Hilfestellung, wenn sie erst einmal an Bord sind.

Aber nach welchen Mitarbeitern sucht Google genau? Überambitionierte Weltveränderer? Superkluge Programmierbienen, die nicht groß hinterfragen, was sie da am Ende eigentlich bauen – und was ihre Produkte für Spuren in der Welt hinterlassen? Die Google-Belegschaft ist inzwischen überwiegend international und jung und wird langsam auch weiblicher. Vor allem sammelt Google Menschen ein, die empfänglich für große Ambitionen sind. Viele sind extrem stolz darauf, an globalen Produkten zu arbeiten. Fast alle sind überdurchschnittlich intelligent. Was zur Folge hat, dass Google über die Jahre eine gewisse institutionelle Arroganz entwickelt hat: Viele kluge Menschen auf einem Haufen neigen zu der Haltung, eben alles besser zu wissen als der Rest der Welt. In typischer Silicon-Valley-Manier gilt das nicht zwingend als schlecht: Wer die Welt verändern will, braucht eine Portion Arroganz, um sich das überhaupt zuzutrauen. Aber es ist eine ganz andere Arroganz als etwa die der Investmentbanker in Manhattan. Auch an der Wall Street haben sich lange viele der klügsten jungen Köpfe gesammelt. Doch in der testosterongetriebenen Atmosphäre der Handelsräume wird oft kein Hehl daraus gemacht, dass sich die Hedgefonds-Manager und Börsianer als Zentrum der Welt fühlen. Und dass die anderen 99 Prozent eben selbst schuld sind, wenn sie keinen Millionenbonus nach Hause bringen können. Weltverbesserer sind dort nicht zu finden.

Grundsätzlich stellt Google lieber Generalisten als Spezialisten ein: »Wer seine ganze Karriere lang das Gleiche gemacht hat, löst Probleme so wie immer statt mit einem ganz neuen Ansatz«, sagt Bock. Doch wer große Würfe will, darf keine Angst vor ebenso großen Fehlschlägen haben. Google arbeitet systematisch daran, »dem Scheitern das Stigma« zu nehmen. »Wir geben Mitarbeitern unlösbare Probleme, und dann schwitzen diese superklugen Leute darüber, werden wahnsinnig und wütend und scheitern. Aber danach wissen sie: Ich habe es nicht geschafft, und es war nicht das Ende der Welt.«

Solche Versuche, die Mitarbeiter zu erziehen, finden sich in vielen Bereichen – bis hin zu den Ernährungsgewohnheiten. Cola und Limonaden etwa sind in den Mikro-Küchen hinter Milchglasscheiben oder außer Reichweite platziert, damit eher zu Wasser oder Fruchtsäften gegriffen wird. Denn gesündere Mitarbeiter sind glücklichere Mitarbeiter. Der Konsum von Süßigkeiten ging um ein Drittel zurück, seitdem gesunde Snacks wie Obst auf Augenhöhe platziert sind, Schokoriegel und Chips dagegen in den unteren Regalen versteckt wurden. Rebelliert wurde jedoch, als versuchsweise der »fleischlose Montag« eingeführt wurde und es in allen Campus-Kantinen nur noch vegetarische Gerichte geben sollte.

Mit der Zeit haben die Personalentwickler gelernt, dass ein subtilerer Ansatz erfolgversprechender ist, wenn es darum geht, die Mitarbeiter zu etwas zu bewegen, das gut für sie ist. Statt etwa der Belegschaft einfach mitzuteilen, dass sie sich doch bitte alle ständig fortbilden und sich auch neue Fähigkeiten außerhalb ihrer Arbeitsexpertise aneignen sollten, wurde ein Programm namens Googler-to-Googler gestartet: Dabei bieten Mitarbeiter während des Arbeitstages Kurse aus allen denkbaren Bereichen für ihre Kollegen an, von Kickboxen über Mindfulness-Meditation bis hin zu Rhetorikseminaren. Tausende Mitarbeiter haben sich inzwischen als eine Art Volkshochschullehrer versucht, die Kurse sind immer gut besucht.

All die Anstrengungen von Bocks Abteilung zeigen erhebliche Wirkung. Es ist erstaunlich, wie viele Google-Mitarbeiter tatsächlich hochzufrieden mit ihrer Arbeit wirken. Die üblichen Beschwerden über unfähige Chefs, miese Personalpolitik, unfaire Behandlung, Langeweile und nervende Kollegen hört man von fast keinem Googler, auch nicht in privaten Runden hinter vorgehaltener Hand. Neuankömmlinge, insbesondere von anderen Großkonzernen, nicht selten zermürbt von innenpolitischen Rangeleien, sind oft erstaunt über das offene Klima und mit welcher Ernsthaftigkeit Personalentwicklung in Mountain View verfolgt wird. Das heißt nicht, dass jederzeit alles rundläuft, dass Bock den gesamten Konzern zu einem neuen Arbeiterparadies geformt hat. »Auch Google ist noch immer dysfunktional«, sagt der Personalchef. »Aber ich glaube zutiefst, dass Arbeit eine noch um so vieles bessere Erfahrung sein kann.«

Google ist ein Unternehmen, das von Ingenieuren geprägt ist und nicht von Betriebswirtschaftlern oder Verkäufern. Damit einher geht eine ausgeprägte Skepsis gegenüber reinen Managern. Die Informatiker, Maschinenbauer, Elektrotechniker haben es nicht gern, wenn ihnen reingeredet wird. Sie sind überzeugt, vieles unter sich ausmachen zu können. Das hat dazu geführt, dass die existierenden Hierarchien und Weisungsketten relativ subtil sind, dass »Chef-Gehabe« verpönt ist und schnell das Ende einer Karriere bedeuten kann. »Nach zwei Monaten bei Google wusste ich immer noch nicht genau, welchen Rang meine Kollegen haben«, sagt Daniel Holle, der Produktmanager von Android Auto. »Niemand spricht über Positionen, niemand macht zu Beginn eines Meetings erst mal klar: Ich bin hier der Wichtigste.« Es habe eine ganze Weile gedauert, um zu erkennen, wer Abteilungsleiter ist und vielleicht 20, 50 oder 100 Leute unter sich hat. »Niemand kommt da gleich arrogant um die Ecke und will etwas aus Prinzip nicht machen, weil er dafür zu wichtig ist«, so Holle. Dass selbst Top-Manager sich Detailaufgaben vornehmen und »nicht automatisch nach unten weitertreten«, habe ihn tief beeindruckt.

In so einem Umfeld sind auch die üblichen Statussymbole der Konzernwelt fehl am Platz: Vorzimmer mit Sekretärinnen, Mahagonischreibtische, bombastische Chefbüros, teure Kunst an den Wänden. Das Büro von Philipp Schindler etwa könnte unauffälliger kaum sein: Knapp 15 Quadratmeter in der Mitte eines langen Flures, ein Stehschreibtisch in der Ecke, vier Stühle um einen Konferenztisch, der wirkt wie eine Küchenanrichte von Ikea. An der Wand hängt eine alte Titelseite der »Bild«-Zeitung vom Tag nach dem Triumph der deutschen Mannschaft bei der Fußball-WM 2014. Schindler ist eine Art Chief Operating Officer für die geschäftliche Seite von Google, Chef von 8000 Mitarbeitern, verteilt über 60 Länder. Der Diplomkaufmann, hochgewachsen, mit schmalem Gesicht und dunklen Locken, hat früher für

Bertelsmann und AOL gearbeitet. Er war erst Deutschland-, später Europachef von Google, 2012 ging er nach Mountain View. Sein offizieller Titel lautet »Vice President of Global Sales & Operations«, aber dahinter verbergen sich viele Aufgaben, die teils nichts miteinander zu tun haben. Schindler leitet einerseits das Anzeigengeschäft und den Vertrieb, aber auch die weltweiten technischen Operationen und den Betrieb der Konsumprodukte. Wer etwa Probleme damit hat, seine Fotos hoch- oder eine App aus dem Play Store herunterzuladen, landet bei einem von Schindlers Teams.

Wenige haben deswegen einen so genauen Einblick in den Maschinenraum des täglichen Google-Betriebs wie der gebürtige Düsseldorfer. Und wenige denken so viel über Organisationsstrukturen und Managementprozesse nach: »Das beschäftigt mich den ganzen Tag, bestimmt einen großen Teil meiner Rolle«, sagt Schindler. Die wichtigste Erkenntnis, auf die konzernweit streng geachtet wird: Kleine Teams sind besser als große in dynamischen, sich ständig verändernden Umgebungen wie der Technologie-Industrie. Schindler spricht von »kleinen Zellen«, die ständig neu geformt und angepasst und durch die Gegend geschoben werden. Die Hierarchien flach und die Strukturen flexibel zu halten gibt Google gleichzeitig die Möglichkeit, schnell auf neue Produktentwicklungen zu reagieren und quasi aus dem Stand neue Abteilungen hochzufahren – oder auch wieder aufzulösen. Das Projekt Cardboard des Freiburger Robotik-Spezialisten Christian Plagemann etwa begann mit nicht einmal einer Handvoll Leuten. Als sich erste Erfolge abzeichneten, wurden innerhalb von Tagen Dutzende Forscher, Ingenieure und Projektmanager zusammengezogen. Innerhalb eines Jahres wurde Virtual Reality für Google zu einem neuen Schwerpunktthema mit entsprechendem Budget und Personal, ohne dass dafür zu irgendeinem Zeitpunkt Dutzende Anträge geschrieben werden mussten.

Auch deswegen stellt Google vorwiegend flexible Generalisten ein mit vielfältigen Fähigkeiten und ausgeprägtem Unternehmergeist. »Innerhalb weniger Jahre müssen die Leute vielleicht in fünf verschiedenen Rollen eingesetzt werden, die nichts damit zu tun haben, wofür sie ursprünglich eingestellt wurden«, sagt Schindler. Seit seinem Amtsantritt habe Page die Struktur des Unternehmens »dramatisch« verändert, vor allem durch den Fokus auf neue Geschäftsfelder abseits des Kerns. Flexibilität sei durch die vielen neuen Bereiche nun noch mehr gefordert. Er denke drei Mal darüber nach, eine hoch qualifizierte, aber spezialisierte Fachkraft an Bord zu holen: »Wer weiß schon, was die nächste Aufgabe ist, die ich der betreffenden Person geben muss?«

Page denkt wie ein Ingenieur, auch wenn es um Managementphilosophie geht. Google hat in den vergangenen Jahren einen strengen Prozess entwickelt, sich Geschäftsziele zu setzen. Der Prozess ist stark zahlenorientiert. Jedes Quartal werden für die einzelnen Abteilungen klare Vorgaben erarbeitet und den Teams eingetrichtert: Dieses Ziel muss erreicht werden, sucht die richtigen Leute zusammen und dann setzt es um. Aus den Abteilungen werden dabei zunächst eigene Ziele vorgelegt, aber Schindler legt in der Regel die Latte höher, sagt: »Ihr seid nicht ambitioniert genug. Ihr unterschätzt, was ihr erreichen könnt.«

Immer wieder prüft Schindler in seinem gesamten Verantwortungsgebiet, was er die Kontrollspanne nennt: die Ratio von Managern zu Mitarbeitern. Das Ziel sind so wenige Manager wie möglich, die jeweils über eine möglichst große Kontrollspanne verfügen, um eine flache und in die Breite gezogene Organisationsstruktur zu schaffen. »Ich will nicht wie Microsoft enden, die gefühlte 52 Ebenen haben«, betont Schindler. Google-intern gibt es immer wieder philosophische Debatten über die richtigen Kontrollspannen und die Tiefe von Führungsebenen. »Jeder hier weiß: Bring nicht zu viele Leute in einem Raum zusammen, um ein Problem zu lösen«, so Schindler. Wenn es ein Meeting gebe, bei dem es um wichtige Entscheidungen gehe, sich dann aber 20 Leute im Konferenzraum drängelten, sei klar, dass man ein »Matrix«-Problem habe: »Du hast zu viele Leute geschaffen, die das Gefühl haben, sie müssten beteiligt werden.« Dann sei es umgehend Zeit, die Strukturen zu verändern.

Diese Organisationsphilosophie ist jedoch mit zunehmender Größe des Konzerns immer schwerer aufrechtzuerhalten. Mit über 55 000 Mitarbeitern ist Google noch immer verhältnismäßig klein im Vergleich zu anderen Weltkonzernen wie etwa Siemens (knapp 350 000 Mitarbeiter) oder Boeing (über 160 000 Mitarbeiter). Aber Google hat bereits eine Größe erreicht, bei der tendenziell die Managementschichten schon alleine deshalb stark zunehmen, weil Beförderungsmöglichkeiten geschaffen werden müssen, weil es Aufstiegschancen geben muss. Schindler will diese Entwicklung jedoch mit allen Mitteln vermeiden und reißt deswegen immer wieder entstandene Verwaltungsebenen ein. »In der Sekunde, in der man diese kleinen beweglichen Strukturen aufgibt, setzt ein Nebeneffekt ein: Du verlierst deine unternehmerisch begabten Mitarbeiter.« Wenn man nichts gegen diese Abwanderung unternehme, blieben nach fünf bis zehn Jahren dann nur noch »die risikoscheuen Bürohengste« übrig.

Doch nicht nur Risikoscheu, auch ein Übermaß an Experimentierfreude kann für Schindler zum Problem werden. Die Ingenieurskultur von Google ist mitunter so unternehmungslustig, dass die geschäftlichen Aspekte schon mal unterzugehen drohen. Zu Beginn neuer Projekte hätten die Ingenieure meist »keinen Sinn für Monetarisierung«, für die Frage, wie sich wenigstens irgendwann einmal mit einer Idee Geld verdienen lässt. »Das ist ziemlich schräg«, sagt Schindler. »Ich kann mir den Mund fusselig reden, aber das kümmert die erst mal nicht.« Er lacht, allerdings ein wenig gequält. Dieses Primat der Ingenieure gegenüber den

Betriebswirtschaftlern bestimmt die innenpolitische Dynamik des Konzerns, beeinflusst stark, wie die Organisation strukturiert ist und geführt wird. Schindler muss mitunter Feingefühl beweisen, »den richtigen Moment abpassen«, wann er die Produktentwickler aufs Geldverdienen anspricht. In X-Projekte zum Beispiel mische er sich viel später ein, »weil ich denen natürlich nicht einfach sagen kann, wie sie mit Nanopartikeln im Blut Geld zu verdienen haben«. Ein paar Jahre könnten sie schon daran arbeiten, aber ab einem gewissen Punkt gilt für alle die gleiche Regel: Wenn die Kosten zu hoch werden, muss es ein Geschäftsmodell geben, weil man das Projekt sonst nicht skalieren, für den weltweiten Einsatz ausdehnen kann. »Dann komme ich um die Ecke und sage: Hey, wie wär's wenn wir damit auch Geld machen?«, so Schindler. Sein Monetarisierungsfokus liege deshalb vorerst vor allem auf den Kernbereichen, auf Googles Internetsuche, Android, YouTube, dem Netzwerk. Aber selbst im Kerngeschäft verlaufe zwischen der geschäftlichen Seite und den Ingenieuren eine Art Chinesische Mauer. »Die Jungs von der Suchmaschine reden quasi nie mit mir«, sagt Schindler. »Die sagen nur: Hau ab, wir wissen, dass wir irgendwie Geld verdienen, also quatsch uns nicht voll.«

Viele Investoren würden es lieber sehen, wenn Google seinen Monetarisierungsfokus erheblich ausweiten würde. Doch die Gründer haben schon immer klargemacht, dass sie an kurzfristigen Profiten nicht interessiert sind, und das hat sich auch mit der Amtsübernahme von Larry Page nicht geändert. Viel wichtiger sind den Gründern Überlegungen, wie der Konzern auch in 20 Jahren noch globalen Einfluss haben kann. Dieses Streben nach Langfristigkeit, nach Dominanz und Einfluss über Jahrzehnte treibt auch alle anderen Technologie-Riesen um, steht auch bei Apple und Facebook im Zentrum der strategischen

Debatten. Am Ende geht es dabei immer um die gleiche Frage: Wie kann man dem »Innovator's Dilemma« entgehen?

Das Schlagwort vom Innovator's Dilemma gehört schon seit den späten 1990er Jahren zur Folklore des Silicon Valley. Der Begriff stammt aus einem Buch des Harvard-Professors Clayton Christensen. Der Ökonom war der Frage nachgegangen, warum wirtschaftlicher Erfolg so schwer auf Dauer zu erhalten ist. Warum immer wieder selbst die größten und einflussreichsten Konzerne, die eben noch unangreifbar schienen, nur wenige Jahre später ins Mittelfeld abrutschen. Christensen argumentiert, dass großer Erfolg einen paradoxen Effekt hat: Langfristig schwächt er Unternehmen. Firmen mit der besten Technologie arbeiten logischerweise daran, diese noch besser zu machen, ihren Vorsprung weiter auszubauen. Doch dadurch vernachlässigen sie es, ganz neue Ideen zu entwickeln. Während sie versuchen, die Profite ihrer gut laufenden Produkte zu maximieren, wirken neue Projekte, neue Geschäftsfelder wenig verlockend. Die firmeninterne Bürokratie sträubt sich teils gezielt, teils aber auch unbewusst mit allen Mitteln dagegen, Ressourcen auf Innovationen zu verwenden. Warum, so dachte man etwa bei Microsoft, sollen wir mit viel Geld und Energie einen mobilen Computer entwickeln, wenn PCs so ein Bombengeschäft sind?

Christensen, ein Mormone mit deutschen Vorfahren, fasste seine Erkenntnisse schließlich in seinem 1997 erschienenen Buch »The Innovator's Dilemma: Warum etablierte Unternehmen den Wettbewerb um bahnbrechende Innovationen verlieren« zusammen. Darin prägte er auch den Begriff der »disruptiven Technologie«: die Fähigkeit, zukünftige Trends vorherzusehen und dafür die passende Technologie zu entwickeln, einen Markt zu schaffen, den es noch nicht gibt. Christensen stellte fest, dass firmeninterne Prozesse nicht in der Lage sind, mit diesen nur sporadisch auftretenden großen Technologieumwälzungen umzugehen: Die Methoden und Strukturen in den Konzernen sind lediglich darauf ausgelegt, immer wiederkehrende Probleme zu lösen. Kodak etwa hatte alle Mechanismen perfektioniert, um den Markt für Fotoprodukte zu beherrschen, scheiterte aber daran, auf die Bedrohung durch digitale Kameras angemessen zu reagieren.

In kürzester Zeit wurde die Analyse des Harvard-Professors zum Standardwerk, das jeder in der Technologie-Branche gelesen haben musste. Steve Jobs betonte, Christensens Werk habe ihn stark beeinflusst. Bill Gates lud den Wissenschaftler zu sich nach Hause ein. Michael Bloomberg verschenkte mehrere Dutzend Exemplare des Buches an Freunde. Der damalige Intel-Chef Andy Grove betonte, es sei das wichtigste Buch, das er in den vergangenen zehn Jahren gelesen habe. Sogar dem US-Verteidigungsminister und der amerikanischen Militärführung sollte der Ökonom erklären, wie sie es vermeiden könnten, von kleineren, schnelleren Einheiten wie Terrororganisationen ausgebootet zu werden.

Das Internet und die Digitalisierung tauchen im »Innovator's Dilemma« nicht als Phänomene auf. Aber die Silicon-Valley-Größen sind auch heute noch so auf Christensens Erkenntnisse fixiert, weil seine Analyse sich nicht auf vermeintlich lahme und verkrustete Industriekonzerne konzentrierte, sondern, wie er schreibt, auf »gut geführte Unternehmen, die sehr genau auf ihre Kunden achten, aggressiv in neue Technologien investieren und trotzdem ihre Marktmacht verlieren«. Christensen illustriert seine Erkenntnisse vor allem am Beispiel der Festplatte über sechs Entwicklungsgenerationen hinweg, von riesigen Mainframe-Computern bis hin zu transportablen externen Laufwerken. Nur zwei Mal in diesem Jahrzehnte andauernden Prozess blieb der Marktführer von einem Technologiesprung zum nächsten derselbe. Disruption brachte automatisch fast immer einen neuen Anführer – auch wenn die neuen Produkte, die neuen Technologien, anfangs unausgereift schienen und nur eine Randerscheinung im Markt waren. Tintenstrahldrucker etwa waren lange qualitativ schlechter und langsamer als Laserdrucker, eroberten aber am Ende durch Preis und Massenverbreitung den Markt. Für ein anderes Beispiel geht der Wirtschaftswissenschaftler bis in seine Kindheit in den 1950er Jahren zurück. Damals dominierten einige wenige Hersteller wie RCA den Radiomarkt mit großen Geräten und guter Tonqualität. Dann brachte Sony das tragbare Transistorradio heraus. Der Klang war schlecht, aber angesprochen wurde ein ganz neuer Kundenkreis: Teenager, die sich die teuren Wohnzimmergeräte nicht leisten konnten. Als die Transistorradios Jahre später immer besser wurden, waren die alten Marktführer, die sich weiter nur auf ihre Technologie konzentriert hatten, chancenlos.

Selbst die besten Unternehmen, so zeigt Christensen an verschiedenen Beispielen aus der Geschichte der Technologie-Industrie, seien darauf fixiert, ihre bestehenden Kunden und deren aktuelle Bedürfnisse zu befriedigen – nicht aber zu antizipieren, was die künftigen Bedürfnisse in fünf oder zehn Jahren sind. Daher auch das Dilemma der Innovatoren: Neue Entwicklungen helfen den Kunden nicht in der Gegenwart und werden deswegen zu wenig beachtet.

Aber wie lassen sich disruptive Entwicklungen rechtzeitig erkennen? Wenn es selbst den wichtigsten Tech-Riesen mitunter schwerfällt, eine Revolution von einem Flop zu unterscheiden? Wie soll man Märkte analysieren, die noch nicht existieren? Für Google ist das eine der drängendsten Fragen für die kommenden Jahre, wenn es gilt zu entscheiden, welche Moonshots, welche neuen Geschäftsfelder weiterverfolgt werden sollen – und welche Abteilungen eingestampft werden. Ist Google Glass ein Beispiel für einen Flop, oder handelt es sich bei der Datenbrille um eine disruptive Technologie, für die die Zeit einfach noch nicht gekommen ist?

Grundsätzlich folgt Google genau dem Ansatz, den auch Christensen als vielversprechendsten Weg aus dem Innovator's Dilemma vorschlägt: eine eigene, nur auf völlig neue Ideen ausgerichtete Geschäftseinheit, unabhängig von der restlichen Firmenstruktur anzulegen, eine Abteilung, die undogmatisch arbeitet, die auf die existierenden Kernprodukte keine Rücksicht nehmen muss und schnell aus Fehlern lernt. X ist letztlich eine Variante genau dieser Aspekte.

Wenn es um die langfristige Absicherung von Google geht, denkt Konzerngründer Page allerdings nicht nur in Geschäftseinheiten und Organisationsstrukturen, sondern vor allem ganzheitlich. Er will das Innovator's Dilemma grundlegender angehen: über die Firmenkultur. Google hat deswegen ein Programm gegründet, dessen Aufgabe es ist, allen rund 55 000 Mitarbeitern dabei zu helfen, stets innovativ zu denken, immer kreativ und risikobereit zu sein. Leiter des Programms ist ein aus Ravensburg stammender promovierter Wirtschaftspädagoge. Frederik G. Pferdt, fast immer gut aufgelegt und enthusiastisch, beschäftigt sich schon lange wissenschaftlich mit der Frage, was Erfindungsreichtum ausmacht und wie sich aus Menschen möglichst viel Kreativität herauskitzeln lässt. Pferdt lehrte unter anderem an der Stanford University, bis Google ihn 2010 zum »Head of Innovation and Creativity Programs« machte.

Innovation könne nicht auf Befehl von oben einfach erzwungen werden, sagt Pferdt, aber Unternehmen könnten eine Kultur und die passende Infrastruktur schaffen, damit ihre Mitarbeiter erfindungsreicher und kreativer sind. Die zentrale Voraussetzung dafür: Freiheit. »Zuerst muss dafür gesorgt sein, dass Mitarbeiter kreatives Selbstvertrauen entwickeln können. Und dazu braucht es Freiheit«, betont Pferdt. »Wenn ein Unternehmen seinen Angestellten größtmöglichen Freiraum verschafft, werden sie auf einmal Erstaunliches leisten. Aber viele Konzerne wollen oder können das nicht.« Was Pferdt mit Freiheit meint – selbständiges Entscheiden, flache Hierarchien, Ermessensspielraum und Experimentierfreudigkeit –, wird nur in den wenigsten Unternehmen wirklich gezielt gefördert. Eher im Gegenteil, oftmals werden die Handlungsoptionen der Mitarbeiter stark eingeschränkt: durch zu viele Hierarchieebenen, Entscheidungswirrwarr, Bürokratie und lange Befehlsketten. Und vor allem fehlt es oft an Transparenz. Diese aber ist in der Google-Welt unverzichtbar für ein Innovationskonzept, das intern als »rasende Kollaboration« bekannt ist: das schnelle Zusammenstellen von Teams, das Austauschen von Ideen, die abteilungsübergreifende Zusammenarbeit aus dem Stand heraus ohne lange Anlaufzeiten, bürokratischen Aufwand oder Kleinkriege untereinander. Dazu müssen Informationen sehr schnell und offen ausgetauscht werden. »Ich kann jederzeit einsehen, woran Kollegen arbeiten, habe Zugriff auf ihren Kalender und ihre Projektplanung«, sagt Pferdt. »Wenn alles für alle offen zugänglich ist, sich kein Machtwissen zurückhalten lässt, wird viel freier über neue Ideen oder Projekte diskutiert.« Abteilungen sollen nicht voneinander abgeschottet sein, nicht konkurrieren, sondern kooperieren. Und zwar freiwillig.

Pferdt hat dazu ein Workshopsystem entwickelt, das tausende von Mitarbeitern jedes Jahr mindestens einmal durchlaufen. Auch alle neuen Mitarbeiter werden möglichst gleich in der ersten Arbeitswoche durch eines dieser Trainingslager des Wirtschaftspädagogen geschleust, die sich CSI-Labs nennen, kurz für »Creative Skills for Innovation«. Jede Woche finden weltweit sieben oder acht solcher Workshops statt, an denen oft ganze Teams und Abteilungen gemeinsam teilnehmen. Dabei geht es wenig um Theorie, um eine akademische Betrachtung von Kreativität, sondern viel um Praxis, um Methoden und Prozesse, die an Beispielen erprobt werden. Jedes teilnehmende Team muss konkrete

Probleme lösen, entwickelt dazu im Laufe eines Workshops 80 bis 100 Ideen – und baut daraus 10 bis 20 Prototypen. Zu Anfang gibt es eine Reihe von Aufwärmübungen, um die richtige Einstellung zu finden, um frei zu sein für wilde Ideen, um Gedanken zu verbinden: »Ich helfe den Teilnehmern dabei, in ihre Kindheit zurückzukehren.« Pferdts Philosophie ist, dass jeder Mensch in seiner Jugend kreativ sei und entsprechend auch jeder als Erwachsener erfindungsreich sein kann. »Die Eigenschaften von Kindern sind denen von Innovatoren sehr ähnlich: Neugierde, alles sofort ausprobieren zu wollen, keine Grenzen zu sehen, zu versuchen, wilde Fantasien und Träume in die Realität umzusetzen.«

Pferdt, der oft in einem roten Ford Mustang Baujahr 1966 über den Google-Campus knattert, hat dazu auch eine Art großen Erwachsenenspielplatz entwickelt, genannt die »Garage«. An vielen Google-Standorten gibt es diese Mischung aus Werkstatt, Künstlerstudio und Industrielabor, wo Mitarbeiter, wann immer sie Zeit haben, an eigenen Ideen basteln können: Es gibt 3-D-Printer, Laserschneider und Oszillatoren, aber auch Knete und Buntstifte, »um die Distanz zwischen Idee und erstem Prototyp, so weit es geht, zu verringern«.

Pferdt ist überzeugt, dass Vertrauen unverzichtbar für Unternehmen ist, um schnell und schlagkräftig zu sein. »Wer etwas Großes, Neues entwickeln will, kann das nicht alleine, sondern muss sich auf andere verlassen können.« Die internen Studien aus Laszlo Bocks PiLab haben gezeigt, wie wichtig es für Mitarbeiter ist, Fehler machen zu dürfen, ohne dass diese sofort von Vorgesetzten oder Kollegen gegen einen verwendet werden. Allerdings lässt sich Vertrauen nicht auf Anweisung erzeugen, auch Machtspiele und interne Grabenkämpfe können in einem Unternehmen auf Dauer nur schwer verhindert werden.

Vertrauen muss den Mitarbeitern deswegen als Erstes von oben entgegengebracht werden, sagt Pferdt. Er verweist dabei auch auf

TGIF, kurz für »Thank God It's Friday«. So nennt sich die offene Fragestunde, die Larry Page und Sergey Brin am Ende jeder Woche für das ganze Unternehmen auf dem Campus abhalten. Außenposten des Konzerns werden per Videokonferenz hinzugeschaltet. (Wegen der Zeitverschiebung in den europäischen und asiatischen Niederlassungen findet die Veranstaltung trotz des Titels inzwischen donnerstags statt.) Jeder Mitarbeiter kann die beiden Konzerngründer auf der Bühne alles fragen. Die Themen werden vorher per Online-Abstimmung firmenweit ausgewählt, wobei sich oft jene durchsetzen, die von den Fragestellern am unterhaltsamsten aufbereitet wurden mit sogenannten GIF-Memes, oft ironischen oder schrägen, wenige Sekunden langen Kurz-Animationen. »Und das gegenseitige Vertrauen ist dabei so groß, dass vom Gesagten nie etwas nach draußen dringt«, sagt Pferdt.

Pferdts großes Ziel ist es, eine Art allgemeingültige Google-Sprache für Kreativität zu schaffen, um damit Ideen und Fortschritt in großem Tempo zu produzieren. Eine Methodologie zu etablieren, die alle im Konzern verstehen: »Wer die Google-Sprache spricht, weiß, dass neue Ideen und Projekte immer von der Seite des Nutzers, des Konsumenten her gedacht werden müssen. Um dann anschließend aber nicht wochenlang zu diskutieren, bis es eine Entscheidung gibt, sondern sofort einen Prototyp zu entwickeln, ein anfassbares Produkt zum Ausprobieren.« Pferdt lehnt sich dabei stark an einen der großen Modebegriffe der digitalen Innovationskultur des Silicon Valley an: Design Thinking. Der Begriff steht zugleich für einen Produktentwicklungsprozess wie auch für eine Managementphilosophie. Design Thinking wird als Arbeitsmethode genutzt und beschreibt einen systematischen Prozess in mehreren spezifischen Schritten, um zügig Produkte zu entwickeln, die stets von den Bedürfnissen der Nutzer her erdacht werden – im Gegenteil zu Ideen, die, wie lange üblich, am Reißbrett entworfen werden und vor allem der sofortigen Profitmaximierung dienen. Dieser Protoyp-getriebene und User-zentrierter Ansatz kann je nach Unternehmen unterschiedliche Formen annehmen, folgt aber meist ähnlichen Schritten: Zunächst geht es darum, »Empathie« mit dem Nutzer herzustellen, sich so weit wie möglich in den potenziellen Kunden hineinzudenken. Aus dieser Haltung heraus werden Fragen und Ziele definiert, für die dann in einem Brainstorming-Prozess ohne jegliche Grenzen kreative Lösungen gefunden werden sollen. Für die besten Ideen werden Prototypen gebaut – egal, ob schnell zusammengezimmert, programmiert oder geschweißt – und dann auch umgehend getestet. Das Feedback aus den Tests wird dann wieder in den Prozess gegeben, der von vorne beginnt.

Der Begriff Design Thinking als solcher ist nicht neu, lässt sich zurückverfolgen bis in die frühen 1970er Jahre. In den 1980er Jahren begann zunächst der Industriedesigner und Maschinenbauprofessor Rolf Faste an der Stanford University Design Thinking als eine Methode des kreativen Prozesses zu lehren. Später verfeinerte sein Stanford-Kollege David Kelley das Konzept und gründete die Design- und Innovationsberatungsfirma IDEO. Auch in Europa hat sich Design Thinking nach der Jahrtausendwende nicht zuletzt dank IDEO etabliert. Im Silicon Valley aber ist der Begriff zu einem prominenten Schlagwort geworden, dem man nicht mehr entgehen kann. Das liegt vor allem an der zentralen Rolle von Stanford. 2007 etablierte die Universität ein eigenes Programm für Design Thinking, die Stanford Design School, bekannt als D.School. Angestoßen und finanziert wurde das Projekt im Wesentlichen von Hasso Plattner, dem Mitgründer des deutschen Software-Riesen SAP. Plattner setzt schon lange besonders bei der Technologieentwicklung auf Design Thinking, schrieb sogar ein Buch zum Thema.

Viele Jungunternehmer im Silicon Valley setzen auf diese Methode, um Bedürfnisse aufzuspüren, die der Markt noch nicht bedient, und um Geschäftsmodelle und Produkte zu entwickeln, die durch ihre Nutzerfreundlichkeit schnell Massenverbreitung finden. Besonders bei Airbnb, der Tourismusplattform, die inzwischen hunderttausende Übernachtungsmöglichkeiten in fast 200 Ländern anbietet, führen die Gründer ihren globalen Erfolg nicht zuletzt auf Design Thinking zurück. So erzählt es Joe Gebbia, Mitgründer und Produktchef, bei einer Begegnung in der Airbnb-Zentrale in San Francisco. Gebbia träumte schon als Jugendlicher vom Silicon Valley, »von dieser Umgebung, die alle wilden und verrückten Ideen« unterstützt, aber er wollte nicht Informatiker werden, nicht programmieren. Er ging stattdessen an die Rhode Island School of Design, um Design Thinking zu lernen. »Im Kern geht es darum, so zu denken wie die Person, die deine Idee benutzen wird«, sagt Gebbia. Und dann nicht lange zu fackeln mit endlosen Meetings und monatelangen Planungen, sondern immer sofort zu entwerfen, Prototypen zu bauen, die Kunden testen zu lassen, zu verbessern. Das klingt simpel, aber der Unterschied zu dem, was andere Unternehmen tun, ist enorm, wenn es oft sechs Monate, ein Jahr dauert, bis am Ende ein Produkt auf den Markt kommt – das mitunter keiner mehr braucht. In den ersten Monaten nach dem Start von Airbnb übernachteten die drei Gründer immer wieder bei ihren ersten Kunden, gingen mit ihnen zusammen die Nutzung der Webseite durch, testeten gemeinsam, welche Funktionen eine Plattform zum Übernachten braucht. »Wir waren so nah dran, wie es nur geht, wir waren in ihren Köpfen«, sagt Gebbia.

Ausprobieren, testen, verbessern, neu bauen, alles, so schnell es geht, auf den Markt zu bringen, das ist einer der zentralen Pfeiler der Digitalwirtschaft. Wer zu langsam ist, wer seine Prozesse nicht auf Geschwindigkeit trimmt, hat von vornherein kaum eine Chance. Die Idee dabei ist, durch die immer neuen Prototypen und Feldversuche, die ständig auf den Markt geworfenen neuen

Versionen, so schnell wie möglich die Fehler eines Produkts oder eines Geschäftsmodells zu entdecken – und zu korrigieren. »Niemand scheitert gerne, aber je schneller ein Team Fehler macht, umso schneller lernt es, und umso schneller kommt der Erfolg«, sagt Googles Innovationschef Pferdt. Dabei sieht er auch die Verbindung zur kindlichen Leichtigkeit, die er den Google-Mitarbeitern vermitteln will: »Alle Eltern wissen, dass Kinder lernen, indem sie Fehler machen und sich nicht davon beirren lassen, wenn sie einmal vom Baum gefallen sind. Die wichtigste Lehre, die uns Kinder für eine erfolgreiche Innovationskultur erteilen können, ist, dass man keine Angst vor dem Scheitern haben darf.«

Regelmäßig reist Pferdt um die Welt, um seine Google-Sprache auch anderen Unternehmen beizubringen, die nach einer Wunderwaffe suchen, um schlagkräftiger zu werden. Was ist aus Google-Sicht der größte Fehler, den Unternehmen machen können, wenn sie innovativer sein wollen? »Sich genau diese Frage zu stellen«, sagt Pferdt. »Es muss nicht darüber nachgedacht werden, was es zu vermeiden gilt, sondern darüber, was zu tun ist.« Es dürfe erst einmal keine Rolle spielen, was in der Firma alles nicht klappt, was im Weg steht: »Vergiss das alles und sag stattdessen: Lass uns einfach mal hier anfangen und etwas ausprobieren und einfach sehen, ob das funktioniert.« Stattdessen aber trifft Pferdt immer wieder Vorstandsvorsitzende, »die sofort fünf, sechs Ausreden parat haben, warum sie nicht kreativer sein können, warum sie mit schnellen, ideenreichen Start-ups nicht mithalten können«. Am häufigsten hört der Google-Manager dann solche Sätze: Wir sind ein so traditionsreiches Unternehmen, und das müssen wir würdigen. Oder, der Klassiker: Das haben wir schon immer so gemacht. Andererseits hat Tradition aber auch Vorteile. Nicht alles, was neu ist, ist auch gut. Pferdt stimmt zu: »Ich empfehle solchen Unternehmen deswegen auch nicht, sich komplett umzukrempeln, sondern einfache Strategien zu finden, die sich schnell umsetzen lassen.« Der Clou dabei sei, dass die Grundlagen meistens nichts kosten: »Ambitionierte, große Ziele setzen, den Mitarbeitern die Freiheit geben, Ideen zu verwirklichen, eine Umgebung schaffen, die nicht ein ›Ja, aber‹, sondern ein ›Ja, und‹ in den Vordergrund stellt.« Pferdt meint damit nicht, eine Jasager-Kultur schaffen, sondern die Einstellung, erst einmal »Ja« zu einer Idee zu sagen und dann etwas zu ergänzen, auch Kritik. Um damit einem Team das Gefühl zu geben, gemeinsam eine Idee voranzutreiben. Die Forschung zeige, »dass in so einer positiven, optimistischen Umgebung viel mehr ausprobiert wird, dass viel mehr Ideen entstehen«.

Doch nicht jede Innovation ist automatisch gut. Die Atombombe war zwar ein technischer Fortschritt, wurde aber auch zur Gefahr für die ganze Menschheit. Und über vieles, was die digitale Revolution und auch Google hervorgebracht haben, lässt sich zumindest streiten. Muss es nicht Aufgabe der Innovationsausbilder sein, die Mitarbeiter auch zum Nachdenken über mögliche Schattenseiten ihrer Ideen anzuhalten? »Wenn man wirklich radikal Neues schafft, wird man automatisch mit ethischen Überlegungen konfrontiert«, sagt Pferdt. Das selbstfahrende Auto sei vielleicht das beste Beispiel, denn dazu brauche es neue Gesetze, und die Menschen müssten sich an ein ganz neues Modell der Mobilität gewöhnen. »Sich zu hinterfragen, was bedeutet das nun für die Gesellschaft, hilft am Ende dabei, ein besseres Produkt zu bauen und eine wirklich sinnvolle Innovation zu schaffen«, sagt Pferdt.

Doch muss nicht vielmehr vermieden werden, sich von vornherein in die falsche Richtung zu bewegen? Keine Ideen zu fördern, Produkte zu entwickeln, die entweder sinnlos oder die im schlimmsten Fall schädlich für das Unternehmen sind – sei es für die Geschäftsgrundlage oder für das Image? Der wichtigste Schritt, um das zu verhindern, glaubt Pferdt, sei es, ein klares, großes Ziel zu definieren: »Wenn man eine Mission vor Augen hat, die für möglichst viele Menschen hilfreich ist, dann hilft das auch dabei, in großen Bahnen zu denken. Und sich gleichzeitig sicher zu sein, das Richtige zu tun.« Google ist das sicherlich nicht immer gelungen. Der Innovationschef schränkt ein: »Man muss immer wieder die Richtung überprüfen und alles, was entwickelt wird, so schnell wie möglich in die Hände der Kunden geben, um zu sehen, wie sie darauf reagieren.« Nur so entstehe auch wirklich etwas Positives.

Weltbewegende Visionen sind für globale Internetkonzerne allerdings auch einfacher zu entwickeln als für einen Schraubenhersteller in Schwaben. Aber Pferdt will den Einwand nicht gelten lassen, nicht im Hinblick auf Kreativität und Erfindungsgeist. »Ich glaube, jedes Unternehmen kann sich fragen: Arbeiten wir an etwas, das sinnvoll ist? Können wir das besser?« Der Innovationschef ist überzeugt, dass die Google-Philosophie für jeden lernbar ist: »Selbst wenn man nur eine Nische bedient, kann man sich vornehmen, etwas zu schaffen, das für die Menschen von echtem Nutzen ist.«

7
Smartphones, Roboter und Autos: Ein Betriebssystem für die Welt

Google veranstaltet jedes Jahr im Frühsommer eine zweitägige Konferenz für Programmierer, Software-Entwickler und Partner im Kongresszentrum von San Francisco. Es gibt Workshops und Seminare und jede Menge technische Fachsimpeleien. Aber vor allem nutzt Google die Veranstaltung dazu, neue Projekte zu präsentieren, die dem Konzern besonders wichtig sind, symbolhaft für die Strategie der Zukunft. Als Highlight der Konferenz im Juni 2014 rollten Ingenieure ein aufgesägtes Auto auf die Bühne, sodass die tausenden Entwickler in der großen Halle einen Einblick in den Fahrzeuginnenraum bekamen. Dann stöpselten sie per USB-Kabel ein mit dem Google-Betriebssystem Android laufendes Handy in die Autoelektronik ein und führten vor, wie es aussieht, wenn das Armaturenbrett zum großen Smartphone-Interface wird: Google Maps übernimmt die Navigation, Musik wird über Online-Dienste wie Spotify gestreamt, E-Mails per Sprachsteuerung diktiert und vorgelesen. Android Auto soll zur Standardtechnologie werden, um das Smartphone mit dem Auto zu verbinden und die Fahrzeugsysteme zu ergänzen. Auf lange Sicht soll es diese wohl ganz ablösen.

Android ist bereits das meistgenutzte Betriebssystem der Welt für Smartphones. Über eine Milliarde Handys laufen mit der Google-Software, und die Zahl wächst beständig. 2016 werden rund 1,2 Milliarden neue Smartphone-Nutzer alleine in den sechs größten Entwicklungsnationen wie China und Brasilien hinzukommen, und die meisten werden ein Handy mit Google-Software nutzen: Innerhalb weniger Jahre eroberte Android 80 Prozent des Smartphone-Marktes, denn die Software läuft nicht nur auf den Handys eines Herstellers, wie das Apple-Betriebssystem iOS, das ausschließlich das iPhone antreibt. Mehr als 400 Hersteller von Samsung bis LG bedienen sich der Google-Technologie. Entsprechend ist Android ein sehr flexibles System, anpassungsfähig, hunderten Millionen Nutzern ebenso vertraut wie unzähligen Programmierern und Software-Entwicklern.

Für die Google-Führung war schon lange klar, dass Android nicht auf Handys beschränkt bleiben soll: Aus der Plattform für Smartphones soll eine Plattform für alle Geräte werden. Ein Betriebssystem für die Welt. »Es geht darum, Android auf möglichst viele andere Bildschirme zu bringen«, sagt Hiroshi Lockheimer, Chefingenieur von Android. Denn Bildschirme kontrollieren Geräte: Fernseher, Uhren, Thermostate, Fabrikroboter, Maschinen aller Art. »Wenn man sich in seinem Alltag umschaut, besteht die Welt immer mehr aus Bildschirmen«, sagt Lockheimer. Noch werden viele angetrieben von unterschiedlichsten Systemen, von Software, die nicht mit anderer Software kommunizieren kann, die mitunter zu technisch ist für den Konsumenten. Google will diese Welt der Bildschirme vereinheitlichen, die gleiche Benutzeroberfläche von einem Gerät in ähnlicher Form zum nächsten exportieren, etwa auf Fernseher mit Android TV oder auf digitale Uhren mit Android Wear.

Lockheimer ist einer der einflussreichsten Ingenieure von Google, er hat Android mitentwickelt und treibt nun wesentlich die Strategie für die Plattform voran. Lockheimer ist in Japan aufgewachsen, sein Nachname aber stammt von deutschen Vorfahren. In den 1990er Jahren kam er ins Silicon Valley, »das Hollywood der Tech-Industrie«, wie er sagt, um an Betriebssystemen zu arbeiten. Dabei lernte er auch Andy Rubin, den Erfinder von Android, kennen. Rubin hatte 2003 begonnen, an einem neuen

Betriebssystem für Handys zu arbeiten, mit dem Ziel, Hersteller und Mobilfunkanbieter als Partner zu gewinnen und ein eigenes Ökosystem aus Anwendungen aufzubauen. Aber 2005 ging Rubin das Geld aus, und auf der Suche nach neuen Unterstützern wurde der Ingenieur auch bei Google vorstellig. Page war schnell überzeugt von Rubins Plänen: Er entschied kurzerhand, Android samt seinen acht Mitarbeitern zu kaufen. Rubins Team behielt dabei zunächst volle Autonomie und tüftelte fast zweieinhalb Jahre im Stillen vor sich hin.

»Irgendwie war das Ganze ja eine verrückte Idee, für mich war keinesfalls absehbar, was für ein Riesending das am Ende alles werden würde«, sagt Lockheimer. Als Google 2005 Rubins kleines Start-up übernahm, waren damit keine großen Hoffnungen verbunden. Eric Schmidt, damals noch Vorstandschef, scherzte dann auch später, er habe die Übernahme beinahe gar nicht mitbekommen. Bis zu diesem Zeitpunkt hatte Google nur wenige Unternehmen gekauft – die meisten kleine Software-Hersteller, die zum Suchgeschäft passten. »Ich war total baff, als mich Rubin anrief und sagte, er sei nun bei Google«, erinnert sich Lockheimer. »Ich habe ihm gesagt, dass ich mich nicht für Suchmaschinen interessiere. Er hat nur geantwortet: Das hier wird dich aber interessieren.« Vor allem aber hatte Rubin mit Page einen Fürsprecher, der alle internen Zweifler ruhigstellte. Lockheimer fragt sich noch heute, wie Page die Weitsicht haben konnte, im großen Stil in ein Betriebssystem für Mobiltelefone zu investieren, obwohl Google bis dahin rein gar nichts mit Elektronik zu tun hatte: »Ich weiß nicht, ob Larry wirklich immer genau vorhersagen kann, was in zehn Jahren wichtig sein wird. Aber er denkt auf jeden Fall eine Menge darüber nach.«

Page machte intern schnell deutlich, dass er Android nicht für einen Zufallskauf hielt. Im Gegenteil, das kleine Start-up solle der zentrale Pfeiler einer neuen, großen Idee werden. Page plante, das Mobilfunkgeschäft auf den Kopf zu stellen, das bis dahin von wenigen, oft erstaunlich innovationsfeindlichen Anbietern dominiert wurde.

Zur gleichen Zeit hatte nur wenige Kilometer entfernt Steve Jobs die gleiche Idee. Während die Google-Ingenieure an Android schraubten, entwickelte Apple ebenfalls ein neues mobiles Betriebssystem: iOS. Allerdings verfolgte Apple dabei von Beginn an das Ziel, selbst Smartphones zu verkaufen: Das neue Betriebssystem war nur für Apple-Geräte gedacht. Google dagegen setzte genau auf das Gegenteil. Der Konzern wollte die Handys nicht selbst fabrizieren, sondern das sollten Partner tun, denen Google die Software zur Verfügung stellen würde. Android war geplant als Open Source, also als Software, die mit einer kostenlosen Lizenz bereitgestellt wird und mit der jeder, der will, arbeiten kann. Dabei wird den Herstellern überlassen, ihre eigenen Designänderungen vorzunehmen und individuelle Benutzeroberflächen zu entwickeln.

Deswegen ist heute auch der Marktanteil von Android so viel größer als der von iOS: Das Apple-System arbeitet eben nur mit einem Gerät. Andererseits verdient Apple an seinem geschlossenen Ökosystem weit besser. 2014 wurden 169 Millionen iPhones verkauft, lieferten damit im Geschäftsjahr 2014 über die Hälfte des Konzernumsatzes und machten Apple, gemessen am Börsenwert, zum wertvollsten Unternehmen der Welt. Zwischenzeitlich versuchte Google, diesem Geschäftsmodell zu folgen, und übernahm den Handyhersteller Motorola. Doch die Integration der Mobilfunkfirma scheiterte. Zwar bietet Google (in Kooperation mit anderen Herstellern) unter der Marke »Nexus« auch weiterhin Handys und Tablets an, aber Apple spielt mit iPhone und iPad in einer ganz anderen Liga. Wäre Google also besser beraten gewesen, sich gar nicht erst halbherzig als Hardware-Hersteller zu versuchen? »Wir wussten immer, dass wir kein Google-Handy bauen würden«, sagt Lockheimer. »Unser Kommerzialisierungs-modell setzte von Beginn an auf einen App-Store.« Das Ziel war also immer schon eine Plattform.

Das erste Android-Smartphone, gebaut von HTC, kam 2008 auf den Markt, fast ein Jahr nach dem iPhone. Seitdem aber hat sich das Google-Betriebssystem in atemberaubendem Tempo wei-terentwickelt. Anders als die design- und detailversessene Kon-kurrenz von Apple brachten die Android-Ingenieure zeitweise alle sechs Monate oder noch schneller eine neue Version des Betriebs-systems auf den Markt – stets benannt nach einer Süßigkeit. »Kitkat« etwa, »Ice Creme Sandwich« oder »Lollipop«. Mit die-ser schnellen Abfolge an Updates gab Google einen Rhythmus vor, wie er sonst nur bei Online-Software an der Tagesordnung war: ein Strom ständiger kleiner Verbesserungen statt einer gro-ßen Generalüberholung alle ein oder zwei Jahre. Dieses enorme Tempo hat inzwischen die gesamte Software-Industrie umge-krempelt. Egal ob Apple, Microsoft oder SAP: Kein Unterneh-men kann es sich mehr leisten, jahrelang keine Veränderung an seinen Produkten vorzunehmen. Die Nutzer sind es inzwischen gewohnt, dass ihre Apps kontinuierlich überholt werden. Wer sich mehr Zeit lässt, riskiert damit, sofort von einem schnelle-ren Konkurrenten überholt zu werden.

Am Betriebssystem selbst werden inzwischen weit weniger grund-legende Veränderungen vorgenommen. »Es geht vielmehr um die Anwendungen und Dienste«, sagt Lockheimer. Die Entwickler konzentrieren sich darauf, wie sie neue Funktionalitäten schaf-fen können für einen Mini-Computer, den alle ständig in der Tasche haben und der immer verbunden ist mit riesigen Rechen-zentren. So werden etwa Fitness-Anwendungen programmiert, die Gesundheitsdaten verarbeiten. Apps wie der Fahrdienst Uber seien dabei noch eine »vergleichsweise einfache Idee«. Mit der immer größeren Rechenkraft, mit immer klügeren Algorithmen werden nun jedes Jahr komplexere Ideen möglich, das Bezahlen per Fingerabdruck etwa. Lockheimer betont: »Wir achten darauf, in Technologien zu investieren, die es verschiedenen Geräten möglich machen, sich gegenseitig wahrzunehmen, miteinander zu agieren.« Welche Geräte auch immer das sein mögen und was sie können, sei zweitrangig: »Wir wissen aber, dass sie miteinander reden, Informationen austauschen können müssen.« Lockheimer denkt dabei vor allem an Alltagssituationen, in denen Anwendungen »dem Nutzer das Leben erleichtern« sollen. Wer etwa auf dem Weg zu einem neuen Restaurant sei, schaue sich oft zu Hause auf dem Laptop die Wegbeschreibung an, nur um das Ganze im Auto dann auf dem Smartphone noch mal zu machen oder die Adresse ins Navigationsgerät einzugeben. »Das ist doch viel zu umständlich«, sagt Lockheimer. »Sollte das, was man sich gerade schon zu Hause angeschaut hat, nicht gleich ins Auto übertragen werden?«

Autos spielen in der Android-Strategie von Google eine entscheidende Rolle, denn Smartphones können inzwischen fast das Gleiche wie die Multimedia-Systeme in den Armaturenbrettern – oft sogar besser. Für die Nutzer liegt deswegen der Vorteil auf der Hand, wenn sie einfach ihre Handys mit dem Auto verbinden können. Die wichtigsten Anwendungen wie Navigation, Musik und Kommunikation laufen dann einfach im Fahrzeug weiter.

Die Autokonzerne wissen, dass sie sich dieser Entwicklung nicht entziehen können: zu groß ist der Druck der Konsumenten, die eigene digitale Welt möglichst nahtlos in ihr Fahrzeug zu übertragen, zu weit hängen die Autosysteme den immer schnelleren Software-Fortschritten hinterher. Denn Automodelle sind oft noch über sechs Jahre lang auf dem Markt, neue Smartphone-Betriebssysteme kommen eher alle sechs Monate heraus. Die

Auto-Systeme sind deswegen schnell veraltet, können mit vielen digitalen Anwendungen und Neuerungen nichts anfangen und lassen sich nicht so einfach updaten wie Smartphones. Um die Digitalisierung des Autos voranzubringen, haben sich deswegen fast alle der 32 weltweiten Autohersteller mit Google, dem Chip-Fabrikanten Nvidia und dem Elektronikkonzern LG zur Open Automotive Alliance zusammengeschlossen.

Diese Partnerschaften zu pflegen und weiter auszubauen ist die Aufgabe von Daniel Holle, einem schlaksigen Bayern, der sich auch in vorherigen Jobs schon darum kümmerte, »neue Produkte von der Beta-Phase zur Marktreife zu führen«. Holle hat in Regensburg über Produktmanagement promoviert und sich dann bei verschiedenen Firmen damit befasst, »wie unterschiedliche Welten zusammengeführt werden können«. Google hat ihn von einem Start-up in Washington abgeworben. Das Team von Android Auto hat sich dann um ihn beworben, und Holle sagte zu. Denn so läuft das mit den Produktmanagern bei Google: Sie werden nicht für einen bestimmten Posten eingestellt, sondern kommen zunächst in einen Pool von Neueinstellungen, um die sich dann verschiedene Teams bemühen, indem sie ihre Projekte anpreisen.

Der deutsche Projektmanager ist nun auch dafür zuständig, immer mehr Software-Entwickler dafür zu gewinnen, Anwendungen speziell für die Auto-Umgebung zu entwickeln. Zunächst konzentriert sich Android Auto dabei noch auf die wichtigsten Anwendungen. Holle demonstriert das bei einer Testfahrt durch Mountain View mit einem silbernen Hyundai. Er schließt sein Nexus-Smartphone an, und sofort übernimmt die Android-Benutzeroberfläche den Bildschirm in der Mittelkonsole. Nachdem Holle die Navigation per Sprache aktiviert hat, fragt er das Wetter ab, ruft eine Musik-Playliste des Streamingdienstes Spotify auf und diktiert eine WhatsApp-Nachricht. Hyundai war der erste Hersteller, der Android Auto anbot. In den kommenden Jahren aber wird dann »der große Aufschlag« kommen, wie Holle es nennt, mit den meisten anderen Partnern aus der Auto Alliance. Die Bordcomputer und Lenkräder der neuen Modelle sind dann auf die Verbindung mit Android eingerichtet. In alten Autos funktioniert das System dagegen nur mit Zusatzgeräten.

Ursprünglich wollte Google noch schneller auf dem Markt sein, aber der Konzern hatte den Aufwand unterschätzt. Die erfolgsverwöhnten Software-Ingenieure mussten erst einmal lernen, dass ein Auto eben doch kein Smartphone ist. Der manchmal in Arroganz umschlagenden Übermütigkeit der Google-Strategen hat diese Erfahrung einen ordentlichen Dämpfer verpasst. Für jedes Fahrzeugmodell mussten die Google-Teams separat lernen, wie die Eingabekontrollen funktionieren, ob es Touchscreens oder andere Controller gibt und wie das alles mit der restlichen Elektronik des Autos zusammenhängt. Jedes Modell musste zunächst auseinandergenommen werden, damit Designer und Ingenieure Wege fanden, wie dem Fahrzeug Android übergestülpt werden konnte.

Die Eroberung des Autos könnte Google am Ende erheblich schwererfallen, als der Konzern sich das einmal gedacht hatte. Nicht zuletzt, weil sich der Konkurrenzkampf mit Apple auf diesem Gebiet fortsetzt, denn auch der iPhone-Hersteller hat sein Betriebssystem für Autos angepasst. CarPlay, so der Name des Apple-Systems, sieht zwar ganz anders aus, erfüllt aber dieselben Funktionen. Nach Schätzungen von Marktforschern werden bis 2020 rund 80 Millionen Fahrzeuge entweder mit Android Auto oder Apple CarPlay ausgestattet sein. Beide Konzerne betonen, dass ihr Auto-System vor allem unter Sicherheitsgesichtspunkten entwickelt wurde. Denn längst schreiben viele Autofahrer am Steuer nicht mehr nur SMS, sondern spielen mit allen möglichen Smartphone-Anwendungen herum. Laut einer Studie des US-Mobilfunk-Riesen AT&T aus dem Frühjahr 2015 nutzen 70 Prozent aller Autofahrer in den USA das Handy hinter dem Steuer für E-Mails, SMS und Surfen im Web. Wenn aber die Handy-Apps direkt ins Auto übertragen sind, »dann spielen die Leute hoffentlich nicht mehr beim Fahren mit ihrem Telefon«, sagt Holle.

Um eine neue Android-Bedienoberfläche zu entwickeln, die den Fahrer möglichst wenig vom Fahren ablenkt, hat Google extra ein Testlabor gebaut und Verkehrssicherheitsexperten eingestellt. Im Auto sieht Android deswegen ganz anders aus als auf dem Smartphone: Es gibt nur wenige Menüpunkte, und alle Symbole, die auf dem Touchscreen im Auto erscheinen, sind groß und leicht anzusteuern. Auch Apple hat sein Auto-System entsprechend angepasst und projiziert nicht einfach die iPhone-Bedienelemente auf das Armaturenbrett. Die Apps können zum einen über Schalter am Lenkrad bedient werden, die wichtigere Rolle spielt aber die Sprachsteuerung. Bei Google kommen hier auch wieder die Forschungen der Search-Ingenieure um Ben Gomes und die Deep-Learning-Methoden von Geoffrey Hinton zum Tragen. Zwar funktionieren die Spracheingaben noch nicht perfekt, aber sie sind gut genug, um etwa WhatsApp-Nachrichten diktieren zu können und die Antworten im Gegenzug von der Software vorgelesen zu bekommen.

Fraglich ist, wie lange die Autoindustrie überhaupt noch aufwendig eigene fahrzeuginterne Multimediasysteme entwickeln wird, wenn immer leistungsstärkere Smartphones das Gleiche für weniger Geld leisten können. Noch betonen die Hersteller, dass die fest installierten, hauseigenen Systeme stabiler liefen und besser auf das Auto abgestimmt seien. Zudem wolle man bei einem so zentralen Thema wie der Verkehrssicherheit und der potenziellen Ablenkung des Fahrers lieber selbst die Kontrolle über Optik und Funktionen im Fahrerraum behalten. Die erforderliche Software wird jedoch immer komplexer. Zwar haben die

Autohersteller großen Vorsprung und jahrzehntelange Erfahrung auf ihrer Seite, aber die Softwarekonzerne verfügen im Gegenzug über Programmierer und hunderte Millionen Kunden, die an ihre Benutzeroberfläche gewöhnt sind.

Doch letztlich sind Google und Apple auf die Kooperation mit den Autoherstellern angewiesen: CarPlay und Android können im Auto nur dann ihr volles Potenzial entfalten, wenn dafür in den Fahrzeugen die technischen Voraussetzungen geschaffen werden. Holle spricht deswegen von einer »tiefen Partnerschaft«, berichtet von vielen Meetings, um eine gemeinsame Strategie zu entwickeln, wie Smartphones und Fahrzeuge am besten zusammenzuführen sind. Auch die Auto-Branche hat nicht wirklich eine andere Wahl, als mit Google und Apple zusammenzuarbeiten: Die Autohersteller werden sich auf Dauer nicht dem Wunsch der Kunden widersetzen können, ihre Smartphone-Anwendungen auch am Steuer zu nutzen. Deswegen arbeiten manche Hersteller auch schon lange mit den Tech-Riesen zusammen. Audi etwa hat schon seit Jahren eine Google-Earth-App im Auto, und eine ganze Reihe Hersteller nutzen Google Maps. »Viele waren natürlich skeptisch, aber nun machen fast alle mit«, sagt Holle.

Trotz der von allen Seiten betont partnerschaftlichen Zusammenarbeit sind die Auto-Riesen höchst vorsichtig, inwieweit sie sich auf Google und Apple einlassen. Der Kampf um die Armaturenbretter ist letztlich auch ein Kampf um Nutzerdaten. Der Vormarsch ins Auto ist für die Softwarekonzerne eine einmalige Gelegenheit: Die Betriebssysteme geben ihnen einen direkten Einblick, wohin sich die Fahrer bewegen, wie sie navigieren, welche Dienste sie beim Fahren nutzen. Bei den Autoherstellern gibt es deswegen begründete Bedenken, dass die Softwarekonzerne diese Zusammenarbeit als Türöffner nutzen werden und am Ende auch einen wichtigen Teil der Wertschöpfungskette abgreifen wollen. Argwöhnisch wird deswegen verfolgt, welche zunehmend wichtige Rolle die digitalen Möglichkeiten für Käufer spielen. »Wir wollen sicherstellen, dass die Entscheidung, ein Auto für 40 000 Dollar zu kaufen, nicht auf der Grundlage eines 200-Dollar-Smartphones getroffen wird«, betonte etwa Ford-Vorstandsmitglied Raj Nair in einem Interview mit dem Technologie-Nachrichtenportal »Recode«.

Vorerst sollen Android und CarPlay deswegen eher komplementäre Angebote sein, ein Zusatzsystem zu den Fahrzeug-Bordcomputern. Die Hersteller können dabei auch ihre eigenen Apps entwickeln, die im Gegenzug mit auf dem Smartphone installiert werden. »Wir arbeiten aber auch an einem zweiten Produkt, bei dem wir den Autoherstellern dabei helfen, Android als Kern ihrer Plattform zu nutzen«, sagt Holle. Die Automarken würden dabei dann die Google-Software »unter der Haube als Betriebssystem nutzen« – allerdings ohne, dass dies nach außen sichtbar ist. Die Bedienung und das Design bleiben »ganz in der Kontrolle des Herstellers«.

Fest steht jedoch, dass die Hersteller nicht die alleinige Kontrolle über die Anwendungen behalten können, dass sie die Marken der digitalen Welt integrieren müssen. Facebook und Twitter, Musik-Streamingdienste, Podcasts – all das lässt sich nicht nachbauen. Auch für das Auto gilt, dass Android »nicht einfach ein Produkt ist, sondern eine Plattform für App-Entwickler«, so sagt es Holle. Für die Zukunft kann sich der deutsche Google-Manager Anwendungen vorstellen, die Reiseführer während der Fahrt vorlesen, basierend auf der Fahrtroute des Autos. Oder Parkplatz-Apps, die vorausschauend und automatisch einen Stellplatz reservieren, basierend auf Navigationsdaten oder Terminen im Kalender.

Schon jetzt verfolgen die Ingenieure in Gedankenspielen, was alles möglich ist, sobald sich die Daten aus den Auto-Sensoren mit den Daten aus den Apps zusammenführen lassen.

Google hat etwa 2013 die Verkehrsinformations-App Waze übernommen, die vor allem Staus und Unfälle anzeigt. Künftig könnte Waze dann etwa, sobald der Tank fast leer ist, anzeigen, wo es in der Umgebung das billigste Benzin gibt.

Auch die zweite neue Welt, die Android erobern soll, ist die Bastion einer alteingesessenen Industrie, die von der Digitalisierung grundlegend durchgeschüttelt wird: der Fernseher. Die Glotze hat sich längst gewandelt, vom einfachen Empfangsgerät zum Smart-TV: Auch in der schönen neuen Welt des Fernsehens gibt es immer mehr Apps, bestimmt die Software die Bedienung und das Angebot. Auch hier haben die Hersteller bislang ihre eigenen Betriebssysteme gebaut, manche besser, manche schlechter. Es ist eine zersplitterte Welt voller nicht kompatibler Lösungen. App-Entwickler hassen so etwas. Sei es Netflix, Facebook oder Maxdome: Sie alle müssen eigene Apps für all die unterschiedlichen Systeme entwerfen, wenn sie auf den TV-Bildschirm im Wohnzimmer wollen. Google dagegen will auch fürs Fernsehen eine einheitliche Plattform schaffen, Android TV. Seit dem Frühjahr 2015 laufen etwa alle neuen Smart-TVs von Sony mit dem Google-Betriebssystem. Die TV-Hersteller sparen es sich dadurch nicht nur, selbständig neue Software entwickeln zu müssen, sondern hoffen auch, Käufer von neuen Geräten mit einer einheitlichen Benutzeroberfläche locken zu können, die sie bereits von ihren Smartphones kennen.

Die dritte neue Welt hingegen, auf die sich die Android-Macher momentan konzentrieren, ist eine junge. Computer werden nicht nur immer leistungsfähiger, sondern auch immer kleiner. Dieser Trend zur Miniaturisierung wird in den kommenden Jahren die Gerätewelt völlig verändern. Das Smartphone war dabei nur der erste Schritt, der zweite werden Smartwatches sein, auf die bald noch viele weitere mögliche Varianten von am

Körper zu tragenden Mini-Computern, sogenannte Wearables, folgen werden. Diese neue Gerätekategorie braucht eine passende Benutzeroberfläche, was winzige Bildschirme oder ganz andere Interfaces sein könnten.

Vorerst haben Apple und Google sich für die neue Welt der tragbaren Computer auf das Handgelenk konzentriert, weil es dafür das größte natürliche Konsumenteninteresse gibt, sagt David Singleton, Projektleiter für Android Wear. Anfangs schnallten sich Google-Ingenieure dabei einfach Smartphones ans Handgelenk, um ein Gefühl dafür zu bekommen, wie anders die App-Welt aussehen muss, wenn das zur Verfügung stehende Gerät nur die Größe einer Uhr hat. Verschiedene Elektronikhersteller wie Samsung, LG und Motorola haben sich mit Android als Uhrmacher versucht und haben erste, allerdings noch stark verbesserungsbedürftige Wearables entwickelt. Die Apple Watch ist dagegen ansprechender in Funktion und Design. Diese Smartwatches messen den Puls, zeigen Textnachrichten und Termine an und können allerlei Kleinigkeiten, die es unnötig machen sollen, ständig das Handy aus der Tasche zu holen, weil sie auf einen Blick anzeigen, was wichtig ist. Apple hat dazu eigens eine neue Schrift entworfen, die auf einem so kleinen Bildschirm besser zu lesen ist. Google hat ein System von Karten entwickelt, die in Kurzform Informationen aus Apps wiedergeben.

Aber wie fast immer bei neuen Geräten der ersten Generation ist die Technologie noch nicht ausgereift. Die Uhren leisten bislang wenig, was das Smartphone nicht kann, und nichts davon besser. Ähnliche Kritik wurde allerdings auch anfangs über das iPad geäußert, und so war es im Grunde mit allen neuen Apple-Produkten im vergangenen Jahrzehnt: Die Skepsis war zunächst enorm, der Verkaufserfolg am Ende aber noch größer.

Wie auch schon die ersten Smartphones sind die ersten Smartwatches eher ein Versprechen auf die Zukunft, mit Anwendungen, die sie einsetzbar machen als ein am Körper tragbarer Mini-Computer, als direkter Übersetzer zwischen der digitalen und der echten Welt: Mit einer Bewegung des Handgelenks lassen sich dann vielleicht Hoteltüren öffnen, Rechnungen bezahlen, Gesundheitsdaten übertragen. Wear-Chef Singleton ist überzeugt, dass Wearables sich schnell zu einem neuen Standard entwickeln werden. Der Informatiker arbeitet schon seit vielen Jahren an mobilen Betriebssystemen und entwickelte unter anderem Symbian mit, die Software, mit der lange alle Nokia-Handys liefen: »Die ersten Smartphones, an denen ich ab 2001 gearbeitet habe, verkauften vielleicht 50 000 Exemplare.« Dagegen fühle sich der Fortschritt bei den Smartwatches an »wie eine Rakete«.

Bei der Apple Watch spielen die technischen Unzulänglichkeiten allerdings eine geringere Rolle als bei den Uhren, die mit Android angetrieben werden. Denn sie ist wohl noch mehr als alle anderen Apple-Produkte ein Designobjekt: Extrem detailliert verarbeitet, mit veredelten Materialien, wie sie sonst nur bei Luxus-Uhrenmarken zu finden sind. Es gibt Leder- und Metallarmbänder, zahllose Modellkombinationen, wobei das teuerste Modell aus 18-Karat-Gold 18 000 Euro kostet. Die Uhr, so wünscht es sich Apple, soll ein Fashion-Statement sein und den Konzern damit verstärkt nicht nur als Tech-Marke, sondern als Luxus- und Designermarke positionieren. Apple warb dazu gleich zwei Größen aus der Modewelt ab: Angela Ahrendts, zuvor Chefin des Modelabels Burberry, leitet nun die Apple-Läden, und Paul Deneve, Ex-Chef von Yves Saint Laurent, kümmert sich um Sonderprojekte.

Auch Google hat den Trend erkannt und versucht, die neue Computer-Kategorie entsprechend zu positionieren. Dazu hat der Konzern etwa eine Kooperation mit dem Luxus-Uhrenhersteller TAG Heuer vereinbart: Die Traditionsmarke entwickelt das Uhrengehäuse, Google liefert die digitale Technologie. Singleton betont aber, dass Smartwatches nur ein mögliches Produkt in einer ganzen Kategorie möglicher neuer Geräte sind und dass es den Google-Ingenieuren darum geht, eine »grundlegende Technikplattform« für tragbare Computer zu schaffen. Mittelfristig sollen deswegen »alle möglichen Formen und Größen« von Wearables auf den Markt kommen, soll »ein Ökosystem« von Computern entstehen, die sich auf verschiedene Art in unser Leben fügen. Singleton kann sich etwa intelligente Kopfhörer vorstellen oder auch Gürtel und Kleidungsstücke, die mit Sensoren durchsetzt sind. Die digitale Welt von morgen, glaubt Singleton, wird nicht um ein, zwei Geräte herum gebaut, um Laptop und Smartphone etwa. Vielmehr werden sich die Nutzer mit zahllosen intelligenten Geräten umgeben.

Schöne und bedienungsfreundliche Alltagsgeräte zu entwickeln ist das Lebensthema von Tony Fadell. Er hat lange bei Philips gearbeitet und für den niederländischen Konzern erste Mini-Computer entworfen. 2001 ging er zu Apple, entwickelte dort das grundsätzliche Konzept und das erste Design für den iPod, wurde zum engen Vertrauten von Steve Jobs. 2010 verließ Fadell Apple und gründete Nest Labs, sein eigenes Unternehmen. Nest hat bislang etwa ein schickes, neuartiges Thermostat, einen Rauchalarm und eine Web-Kamera entwickelt. Die Geschäfte gehen sehr gut. Anfang 2014 wurde Nest für rund 3,2 Milliarden Dollar von Google gekauft. Das ist ein enormer Preis, aber Google hat Fadells Firma nicht übernommen, weil die Produkte des Startups elegant und schön sind, sondern weil sie zu einer neuen Generation intelligenter Alltagsmaschinen gehören: Sie lernen, sie passen sich an, sie sind über das Internet steuerbar. Bald werden immer mehr Haushaltsprodukte so sein: smart und online. Bis 2020 werde es rund 28 Milliarden vernetzte Geräte geben, schätzt die Investmentbank Goldman Sachs.

Eine global vernetzte Welt der Sensoren und Maschinen, die

untereinander, mit Computern und mit uns kommunizieren, ist keine neue Idee. Seit Jahrzehnten stellen Tech-Unternehmen wie Microsoft und Haushaltsgeräte-Fabrikanten wie General Electric immer wieder Visionen des computerisierten Hauses vor, das auf simple Sprachbefehle hin die Waschmaschine einschaltet oder Türen öffnet. Selbst in Disneyland gab es schon in den 1950er Jahren ein Zukunftsland, in dem Essen auf Knopfdruck erscheint und die meisten Hausarbeiten von intelligenten Maschinen verrichtet werden. Das bekannteste Beispiel ist wohl der mitdenkende Kühlschrank, der automatisch erkennt, wann die Milch alle ist, und gleich eine Bestellung an den Roboter-Lieferservice des Supermarkts schickt.

Doch jetzt, mit immer kleineren Prozessoren, immer größeren Netzwerken und immer schnelleren, stabileren drahtlosen Internetverbindungen, dank der Cloud und Heeren von Sensoren, wird es tatsächlich nicht mehr lange dauern, bis jedes Gerät ein datenübertragender Computer sein kann. Diese neue vernetzte Maschinenwelt wird seit einiger Zeit zusammengefasst unter dem Oberbegriff »Internet der Dinge«.

Das von Fadell entwickelte Thermostat etwa erkennt, wenn niemand zu Hause ist, und dreht die Heizung herunter. Per Smartphone und App lässt sich inzwischen vieles im Haus steuern, die Möglichkeiten sind scheinbar endlos: Sensoren warnen, wenn ein Fenster offen steht, Geräte werden abgeschaltet, wenn die Wohnung verlassen ist.

Aber das Internet der Dinge ist am Ende weit mehr als lernende Heizungen im Einfamilienhaus. Es geht um intelligente Infrastruktur in den Städten, um »Smart Cities«, in denen Ampeln miteinander verbunden sind und Straßenlaternen sich automatisch dimmen. Um Maschinen in Fabriken, die mitteilen, dass sie gewartet werden müssen, und Sensoren, die den Salat auf dem Feld beobachten und vor Schädlingen oder Wasserknappheit warnen. Zwar gehen die Schätzungen, wie groß der Markt für das Internet der Dinge ist, auseinander – die Marktforscher von Gartner etwa gehen von einem Volumen von 300 Milliarden Dollar bis zum Ende des Jahrzehnts aus –, doch klar ist: Es geht um sehr viel Geld. Und alle wollen mitverdienen, seien es Technologiekonzerne, Telekommunikationsunternehmen oder Mischkonzerne wie Siemens und General Electric.

Page findet den Begriff Internet der Dinge »irgendwie daneben«, denn warum rede man nicht einfach nur vom Internet. Smartphones seien schließlich auch Dinge, und von denen gebe es schon Milliarden. »Für mich ist es völlig offensichtlich, dass das Internet in Dingen sein sollte und dass sie miteinander kommunizieren«, sagt Page. Lange sei es »erstaunlich schwer« gewesen, diese Verbindung mit dem Internet herzustellen, das werde sich nun aber schnell ändern. Nest sei bislang nur eine »frühe Version« der vernetzten Gerätewelt, die sich Page in einigen Jahren erhofft.

Aber noch ist das Internet der Dinge zerfasert, da auch hier einheitliche Standards fehlen. Zwar können im Haus vielleicht schon Heizung und Licht per Smartphone gesteuert werden, aber sie brauchen oft unterschiedliche Apps. Unternehmen steuern Maschinen in der einen Fabrik mit Software, die von den Sensoren in der nächsten Fabrik nicht verstanden wird. Wie zuvor schon in anderen Bereichen der Digitalisierung – etwa bei Videostandards – haben sich verschiedene Ökosysteme entwickelt, die nicht miteinander kompatibel sind. Auf mittlere Sicht wird der Markt das ändern, denn nur, wenn alle den gleichen Standard verwenden, können Industrie und Konsumenten die Möglichkeiten des Internets der Dinge voll ausschöpfen. Doch wer am Ende davon am meisten profitieren wird, ist noch offen: Samsung etwa hat eine Offensive gestartet, aber auch Apple hat große Pläne und stellte Entwicklern eine Software-Plattform namens HomeKit zur Verfügung, die zu einem zentralen Kontrollsystem für das iPhone wachsen soll, mit dem die gesamte digitale Welt gesteuert werden kann. Was also, wenn ein Unternehmen das alles verbinden kann: vernetzte Maschinen, Computer, die sehen und sprechen können, neue Formen von Fabrikrobotern, die mit einem einheitlichen System laufen und miteinander kommunizieren, dazu noch elegante Geräte für den Endkonsumenten? Es klingt nach dem Patentrezept für die Dominanz in der digitalisierten Welt.

Die 3,2 Milliarden Dollar, die Google für Nest zahlte, waren nur zum Teil für das Unternehmen selbst. Google hat nicht zuletzt auch Fadell gekauft. Die Nest-Übernahme war zu einem guten Teil das, was in der Branche »Acquihire« genannt wird: Zusammengesetzt aus den englischen Wörtern für Übernahme und Einstellung, »Acquisition« und »Hire«, steht das Schlagwort für Geschäfte, bei denen es darum geht, das Top-Management und wichtige Ingenieure einzukaufen. Rund 100 ehemalige Apple-Leute arbeiten bei Nest. Nach der Übernahme trat Larry Page dann auch vor den Nest-Mitarbeitern auf und bat sie, »einfach so weiterzuarbeiten wie bisher, aber so schnell, wie es geht.«

Im Hardware-Bereich hat Google die Apple-Infusion dringend nötig. Zu viele Produkte sind sang- und klanglos gescheitert – nicht weil die Ideen falsch waren oder es keinen Markt für sie gab, sondern weil sie schlecht umgesetzt und nicht zu Ende gedacht waren. Der Media-Player Nexus Q wurde zwar öffentlich präsentiert, aber noch vor Verkaufsstart eingestampft. Die Nexus-Tablets und Chromebooks werden wesentlich von Fremdherstellern produziert. Google Glass hat viele Millionen Dollar verschlungen und war immer noch weit davon entfernt, reif für den Massenmarkt zu sein. Die Benutzeroberfläche war mangelhaft und das Design hässlich. Apple hätte ein solch unfertiges, experimentelles Produkt niemals präsentiert.

Seit Anfang 2015 ist das Projekt Glass nun Fadell unterstellt, er soll einen Relaunch vorbereiten. Aber dabei wird es nicht bleiben: Der ehemalige Apple-Ingenieur soll wohl nach und nach die Kontrolle über immer mehr Hardware-Entwicklungen bei Google übernehmen, um ähnlich wie bei Apple Geräte und Software aus einem Guss zu liefern. Sicher ist, dass Fadell nicht einfach kluge Kühlschränke bauen wird. Er soll für Google eine Führungsposition im Internet der Dinge erkämpfen und dabei seine alte Heimat Apple auf Distanz halten. Er soll Strategien entwickeln, wie die vernetzte Zukunft aussehen kann. Android-Chef Lockheimer und Fadell arbeiten dabei eng zusammen. Lockheimer betont, dass es nicht darum gehe, ein gemeinsames globales Produkt zu entwickeln, denn Nest arbeite mit verschiedenen Betriebssystemen und Android mit vielen Thermostatfirmen. Es gehe vielmehr darum, eine Welt zu bauen, in der die vernetzten Maschinen und Sensoren möglichst alle die gleiche Sprache sprechen, sich verstehen. »Es gibt viele Bildschirme, die zwar nicht direkt mit Android laufen, die dann aber trotzdem in der Lage sein sollten, mit Android zu arbeiten«, sagt Lockheimer. Das Ziel ist eine integrierte, kompatible Online-Welt. Am gleichen Projekt arbeitet aber auch Fadells ehemaliger Arbeitgeber Apple.

Fadell, Vegetarier und Gesundheitsfanatiker, der jeden Tag um 5 Uhr joggen geht, war einst enger Vertrauter von Steve Jobs, nun zählt er zum inneren Zirkel um Larry Page. Er ist bislang der Einzige, dem es gelungen ist, bei beiden Silicon-Valley-Riesen eine zentrale Rolle zu spielen. Wenn Fadell über die digitale Zukunft nachdenkt, hört sich das so an: »Wir werden das Internet nicht mehr aufsuchen müssen. Es wird uns finden. Überall um uns herum wird nichts als Netz sein.« Für Fadell gleicht das Internet von heute einer Bibliothek mit einem riesigen Informationsschatz, den man aktiv durchsuchen muss. Künftig soll das Internet jedoch ständig präsent sein und »unsere Intelligenz erweitern«, indem eine Maschinenintelligenz ständig Massen von Daten in Informationen verwandelt »und uns dadurch hilft, bessere Entscheidungen zu treffen«. Zum Beispiel indem das Smartphone davor warnt, dass die beiden Arzneimittel, die man gerade gekauft hat, nicht miteinander verträglich sind. Auf dem Weg zu diesem alles durchdringenden Internet soll aber die ganze Welt online sein: Erst die Menschen, dank Projekten wie Loon. Dann die Maschinen. In einem Essay für das »Wall Street Journal« schrieb Fadell: »In der nicht allzu fernen Zukunft ist die Frage nicht mehr, welche Geräte vernetzt sind, sondern welche es nicht sind.«

Doch so komfortabel diese Zukunft einerseits klingen mag, so groß sind andererseits auch die Probleme, die sie bringen kann. In einer so eng vernetzten Welt können Sicherheitslücken katastrophale Folgen für die Infrastruktur haben. Was etwa, wenn Cyber-Attacken in die Systeme von Öl- und Gasproduzenten vordringen und die Kontrolle über die Förderung und den Transport übernehmen? Das Bundesamt für Sicherheit in der Informationstechnik weist in seinem Jahresbericht 2014 etwa auf einen Fall hin, bei dem Angreifer mittels trickreicher Techniken »initialen Zugriff auf das Büronetz« eines Stahlwerks erlangten und sich bis in die Produktionsnetze vorarbeiteten. Die Folgen: »Es häuften sich Ausfälle einzelner Steuerungskomponenten oder ganzer Anlagen. Die Ausfälle führten dazu, dass ein Hochofen nicht geregelt heruntergefahren werden konnte und sich in einem undefinierten Zustand befand. Die Folge waren massive Beschädigungen der Anlage.«

Google ist sich solcher Gefahren natürlich bewusst. Seine Abteilungen Nest, Android und Chrom arbeiten deswegen mit Hochdruck daran, das Betriebssystem für das Internet der Dinge möglichst sicher zu machen. So haben sie etwa eine Software namens Brillo entwickelt, die das Internet der Dinge antreiben soll, sowie eine Programmiersprache namens Weave, um die Plattform-übergreifende Kommunikation zwischen Smartphones, Geräten und der Cloud möglichst reibungslos zu machen.

Immer mehr ist Google bemüht, ein eigenes Ökosystem von Apps zu schaffen, das seine Milliarden von Nutzern auch jenseits der Suchmaschine in der Google-Welt halten soll. Dabei versucht der Konzern, seine große Stärke auszuspielen: maschinelles Lernen und Datenverarbeitung. Google Photo etwa sortiert den durch das Smartphone täglich wachsenden Fotoberg automatisch nach Personen, Orten, und Dingen: Die Algorithmen erkennen etwa Frau und Kinder eines Nutzers und gruppieren alle Bilder von ihnen. Genauso auch alle Fotos von Strandurlauben oder Radausflügen – ohne dass die Bilder dabei vom Nutzer per Hand gekennzeichnet werden müssen.

Dazu bietet der Tech-Riese kostenlosen Speicherplatz für Dokumente und Dateien aller Art, einen Videotelefonie-Service ähnlich wie Skype, Textverarbeitung und einen Kalender. Da alle Anwendungen onlinebasiert sind und über die Cloud laufen, können sie von überall mit verschiedenen Geräten genutzt werden – kostenlos und ohne Software herunterzuladen. Dokumente, Dateien und Termine können ganz einfach mit anderen Nutzern, Kollegen etwa oder Familienmitgliedern, geteilt werden. Diese Entwicklung macht vor allem Microsoft schwer zu schaffen.

Aus dem gleichen Gedanken heraus hat Google bereits 2008 auch einen eigenen Internetbrowser, Chrome, entwickelt. Das Kalkül: Je schneller und sicherer ein Browser ist, umso mehr Zeit verbringen Nutzer im Internet. Und umso mehr nutzen sie auch die Google-Anwendungen, die sich in den hauseigenen Browser natürlich nahtlos integrieren lassen. Google investierte deswegen Millionen Dollar in die Entwicklung und Verbreitung von Chrome, obwohl es mit dem Internet-Explorer von Microsoft, Safari von Apple und Firefox von Mozilla bereits reichlich etablierte Konkurrenz gab. Trotzdem ist es Google gelungen, den nach Meinung der meisten Experten besten Browser zu entwickeln – und sich damit dann auch weltweit durchzusetzen. Im Februar 2015 hatte Chrome einen globalen Marktanteil von über 50 Prozent bei Desktop-Computern.

Weit weniger erfolgreich agiert der Konzern dagegen mit seinem Versuch, eine elektronische Geldbörse zu entwickeln. Seit Jahren sind sich die Silicon-Valley-Konzerne, aber auch Teile der Finanzindustrie, einig, dass die Digitalisierung und vor allem die Smartphone-Revolution zwangsweise auch den Zahlungsverkehr erobern werden. Zwar gibt es schon lange internetbasierte Zahlungsdienste wie PayPal, aber den Digitalstrategen schwebt Größeres vor: Sie wollen das Bargeld und alle Bank- und Visakarten durch die Zahlung per App ersetzen. Das Smartphone soll zur Geldbörse werden. Google hat mittlerweile hunderte Millionen Dollar in das Projekt investiert, ohne jedoch nennenswert Kunden gewinnen zu können. Im Sommer 2015 wurde nun AndroidPay vorgestellt, ein neuer Versuch, das Bezahlen zu digitalisieren.

Auch Apple hat mit ApplePay ein eigenes System für die sogenannten »mobile payments«, also das mobile Bezahlen, entwickelt und versucht nun Läden und Handelsketten davon zu überzeugen, dass an ihren Kassensystem einfach mit dem iPhone oder der Apple Watch gezahlt werden kann. Apple ist damit erfolgreicher als Google, doch auch dieses Projekt kommt nur langsam voran. PayPal, der von Peter Thiel bereits Ende der 1990er Jahre entwickelte und später von eBay geschluckte Online-Bezahldienst, hatte ebenfalls globale Visionen, die jedoch zuletzt in sich zusammenfielen. Aufgeben werden die Web-Riesen trotzdem nicht. Zu verlockend ist die Chance, mit den bereits hinterlegten Kredit- und Bankkarten von hunderten Millionen Kunden eine neue Dienstleistung zu bauen, die die mobilen Endgeräte wie Smartphone und Wearables und andere Dienstleistungen noch unentbehrlicher machen würden. Zudem verspricht der Zugang zu den Transaktionsdaten und Zahlungsinformationen der Käufer im stationären Handel auch Unmengen von Daten über das Einkaufsverhalten. Kombiniert mit den Informationen, die zum Konsumverhalten im Internet gesammelt werden, hätten die Online-Riesen einen immensen Informationsschatz, der sich entsprechend monetarisieren und vermarkten ließe. Die virtuelle Geldbörse ist deswegen ein Paradebeispiel für die Strategie der Digitalkonzerne: Dienstleistungen zu entwickeln, die das Leben leichter, effizienter, günstiger machen, und diese oft kostenlos oder äußerst günstig anzubieten, um globale Verbreitung zu erreichen. Im Gegenzug aber werden die Informationen, die Daten eingesammelt, mit denen die Geschäftsmodelle getrieben werden. All das ist kein Geheimnis: Der Konsument muss selbst abschätzen, ob er diesen Tausch will – und meistens will er das. Im Fall von »mobile payments«, also dem Bezahlen mit mobilen Geräten, ist aber offenbar die Angst, zum »gläsernen Kunden« zu werden, größer als der Wunsch, das Portemonnaie zu Hause zu lassen. Zumindest bislang noch.

Trotz dieser Rückschläge wird Google nicht müde, sich neue Wege auszudenken, wie sich der Zahlungsverkehr mit Online-Instrumenten verbessern lässt. So arbeitet der Konzern etwa an einem Projekt unter dem Codenamen Pony Express, das künftig ermöglichen soll, Rechnungen direkt aus Googles E-Mail-Dienst Gmail heraus zu bezahlen. Per Mail eingehende Forderungen wie Strom- oder Handyrechnungen sollen automatisch erkannt und mit einer Zahlungsfunktion angezeigt werden. Dazu muss vom Nutzer nur vorher eine Kreditkarte oder Bankverbindung hinterlegt werden.

Generell macht sich Larry Page ständig Gedanken, wie der Konzern noch mehr Funktionen aus Gmail herausholen kann. Der E-Mail-Dienst mit über 900 Millionen Nutzern ist für

Google ein einträgliches Geschäft und zentral für neue Projekte wie den digitalen Assistenten. Aber Page glaubt, dass es Zeit ist, nach neuen Möglichkeiten für die 2004 entwickelte Anwendung zu suchen – und für E-Mail überhaupt. 2013 beauftragte er deswegen die Gmail-Abteilungsleitung, neu nachzudenken und einen Kommunikationsservice für das kommende Jahrzehnt zu entwickeln. Dieser rundum erneuerte Mail-Service soll noch stärker auf das Smartphone ausgerichtet sein und soll dem Nutzer dabei helfen, seinen überlaufenden Posteingang besser unter Kontrolle zu halten, er soll intelligent sein und dem Nutzer Aufgaben abnehmen.

»Larry hat uns gesagt: Jungs, haut den Reset-Knopf, fangt ganz frisch an«, sagt Alex Gawley. Der Engländer ist der Produktchef von Gmail. Gawley, mit rotbraunem Haar, Dreitagebart und meist unterwegs in Wandersandalen ohne Socken, arbeitet seit 2006 für Google. Er sagt: »Das ganze Leben läuft quasi durch den E-Mail-Eingang, und die bisherigen Instrumente helfen dem Nutzer nicht wirklich dabei, die wachsende Komplexität zu managen.« Bislang sei der Posteingang nicht viel mehr als ein Inhaltsverzeichnis, aber stattdessen brauche man eine schnelle Übersicht, was mit den Nachrichten zu tun ist: Was zu bearbeiten ist, worauf sofort zu antworten ist, was später erledigt werden kann. Gawley und sein Team haben deswegen parallel zu Gmail fast zwei Jahre lang an Inbox, einer neuen E-Mail-Anwendung, gebastelt, die seit Herbst 2014 von einigen Millionen Nutzern getestet wird. Die Software sortiert dabei alle eingehenden E-Mails in Kategorien vor, etwa nach Newslettern, Social Media oder Finanzen. Dazu können eigene Kategorien angelegt werden, das System filtert dann alle dazu passenden Absender heraus. E-Mails, die bearbeitet wurden, können einfach per Klick abgehakt werden – sie werden dann nicht gelöscht, verschwinden aber aus dem Sichtfeld. Adressen werden automatisch in einen

Ausschnitt aus Google Maps umgewandelt, Flugtickets werden als Reiseverbindungen angezeigt – inklusive Verspätungsstatus.

Das Gmail-Team hat dazu immer wieder Feldstudien bei Nutzern durchgeführt, um herauszufinden, wie sie ihr E-Mail-Programm auf verschiedenen Geräten nutzen und welche Funktionen sie vermissen. Dabei ist den Marktforschern unter anderem aufgefallen, dass an vielen Computern zahllose bunte Notizzettel kleben, die an dringende Aufgaben erinnern sollen. »Ich habe sogar eine Frau getroffen, die sich Zettel auf ihr Smartphone klebt«, erzählt Gawley. Inbox hat deswegen an prominenter Stelle, oberhalb des Posteingangs, eine Notizfunktion, die auf Termine und Aufgaben aufmerksam macht.

Gawley sagt, dass es »manchmal beängstigend« sei, ein Produkt wie Gmail mit hunderten Millionen von Nutzern zu verantworten, dass die Verantwortung schwer wiege. Zwar betont Gawley, dass er keine Hass-Mails bekommt, aber Gmail stand in den vergangenen Jahren immer wieder im Zentrum verschiedener Kontroversen, seitdem bekannt wurde, dass Google den Inhalt aller E-Mails scannt: zum einen, um Spam zu filtern, zum anderen, um aus den E-Mails passende Anzeigen abzuleiten. Das Mitlesen der Mails durch Maschinen, die Analyse der E-Mail-Inhalte wird immer wichtiger, nicht nur für Google, sondern für alle Anbieter. Denn nur so können Apps wie Inbox den Posteingang vorsortieren, können digitale Assistenten wie Google Now, Siri und Cortana funktionieren.

Gawley sagt, dass deswegen Vertrauen unverzichtbar sei, dass eine seiner wichtigsten Aufgaben sein müsse, die Nutzer zu überzeugen, »dass wir Datenschutz und Sicherheit extrem ernst nehmen«. Wenn man bedenke, »welche wichtigen und persönlichen Informationen durch dieses System laufen, kann das ja gar nicht anders sein«. Doch Gmail ist für Google natürlich ein Geschäftsmodell. Ist es da nicht legitim, dass Kritiker sich fragen, wie

ernst es Google meint mit all seinen Versprechungen von sicheren Daten und Vertrauen? »Jeder kann natürlich eine Meinung
haben«, so Gawley, »aber alles, was ich tun kann, ist, sicherzustellen, dass wir wirklich so arbeiten, mit ehrlichen Absichten,
mit dem Ziel, den Nutzern das bestmögliche Produkt zu liefern.«

In Zukunft wird sich der Produktchef von Gmail dabei auch
mit der wachsenden Bedeutung von Messengern auseinandersetzen müssen. Sei es WhatsApp oder der Facebook Messenger:
Inzwischen nehmen die Smartphone-basierten Kommunikati-
onsprogramme viele Funktionen wahr, die früher über E-Mail liefen. Noch seien E-Mail und Messenger zwei verschiedene Kom-
munikationswelten, sagt Gawley, aber er will nicht ausschließen,
dass der E-Mail-Posteingang auch irgendwann Messenger-Nach-
richten anzeigt.

Welche Funktionen genau in fünf oder zehn Jahren wichtig
sind für den Kommunikationsservice der Zukunft, sei schwer
vorherzusehen, sagt Gawley. Sicher sei nur: Es muss ein intel-
ligentes System sein, eine kluge Software, die sich »durch den
wachsenden Informationsschwall wühlt, damit wir es nicht selbst
tun müssen«.

So ist es mit fast allen großen Entwicklungen, an denen Google
arbeitet: Die sich rasant entwickelnden technologischen Grundlagen versprechen in jedem Fall Fortschritt, aber wo genau die
Reise hingeht, ist selbst für die besten Fachleute schwer vorherzusehen. Page antwortet auf Fragen nach Zukunftsprognosen,
egal für welchen Bereich, fast immer mit dem gleichen Satz: »Es
ist noch früh.« Für alle Technologiekonzerne stellt sich immer
wieder die Frage, in welchem Bereich sie ihre Ressourcen konzentrieren sollen, wenn die Zukunft nur schemenhaft zu erkennen ist. Klar ist nur, dass keines der Unternehmen sich auf dem
falschen Fuß erwischen lassen will, wenn irgendwo ein Sprung,

ein großer Durchbruch passiert, wenn das berüchtigte »next big thing« ansteht. Die Wucht der Smartphone-Revolution hat auch im Silicon Valley viele überrascht. Bei der nächsten großen Weiterentwicklung der Informationstechnologie wollen nun alle von Anfang an dabei sein.

Eine wachsende Fraktion im Silicon Valley glaubt, dass virtuelle Realität (VR) diese nächste Evolutionsstufe der Digitalisierung sein könnte. Allen voran Facebook-Chef Mark Zuckerberg, der zwei Milliarden Dollar in das Start-up Oculus investiert hat, das eine VR-Brille entwickelt hat. Auch Microsoft arbeitet bereits an einer »Holo-Lens«, mit der sich in virtuelle Welten abtauchen lässt.

Das Konzept der virtuellen Realität ist alles andere als neu, es geistert schon seit Jahrzehnten durch Informatik und Literatur: eine computergenerierte Welt, die sich fast genauso anfühlt wie die Realität, in die sich durch 3-D-Simulationen tief eintauchen lässt. Die technischen Möglichkeiten blieben allerdings stets hinter den Visionen zurück, bis die Fortschritte in der Informatik nun endlich große Sprünge möglich machen.

Auch Google investiert inzwischen massiv in virtuelle Realität, verfolgt aber einen anderen Ansatz als Oculus oder Microsoft. Statt aufwendiger Datenbrillen hat der Konzern sich für die billigstmögliche Variante entschieden: Die VR-Brille von Google ist aus Pappe – und dient vor allem als Gestell, in das einfach jedes handelsübliche Smartphone gesteckt werden kann. Billige Plastiklinsen wandeln dann die auf dem Smartphone-Bildschirm abgespielten Inhalte in 3-D-Bilder um, die eigentliche Arbeit verrichtet eine Software-Anwendung. Wer sich die Pappkonstruktion mit angeschlossenem Kopfhörer auf die Nase setzt, kann sich etwa durch ein Flüchtlingslager im Nahen Osten bewegen oder durch ein Basislager für Bergsteiger im Himalaja. Sensoren im Smartphone verfolgen, wenn sich der Kopf bewegt, und verändern entsprechend die Perspektive. »Wir wollen VR der ganzen Welt so billig wie möglich zugänglich machen, weil man virtuelle Realität nur versteht, wenn man sie selbst erlebt hat«, sagt Christian Plagemann. Er hat bei Google die technische Leitung der VR-Forschungen inne und entwickelte das Papp-Projekt namens Cardboard wesentlich mit. Plagemann ist Experte für Robotik und Computer Vision, er promovierte in Freiburg und forschte in Stanford an künstlicher Intelligenz, arbeitete gemeinsam mit Sebastian Thrun am selbstfahrenden Auto. Danach gründete er ein Start-up, das von Google gekauft wurde. Plagemann, über 1,90 Meter groß und schwer aus der Ruhe zu bringen, versteht sich als Grundlagenforscher. Bei Google gibt es keine starre Forschungsstruktur, sondern mehrere sich ergänzende Modelle: große Abteilungen, die mit riesigem Budget in kurzer Zeit tiefgreifende Veränderungen bewirken sollen, akademische Gruppen, die sehr theoretisch arbeiten, und kleine, themenspezifische Fach-Laboratorien, die »mehr wie ein Start-up« arbeiten. Bevor Plagemann sich auf das VR-Projekt konzentrierte, hat er ein solches Google-Forschungslabor geleitet, um die »Computing-Modelle der Zukunft« zu entwickeln. »Wir suchen nach Wegen, mit technischen Geräten intuitiver umzugehen, so dass der Mensch nicht nur ein Knopfdrücker ist«, sagt der Informatiker. Mit der Absicht, von Tastatur, Maus und Touchscreen wegzukommen, hin zu »natürlicherer Bedienung«. Im Kern liegt genau darin auch die große Verlockung der virtuellen Realität: sich intuitiv durch die künstlichen Computerwelten zu bewegen, die Verknüpfung zwischen Mensch und Technologie noch weit enger zu machen. »Das Ziel ist, in einigen Jahren die Realität genauso lebensecht abzubilden, wie sie ist«, sagt Plagemann. Mit Geräuschen, die lauter werden, wenn man sich in der virtuellen Welt in eine Richtung bewegt, mit klaren Bildern, die wirken, als schaue man durch ein Fenster.

Die Bemühungen und Forschungen von Google zur virtuellen Realität gehen weit über das Projekt Cardboard hinaus. Das VR-Team belegt ein eigenes Gebäude auf dem Campus, das Budget ist rasant gewachsen. Die Google-Ingenieure arbeiten mit Hochdruck an einer virtuellen Online-Welt, die sich nur mit Smartphone und möglichst wenigen weiteren Hilfsmitteln betreten lassen soll. Und die für Milliarden von Menschen interessant sein soll, nicht nur für einige Millionen Fans von Computerspielen, die sich für ihr Hobby teure Spiele und Geräte kaufen.

Doch für diese virtuelle Welt müssen Inhalte geschaffen werden – Filme, Spiele, Simulationen, Videomaterial –, was für 3-D-Inhalte ein teures Unterfangen ist. Dreidimensionale Computerspiele etwa werden von riesigen Teams über Jahre mit Millionenaufwand produziert. Google will jedoch VR-Inhalte so schnell wie möglich zu einer Massenware machen, fast wie normale Videobilder. Plagemanns Team erforscht deswegen auch, wie solche dreidimensionalen Inhalte möglichst preisgünstig produziert werden können. Entstanden ist aus diesen Überlegungen unter anderem eine Partnerschaft mit GoPro: Der Actionkamera-Anbieter baute eine 360-Grad-Kamera-Konstruktion aus 16 in einem Kreis angeordneten Kameras, die sich auch Amateure leisten können. Wenn genügend Nutzer selbst zur 3-D-Kamera greifen, wird, so die Hoffnung, eine große Sammlung von VR-Filmen entstehen, die ebenso wie YouTube-Videos geteilt werden können. Gleichzeitig sprechen die Google-Entwickler aber auch mit den Profis im wenige hundert Kilometer entfernten Hollywood: »Plötzlich ergeben sich ganz andere Möglichkeiten, eine Geschichte zu erzählen«, schwärmt Plagemann.

Wenn das nötige Equipment nur günstig genug wird, könnte VR auch irgendwann im Privatgebrauch Fotos und Videos ablösen: Statt den Kindergeburtstag zu fotografieren, könnte man ihn mit einer VR-Kamera filmen und so auch noch Jahrzehnte später in den Moment zurückkehren, als wäre man live dabei. Große Möglichkeiten bieten sich aber auch im Nachrichtengeschäft: Berichte über Naturkatastrophen, Flüchtlingsnot oder Kinderarbeit machen einen ganz anderen Eindruck, wenn es sich anfühlt, als stünde man quasi neben dem Reporter. Google hat zudem ein Programm für Schulen aufgelegt und verschickt kostenlos VR-Pakete mit Cardboards und Smartphones. Lehrer können so virtuelle Klassenfahrten etwa nach China oder auch Ausflüge durch den menschlichen Körper moderieren.

Plagemann betont, dass immer noch viel Forschung, viel Grundlagenarbeit nötig sei, um die Illusion künstlicher Welten zu perfektionieren: Viel Arbeit floss etwa in die Algorithmen, die den Bilderstrom aus 16 verschiedenen Kameras zu einem nahtlosen 360-Grad-Bild zusammenfügen. Eine wesentliche Rolle in der Arbeit des Informatikers spielt auch hier wieder Deep Learning. »Neuronale Netzwerke sind ein großartiger Hammer für viele Nägel«, so der Google-Forscher. Ein großer Vorteil sei, dass Google firmenweit dieselbe Code-Basis benutzt und dadurch vieles untereinander ausgetauscht werden kann: Bei Google arbeitet man innerhalb eines gemeinschaftlichen Archivs für Software. Wenn eine Arbeitsgruppe ein Problem gelöst hat, ist dieses Lösungsverfahren intern zugänglich und kann von anderen Abteilungen verwendet und weiter verbessert werden. Der Kern-Algorithmus für YouTube-Videos etwa könne so auch bei ganz anderen Projekten zum Tragen kommen. Genauso greift Plagemann nun auf die Deep-Learning-Erkenntnisse zu, damit seine Algorithmen nahtlosere Verknüpfungen zwischen Bildausschnitten herstellen können.

Ist virtuelle Realität also gesetzt als nächste große Computer-Plattform? »VR wird den Fernseher oder den Laptop nicht ersetzen, sondern ergänzen«, sagt Plagemann. »Es ist jedoch offensichtlich, dass die Technologie der menschlichen Natur in allen

Bereichen, bei denen es um sinnliche Erfahrungen, um das Erleben geht, weit mehr entgegenkommt als Texte oder Fotos.« Und wann wird VR ein Massenprodukt sein? Erst im nächsten Jahrzehnt? »Schwer vorherzusehen«, sagt Plagemann. »Es könnte auch viel schneller passieren. Wir versuchen es jedenfalls.«

8
Datenschutz, Digitalisierung und die Deutschen: Kulturkampf um Google

Datenverarbeitung ist die Grundlage jedes digitalen Geschäftsmodells. Kein Unternehmen ist jedoch besser darin, alle möglichen Formen von Daten von seinen Nutzern einzusammeln und daraus Produkte zu bauen, als Google. Deswegen steht der Konzern im Zentrum der Debatte um den Datenschutz im digitalen Zeitalter. All die Algorithmen, all die Maschinenintelligenz, die Google entwickelt hat, sind darauf angewiesen, mit einem endlosen Strom an Informationen gefüttert zu werden. Das ist an sich nichts Schlechtes. Nur so kommen wir an die Suchergebnisse, die wir erwarten, nur so werden unsere Smartphones immer vielseitiger, nur so können Roboter Autos steuern.

Problematisch ist aber, wenn unklar bleibt, welche Nutzerdaten eingesammelt werden und warum. Lange hat der Konzern versäumt, den Nutzern klar und verständlich zu vermitteln, wie er mit ihren Daten umgeht. Zuletzt ist Google jedoch erheblich transparenter geworden. Der Konzern hat eine zentrale Informationsseite eingerichtet (www.privacy.google.de), um die wichtigsten Fragen zu beantworten: Welche Daten werden erfasst? Und wie lässt sich die Datenerhebung verhindern?

Prinzipiell speichert Google jegliches Nutzerverhalten: Welches YouTube-Video angesehen wird, was der Standort eines Smartphone-Nutzers ist, der Google Maps benutzt, nach welchen Begriffen gesucht wird. Nutzer können das jedoch teilweise verhindern, indem sie in den betreffenden Anwendungen die Datenschutzeinstellungen ändern – und so etwa untersagen, dass ihr Standort gespeichert wird.

Die Daten, die Google sammelt, treiben auch das Werbegeschäft. Google verwendet die Informationen, um seinen Nutzern individualisierte, interessenbezogene Werbung anzuzeigen. Auch das kann mit relativ wenigen Klicks eingeschränkt werden. Persönliche Daten wie Name und E-Mail-Adresse, die einen Nutzer identifizierbar machen, verkauft Google dabei grundsätzlich nicht an Dritte. Klar ist aber: Aus allen Interaktionen mit den verschiedenen Google-Produkten kann der Konzern ein detailliertes Profil des Nutzers zusammenfügen.

Wenn in Europa über die Macht von Google diskutiert wird, wenn das Bild des unersättlichen Datenkraken bemüht wird, der die Persönlichkeitsrechte ignoriere, der mit Geheimdiensten zusammenarbeite und die Informationen der Nutzer nicht schütze, dann schwingt dabei fast immer das Stereotyp eines aggressiven US-Konzerns mit: gesteuert von anonymen, ultrakapitalistischen, neoliberalen Geschäftemachern im fernen Kalifornien, denen die Werte der Europäer nichts bedeuten. Aber so einfach ist es nicht.

Der Verantwortliche für den Schutz der Daten, die IT-Sicherheit und alle Fragen der Privatsphäre von Nutzern ist bei Google seit Anfang 2015 – ein Österreicher. Gerhard Eschelbeck, ein ruhiger, stets gut aufgelegter Informatiker, der gern lilafarbene Pullover und Goldkettchen trägt. Eschelbeck, aufgewachsen in Oberösterreich, promoviert in Linz, ist schon seit den 1990er Jahren einer der weltweit führenden Experten für IT-Sicherheit. Zuletzt war er im Vorstand eines auf IT-Strukturen spezialisierten britischen Unternehmens.

Google hat Eschelbeck einerseits geholt, weil es für den Konzern zu einem lohnenden Geschäftsmodell geworden ist, Computersicherheit als Dienstleitung zu verkaufen: »Security as a Service« heißt das in der Branche. Aber Eschelbeck soll gleichzeitig auch das Image von Google korrigieren. IT-Sicherheit und Datenschutz waren im Unternehmen zuvor getrennte Bereiche, heute leitet Eschelbeck eine gemeinsame Abteilung mit über 500 Mitarbeitern. Bevor er nach Mountain View kam, hat der Informatiker, der zahlreiche Patente für IT-Sicherheit hält, in Oxford gelebt, deswegen sagt er auch: »Ich weiß ziemlich genau, wie in Europa über Google allgemein, insbesondere aber in Sachen Datenschutz gedacht wird.« Lange hat er den Konzern auch nur als Außenstehender verfolgt, hat dessen »Fehltritte beim Datenschutz« beobachtet. Damit soll es unter seiner Leitung nun ein Ende haben. Eschelbecks Ziel ist, die Methoden und Prozesse der IT-Sicherheit auch auf den Datenschutz zu übertragen: ein straff organisiertes »Zwischenfall-Management mit umgehenden Reaktionen« nennt er das etwa. Oder, dass »jedes Produkt einer genauen Datenschutzüberprüfung unterzogen wird«. Etwas anders ausgedrückt besteht seine Aufgabe darin, dafür zu sorgen, dass Nutzer sicher surfen, vor Hackern, Phishing und allen Formen von Online-Angriffen geschützt sind. Und dass die gesammelten Nutzerdaten sicher verwahrt sind, anonymisiert und geschützt vor den Zugriffen Dritter.

Auch Konzerngründer Larry Page betont: »Datenschutz ist ein sehr wichtiges, großes Thema. Ich habe das genau auf dem Radar und bemühe mich sehr, es entsprechend wohlüberlegt anzugehen.« Das Internet und die Digitalisierung brächten naturgemäß viele Veränderungen in diesem Bereich, und es sei eine verständliche Reaktion, darauf besorgt zu reagieren. Dann erzählt Page eine Geschichte, wie er kurz zuvor in Stanford seine DNA sequenzieren, also sein gesamtes Erbgut aufschlüsseln ließ. Ihm seien all diese komplizierten Fragen zum Datenschutz gestellt worden, was logisch und richtig sei bei so einem intimen Prozess. Doch was Page eigentlich wollte, war aus datenschutzrechtlichen Gründen nicht möglich: dass Forscher seine DNA anonym untersuchen und dass sie ihn, falls sie Auffälligkeiten feststellten, auch anonym kontaktieren könnten, um ihre Ergebnisse zu diskutieren. »Ich finde es traurig, dass ein so grundsätzlicher Wunsch nicht möglich ist wegen der Angst, die wir rund um diese Fragen haben.« Und das sei der Punkt, an dem es wirklich kompliziert werde: »Informationen dürfen nicht missbraucht werden, aber es sollte auch nichts unterbunden werden, von dem wir noch nicht wissen, wie wichtig es für uns ist.« Page sagt, er sorge sich sehr darum, dass so viele nützliche Dinge nicht entwickelt werden können.

Passen unsere im 20. Jahrhundert geprägten Vorstellungen von Privatsphäre und Sicherheit nicht mehr in das digitale Zeitalter? Brauchen wir ein neues Wertesystem? So weit möchte Page nicht gehen. Er sagt: »Wir sollten uns vielleicht alle ehrlicher eingestehen, dass wir noch nicht wissen, wie wir mit all diesen potenziellen Problemen umgehen, die sich aus den vielen neuen Dingen ergeben können. Und sie stattdessen mit vernünftigen Prozessen nach und nach lösen.« Deswegen bleibe er auch bei dieser Problematik optimistisch: »Wir werden alle gemeinsam lernen, wie damit umzugehen ist.« Wie einerseits die Privatsphäre geschützt werden kann, wo es sein muss, »und wir gleichzeitig Fortschritt in großem Tempo zulassen«. Page betont, dass »Datenschutz ohne Datensicherheit natürlich nicht funktionieren kann«.

Seitdem er für Google arbeitet, hat Eschelbeck deswegen die zahlreichen IT-Sicherheitsprojekte des Konzerns noch weiter forciert: Google betreibt Initiativen zur Netzwerksicherheit, zum sicheren Websurfen, zur Verschlüsselung von E-Mails und jeglichen Datenverkehrs. »In einigen Jahren wird es wahrscheinlich genauso undenkbar sein, Text unverschlüsselt im Internet zu übertragen, wie Briefe in einem durchsichtigen Umschlag zu verschicken«, sagt der Sicherheitsexperte. Google beschränkt sich dabei schon lange nicht mehr darauf, nur die eigenen Produkte sicherer zu machen, sondern drängt die gesamte IT-Branche dazu, mehr Aufmerksamkeit auf Sicherheitsfragen zu richten. »Wir haben die Möglichkeit, das Internet insgesamt sicherer zu machen«, sagt Eschelbeck.

Zu diesem Zweck wurde im Sommer 2014 auch Project Zero verkündet: Google stellt seither ein ganzes Team ab, um nach Sicherheitslücken im Internet und bei anderen Software-Herstellern zu suchen. Wird ein Problem gefunden, wird das betreffende Unternehmen informiert und hat dann 90 Tage Zeit, die Lücke zu schließen, bevor Google die Information öffentlich macht. Manche IT-Unternehmen sahen sich drangsaliert und beschwerten sich über das aggressive Vorgehen. Aber Google ist überzeugt, dass im »Wettrüsten« mit den Angreifern, wie Eschelbeck es nennt, nur der eine Chance hat, der schnell und mit aller Macht gegen Sicherheitslücken vorgeht: »Heutzutage sind die Angreifer finanziell sehr gut ausgestattet, hoch motiviert und verfügen über die beste Technologie.« Und immer öfter seien die Angriffe staatlich gesponsert, gingen gezielt von bestimmten Ländern aus. Verschiedene Google-Teams suchen deswegen rund um die Uhr nach »Mustern in der Bedrohungslandschaft«, erforschen Schadsoftware und arbeiten an neuen Formen der Verschlüsselung.

Der ganze Aufwand ist nicht ohne Eigennutz. Internetplattformen müssen sicher und effizient sein, damit sie funktionieren. »Unsere Philosophie ist: Wenn das Internet sicher für die Nutzer ist, kommen sie auch irgendwann zu unseren Angeboten. Wenn die Nutzer aber Angst haben, schadet das allen«, sagt Niels Provos. Er ist der führende Sicherheitsingenieur von Google, ab 2006 zunächst verantwortlich für sicheres Web-Browsing, später dann auch für die Cloud- und die allgemeine Datensicherheit. Provos stammt aus der Nähe von Hamburg. Er trägt bunte Ringelsocken und Birkenstock-Sandalen und wirkt eher, als würde er einen Kreisverband der Grünen leiten, als die vielleicht schlag-

kräftigste Computersicherheitsabteilung der Welt. In seiner Freizeit schmiedet er Nachbildungen von Wikingerwaffen. Der promovierte Kryptographie-Experte hat zahlreiche Sicherheitspakete
für Software entwickelt und baut an Algorithmen, die das Web
laufend nach Gefahren durchsuchen.

Google ist bemüht, sein Cloud-Geschäft weiter auszubauen,
und möchte den Kunden dabei auch Dienstleistungen anbieten,
die die Sicherheit ihrer Daten garantieren. »Nicht jeder kann sich
ein Team mit hunderten von Sicherheitsexperten leisten«, sagt Provos. Im Gegenteil: Selbst mittelständische Unternehmen haben
in ihrem IT-Team oft nicht einmal einen Sicherheitsfachmann.

Phishing, Trojaner und andere herkömmliche Fälle der orga-
nisierten Cyber-Kriminalität sind allerdings das kleinere Problem
für Google. Spätestens seit 2009, als bekannt wurde, dass China
hinter einer Serie von Cyber-Attacken unter dem Codenamen
Operation Aurora steckte, sei klar, »dass staatliche Akteure ein
echter Gegner sind«, sagt Provos. Die Enthüllungen von Edward
Snowden, die gezeigt haben, dass der US-Geheimdienst NSA systematisch den Datenverkehr der Internet-Riesen angezapft hat,
war für die Sicherheitsexperten ein Schock, aber doch keine völlige Überraschung. Nach den China-Attacken sei klar gewesen,
»dass es zumindest theoretisch möglich ist, dass manche Staa-
ten versuchen könnten, unsere Glasfaserkabel anzuzapfen«, sagt
Provos. »Wir haben damals angefangen, an einer Verschlüsselung
für all diese Links zu bauen, und quasi innerhalb einer Woche
nach den Snowden-Enthüllungen haben wir den Schalter umge-
legt.« Der interne Datenverkehr von Google ist seither verschlüs-
selt. Im Anschluss haben die Sicherheitsingenieure genau geprüft,
wie tief die Geheimdienste wirklich in das Netzwerk des Konzerns vorgedrungen waren, und kamen zu dem Schluss, dass die
NSA ihren Zugriff »überverkauft« habe. So versichert es Provos. Aber die Welt der Sicherheitsexperten sei seit den Snowden-

Enthüllungen dennoch nicht mehr dieselbe, da nun nicht mehr nur fremde Mächte wie China, sondern auch die eigene Regierung »als Bedrohung« betrachtet werden müsse.

Auf das Nutzerverhalten hat sich die NSA-Affäre nicht sichtbar ausgewirkt. Google verzeichnete keinen Knick nach unten bei den User-Zahlen oder einen sinkenden Marktanteil. Dafür ist jedoch seit Ausbruch der NSA-Affäre das Verhältnis zwischen Silicon-Valley-Konzernen und der US-Regierung stark angespannt. Vor allem Google drängt auf die Verschlüsselung des kompletten Datenverkehrs, damit Geheimdienste nicht zugreifen können. »Es gibt einen sehr genau definierten, rechtlichen Prozess, wie Regierungen von uns Informationen anfordern können«, sagt Eschelbeck. »Dabei gibt es keinen Weg durch die Hintertür.« Das sei »der ganze Umfang der Zusammenarbeit« mit staatlichen Organisationen, und auch nur beschränkt »auf echte Notfälle«, betont der Österreicher.

Aber viele Kritiker glauben solchen Beteuerungen nicht. Julian Assange etwa, Gründer von WikiLeaks, bezeichnete Google als eine »private Version der NSA«. Die Miene von Provos verdüstert sich, wenn er solche Anschuldigungen hört, wenn es heißt, Google spiele den Geheimdiensten freiwillig Daten zu, denn der Konzern sammele ja selbst sensible private Informationen der Bürger. Provos nimmt solche Vorwürfe persönlich, sie gehen ihm, dem Chef-Ingenieur für Sicherheit, an die Ehre. »Es gibt diese Debatte vor allem in Europa, die sich in einem Kreislauf ständig selbst befeuert, und dabei scheinen die Fakten oft egal zu sein«, sagt Provos. »Es ist so schwer, da wirklich zu diskutieren, alles, was man sagt, spielt keine Rolle.«

Aber so ist es oft mit der Debatte um Google. Frank Schirrmacher, 2014 verstorbener Herausgeber der »Frankfurter Allgemeinen Zeitung« (FAZ), brachte es auf den Punkt, als er sagte:

»Google ist der sichtbarste Tempel des digitalen Zeitalters.« Und damit steht der Konzern zwangsläufig nicht nur im Mittelpunkt der Debatte, wie die digitale Zukunft aussehen soll, wie Gesellschaft und Wirtschaft, Recht und Gesetz sich an dieses neue Zeitalter anpassen müssen. Google ist auch zum Synonym geworden für alles, was an der Digitalisierung Angst macht: der Aufstieg der Maschinenintelligenz, totale Überwachung, gläserne Konsumenten, die Auflösung der Privatsphäre, riesige Monopole und die Dominanz amerikanischer Konzerne. Inzwischen ist der Unternehmensführung in Mountain View klar, dass die Angriffe auf Google im gleichen Maße zunehmen werden, wie die Digitalisierung immer weitere Bereiche im Leben der Menschen erfasst.

Am Ende ist es aber auch logisch und richtig, dass Google im Mittelpunkt dieser Debatte steht. Denn das Geschäftsmodell des Konzerns basiert nun einmal auf der Verarbeitung von Daten. Google ist letztlich ein riesiges Projekt maschinellen Lernens. Dazu braucht es Daten: aus der Internetsuche, von der Handynutzung, aus allen möglichen Datenbanken der Welt. Nur indem die Maschine ständig mit Informationen gefüttert wird, lassen sich Übersetzungsmaschinen, digitale Assistenten und selbstfahrende Autos bauen. Jede Technologie läuft nur mit Informationen, egal ob es sich um ein Atomkraftwerk oder um Software handelt, und deswegen ist das Sammeln und Verarbeiten von Informationen ganz sicher nicht per se »böse«, wie erstaunlich oft suggeriert wird, sondern eine Notwendigkeit. Aber es ist unvermeidbar, dass Google sich den Konsequenzen dieses Geschäftsmodells stellen und auf absehbare Zeit an vielen Fronten kämpfen werden muss. Es wird eine anhaltende Diskussion geben, ob der Konzern seine Marktmacht missbraucht, ob er ein Datenkraken ist, ob er dafür verantwortlich ist, wenn rufschädigende Informationen beim Googeln in den Suchergebnissen angezeigt werden.

Google hat lange versucht – teils arrogant, teils naiv –, die

Kritik auszusitzen oder etwas lustlos wegzudiskutieren. Seit einiger Zeit nun aber geht die Firma in die Gegenoffensive. Eric Schmidt reist dabei als eine Art Außenminister des Konzerns um die Welt, als Chefdiplomat, der versucht, Regierungen und Wirtschaftsvertretern die Google-Denke zu erklären und ihre Bedenken zu zerstreuen. In Europa hat der Konzern im Frühjahr 2015 einen Fonds von 150 Millionen Euro aufgelegt, mit dem Projekte im digitalen Journalismus unterstützt werden – ein Versuch, den Konflikt mit den Verlagen zu entschärfen, die sich seit langem mit Google darüber streiten, wie ihre Inhalte in den Suchergebnissen behandelt und entlohnt werden sollen.

Trotz der immer wieder durchschlagenden Neigung zur Arroganz ist Google inzwischen stark sensibilisiert dafür, wie in Berlin, Brüssel und Washington, wie in anderen Industrien über den Konzern gedacht wird. Das hat zum einen natürlich mit der Angst um das eigene Geschäft zu tun: Noch weit mehr als einst Microsoft fürchtet sich das Unternehmen davor, in Grund und Boden reguliert zu werden. Zum anderen wird aber immer wieder unterschätzt, wie sehr sich Google als eine intellektuelle Organisation versteht. Die Konzernführung plant ihre Strategien nicht im luftleeren Raum, sondern denkt oft politisch. Schmidt äußert sich immer wieder öffentlich zu Themen wie der digitalen Gesellschaft, Außenpolitik oder der vernetzten Demokratie. 2013 hat er ein Buch veröffentlicht unter dem Titel »Die Vernetzung der Welt: Ein Blick in unsere Zukunft«, das beschreibt, wie Technologie in Zukunft Politik und Diplomatie verändert. Schmidt stellt darin die These auf, dass Regierungen künftig immer in zwei unterschiedlichen Politikszenarien denken müssten: einmal in der realen, einmal in der virtuellen Welt. Er ist überzeugt, dass es neben der traditionellen Außenpolitik auch eine neue Form der Cyber-Außenpolitik geben müsse – und setzte das auch gleich in die Tat um. Gegen den ausdrücklichen Wunsch des US-

Außenministeriums reiste er etwa im Januar 2013 nach Nord-korea. »Das Internet ist das größte Anarchismusexperiment aller Zeiten«, schreibt Schmidt in seinem Buch. »Die Onlinewelt, in der Hunderte Millionen von Menschen digitale Inhalte produzieren und konsumieren, wird kaum durch Gesetze beschränkt.«

Immer häufiger findet sich Google inmitten dieser Auseinandersetzung zwischen virtueller und realer Welt wieder. Im Mai 2014 etwa hat der Europäische Gerichtshof (EuGH) in einem Urteil entschieden, dass Google in bestimmten Fällen Einträge über Personen aus den Suchergebnissen löschen muss. Das Gericht sieht in den Suchlisten einen potenziellen Eingriff in das Grundrecht, Informationen über sich selbst vor einer größeren Öffentlichkeit zu verbergen. Privatpersonen können seither von Google verlangen, dass bestimmte Links zu ihrer Person, also etwa Links zu Zeitungsartikeln, in den Suchergebnissen nicht mehr auftauchen. Viele Datenschützer begrüßten das Urteil. Aber es gibt auch ebenso viele Kritiker, darunter etwa den Wikipedia-Gründer Jimmy Wales, die befürchten, das Urteil könnte negative Folgen für die Presse- und Meinungsfreiheit haben.

Nun wird darum gerungen, wer wie entscheidet, welchen Löschanträgen stattzugeben ist. Vorerst muss Google das selbst tun. Bis Januar 2015 wurden europaweit etwa 205 000 Löschanträge gestellt, davon knapp 35 000 in Deutschland. Rund 40 Prozent der Anträge wurde stattgegeben. Der Konzern hat dazu einen »Löschbeirat« eingerichtet, der im Februar 2015 einen Bericht mit möglichen Kriterien vorlegte, die für oder gegen eine Löschung sprechen – etwa wenn die Information politisch relevant ist. Deutschland hat zudem als erster EU-Staat einen Vorschlag erarbeitet, wie das EuGH-Urteil umgesetzt werden könnte, ohne die Presse- und Meinungsfreiheit zu gefährden: Betroffene Medien würden informiert und angehört werden, bei den Betreibern der Suchmaschinen würden unabhängige

Streitschlichtungsstellen eingerichtet. Google ist von dem Urteil überrumpelt worden – wie auch viele Rechtsexperten. Im Konzern fragt man sich: Warum sollten die Suchmaschinen etwa Zeitungsartikel aus den Suchergebnissen löschen, wenn die Originalquellen auf den Webseiten oder in Archiven von Verlagen unangetastet bleiben? Aber die Originalquellen sind eben meist nur auffindbar über eine Suchmaschine.

Das EuGH-Urteil war eine Zäsur für Google. »Wir sind enttäuscht von dieser Entscheidung, aber wir haben verstanden und werden unser Bestes tun, das Urteil umzusetzen«, so sagt es Eric Schmidt bei einer Begegnung in der Londoner Niederlassung des Unternehmens. Schmidt ist nicht mehr allzu oft in Mountain View, er verbringt viel Zeit in Europa, auch in Berlin. »Wir haben verstanden« – das ist ein Satz, der auch im Hauptquartier im Silicon Valley seit einiger Zeit oft zu hören ist. Schmidt sagt, dass er viel nachgedacht habe über die wachsende Zahl der Auseinandersetzungen, die häufigen Angriffe in den Medien, das zwiespältige Image. Das ist durchaus keine gewöhnliche Aussage für Schmidt, der in der Vergangenheit nicht gerade durch Einsicht und Bescheidenheit aufgefallen ist. Der Verwaltungsratsvorsitzende ist stets umgänglich und freundlich, zeigt kaum eine Spur von Aggressivität und dem üblichen Alphatier-Gehabe, das so viele Top-Manager von Weltkonzernen an den Tag legen. Aber er ist ein Mann, der Angriffe gewohnt ist, der schwer zu greifen ist und selbst bei scharfen Fragen keine Miene verzieht. Der Fehler, die man ihm vorhält, langsam seziert, ohne auch nur einen Moment aus der Ruhe zu kommen. Er sei beunruhigt über die Entwicklung, sagt Schmidt. Darüber, dass Google so sehr zur Zielscheibe geworden ist, auch »weil wir das so nicht erwartet haben«. Er betont: »Wir haben versucht, das Richtige zu tun, meinten, alles im Griff zu haben, und dann kam diese Explosion. Deshalb arbeiten wir jetzt sehr hart daran, alles zu ändern, was wir ändern müssen.« Schmidt versucht, Überzeugungsarbeit zu leisten. So schnell werden seine diplomatischen Reisen nicht weniger werden, denn er sucht vor allem das persönliche Gespräch: »Ich folge einer simplen Regel: Es ist schwieriger, jemanden zu verdammen, mit dem man zu Abend gegessen hat.« Schmerzt es ihn, dass viele Kritiker seiner Firma nahezu alles Böse der Welt zutrauen? »Ich habe ein Problem mit dieser generellen Kritik, die alles über einen Kamm schert. Ich wünsche mir spezifische Kritikpunkte, auf die ich eingehen kann«, sagt Schmidt.

Die nicht gerade geringe Zahl der Google-Gegner kommt diesem Wunsch Schmidts nur allzu gerne nach. Siemens-Chef Joe Kaeser etwa spricht von einem digitalen Krieg um Daten. Springer-Chef Mathias Döpfner sagt, er habe »Angst« vor der Allmacht von Google. Es häufen sich die Zeitungskommentare und Fernsehdiskussionen, die Essays und Debattenbeiträge, und wer die Berichterstattung über Google verfolgt, dem fällt schnell auf, dass der Ton immer schärfer wird. Wer pro Digitalisierung ist, wer Google nicht für einen übermächtigen, zu bekämpfenden Monopolisten hält, wird beschimpft als Apologet, als neoliberal, als Wohlstands- und Arbeitsplätzegefährder. Wer hingegen vor den Schattenseiten der Digitalisierung warnt, wird sogleich abgestempelt als technophob, als ahnungsloser Bürokrat, als Fortschrittsverweigerer. Die einen sind träumende Netz-Sozialisten. Die anderen zynische Industrie-Lobbyisten. Beide Parteien sind sich nur darin einig, dass die jeweilige Gegenseite »gefährlich« ist: für den Wohlstand, die Gesellschaft, unser aller Zukunft.

Viele Menschen fühlen sich bedroht von einer neuen Form des Kapitalismus, einer Ökonomie, die vor allem auf Datenströmen beruht und die Konzerne geschaffen hat, die schneller mehr Geld verdienen als fast alle anderen zuvor in der Wirtschaftsgeschichte. Aber längst geht es nicht mehr um Wirtschaftsfragen, geht es nicht alleine um Monopole, Wettbewerb und Unternehmensinteressen. Gestritten wird darüber, wie wir leben wollen und wer darüber bestimmt. Deswegen beteiligen sich nicht nur Unternehmer und Ökonomen an der Debatte, sondern auch Intellektuelle, Kulturschaffende, Philosophen und Politiker jeder Couleur. Das mag selbstverständlich klingen, aber noch vor ein paar Jahren hat sich die Politik erstaunlich wenig um die Digitalisierung gekümmert. Nicht nur in Europa. Noch im US-Präsidentschaftswahlkampf 2012 etwa spielte das Thema keine Rolle. Doch das hat sich geändert, es wird endlich diskutiert in Parteien und Regierungen und Parlamenten. Thorsten Schäfer-Gümbel, stellvertretender Bundesvorsitzender der SPD, fordert nun etwa in einem Essay in den »Frankfurter Heften«, dass »die politische Linke die Digitalisierung als Gestaltungsfrage annehmen muss«. Und dass dafür zunächst solche Fragen zu klären seien: »Was ist aber die Wertebasis, auf der die Gestaltung der Digitalisierung aufbaut? Welche Werte lassen sich mit der digitalen Welt verbinden? Wie sieht eine humane Gesellschaft durch und mit digitalen Technologien aus?«

Antworten auf solche Fragen müssen gefunden werden in den kommenden Jahren, und Google spielt dabei eine entscheidende Rolle. Zu Ergebnissen zu kommen wird jedoch nicht einfach, denn die Diskussion muss auf globalem Niveau geführt werden, jedoch unterscheiden sich von Land zu Land nicht nur Gesetzeslagen und Rechtssysteme, sondern mitunter auch Werte, Kultur und Empfindlichkeiten. In den USA etwa ist die Rede- und Meinungsfreiheit eines der höchsten Güter überhaupt, weswegen es vielen Amerikanern höchst seltsam erscheint, Links aus einer Suchergebnisliste streichen zu lassen. In Europa dagegen ist der Schutz der Privatsphäre ein Gut, das mit allen Mitteln verteidigt wird – zur Not auch mithilfe von Linklöschungen.

Doch je mehr auf dem Spiel steht, umso mehr ändert sich auch die Natur der Diskussion: Sie wächst sich zunehmend aus zu einem Kulturkampf um die digitale Zukunft. Die Position des Hauptkritikers erobert hat dabei ein junger Publizist: Evgeny Morozov, geboren 1984 in Weißrussland, später über Berlin in die USA emigriert. Seit Jahren schreibt Morozov unnachgiebig in Büchern und Essays gegen das Silicon Valley und gegen Google an. Er klagt darüber, dass die Internetkonzerne uns Enteignung und Manipulation als Fortschritt verkaufen würden und dass es die Mission von Google sei, »alle Informationen der Welt in Geld zu verwandeln und sie weltweit unzugänglich und profitabel zu machen«. Morozov schreibt in erstaunlichem Tempo immer neue Kolumnen und Polemiken, die vor allem in Deutschland gerne abgedruckt werden. Sie klingen meist so wie ein Essay im Frühjahr 2015 aus den »Frankfurter Heften«: »Die digitalen Technologien sind unsere beste Hoffnung, aber auch unser schlimmster Feind. (…) Sie verstärken verschiedene neoliberale, in unserer Gesellschaft bereits vorhandene Tendenzen, sie verankern unternehmerische Interessen gegenüber den Interessen der Öffentlichkeit, was natürlich nicht überrascht.« Dem Silicon Valley sei nicht zu trauen, denn es verspreche mit selbstgefälliger Rhetorik das Blaue vom Himmel herunter. Die Tech-Konzerne verbreiteten ein »Ermächtigungsmärchen«, das einen klaren Zweck erfülle: »Es verdeckt die Tatsache, dass die bei Google nominell kostenlos verfügbare Information nicht gleichermaßen nützlich ist für einen arbeitslosen Universitätsabsolventen und für einen auf Geheimhaltung bedachten Hedgefonds mit Zugang zu ausgeklügelten Technologien zur Umwandlung dieser Daten in geschäftsrelevante Erkenntnisse.«

Morozovs Gegner halten ihm vor, ein Troll zu sein, also jemand, der eine Diskussion mit möglichst aggressiven Einwürfen sprengt. Aber seinen Einfluss verkleinert das nicht, und so hören viele zu in der Politik, wenn Morozov vorschlägt, den Kampf um die Digitalisierung mit einem Handstreich zu entscheiden: indem alle persönlichen Daten einfach verstaatlicht werden. In einem Beitrag für die »Frankfurter Hefte« schreibt Morozov: »In diesem entstehenden datenorientierten Kapitalismus besteht die einzige Möglichkeit zu garantieren, dass die Bürger von ihm nicht übermannt werden, darin, dass wir gewährleisten, dass seine Haupttriebkraft – die Daten – tatsächlich ganz fest in öffentlicher Hand bleibt.« Morozov fordert, dass jeder Klick auf eine Seite, jede Nutzung einer App, jede Interaktion mit einem intelligenten Thermostat oder intelligenten Auto, jede Bewegung in der Stadt dem Bürger zufallen sollten, »und nicht den Unternehmen, die diese Dienste anbieten«. Google dürfe sich zwar jede Menge neue Produkte einfallen lassen, aber sie nicht wie bisher monetarisieren. »Ich plädiere dafür, die Werbung und gewerbliche Datensammlung aus der Gleichung herauszunehmen, die zur Bezahlung für die Bereitstellung dieser Dienstleistungen dient«, schreibt Morozov. »Andere Unternehmen, einschließlich vieler Existenzgründer, können gegenwärtig nicht mit Google und Facebook konkurrieren, weil sie die Daten nicht haben. Es sind nämlich die Daten und nicht die Algorithmen, die verhindern, dass sie in diesem Bereich konkurrenzfähig werden können.«

Morozov will dem Staat die Macht über alle unsere Daten geben, da Google und Facebook ohnehin auf dem Weg seien »ein Quasi-Staat« zu werden. Das ist eine seltsame Forderung, nicht zuletzt im Lichte der NSA-Affäre. Den Geheimdiensten würde es zumindest eine Menge Arbeit abnehmen, wenn unsere Daten direkt beim Staat landen würden. Aber Morozov ist nicht der Einzige, der Google so viel Einfluss zuspricht, der den Konzern für ähnlich mächtig hält wie einen Staat. Die Internet-Kritikerin Shoshana Zuboff etwa verbreitet die These, dass Google dabei sei, »ein neues Reich zu errichten, dessen Stärke auf einer ganz anderen Art von Macht basiert – allgegenwärtig, verborgen und keiner Rechenschaft pflichtig. Falls das gelingt, wird die Macht dieses Reiches alles übertreffen, was die Welt bisher gesehen hat.« Zuboff warnt vor einer Art digitalem Neo-Absolutismus, den Google anstrebe, um uns alle zu unterjochen. Selbst in einer zunehmend polemisch geführten Debatte klingt das extrem, aber Zuboff ist keine verrückte Randfigur, sondern Wirtschaftsprofessorin der Harvard Business School. Ihre Wortwahl zeigt, wie sehr sich der Streit zuspitzt. Immer öfter wird zu Superlativen und Horrorszenarien gegriffen.

Aufgestellt hat Zuboff diese Thesen in der »FAZ«, wo auch Morozov als Gastautor schreibt. Die Zeitung hat sich in den vergangenen Jahren zu einem zentralen Forum für die Kritik an Google und der Digitalisierung im Allgemeinen entwickelt. Wesentlichen Anteil daran hatte Frank Schirrmacher. Der Publizist, der lange zu den führenden Intellektuellen Deutschlands zählte, hatte schon früh erkannt, dass über die »maschinelle Organisation des Wissens«, über die er seit 2010 immer wieder schrieb, öffentlich diskutiert werden muss. In klugen, eloquenten Texten forderte Schirrmacher unter anderem die Entwicklung einer europäischen Suchmaschine als Gegengewicht zu den Angeboten der amerikanischen Konzerne. »Googles Allwissenheit ist nicht literarisch, sondern sozial«, schrieb er 2011 in der »FAZ«. »Sie ist nicht nur ›Wissen‹, sondern Erkenntnis über den Gebrauch des Wissens, die wiederum das Wissen permanent verändert. Die Auslagerung des Gedächtnisses der Menschheit an einen amerikanischen Privatkonzern betrifft nicht nur das, was man schwarz auf weiß besitzt, sondern auch alles das, was durch das Ineinander von Erinnerung und Erfahrung die Identität von Menschen überhaupt erst schafft.« Es sei deswegen an der Zeit, »die digitale Revolution in ihrer ganzen Wucht zu erkennen« und »die Selbstbestimmung über unser digitales Profil zurückzugewinnen«. Gleichzeitig war Schirrmacher jedoch davon überzeugt, dass Google, »was seinen IQ und seine Mentalität angeht, nicht nur eine Gefahr, sondern auch eine Hoffnung« sei, so sagte er es 2014 in einem Interview mit dem Medienfachblatt »Horizont«.

Diese Meinung scheint dagegen die Führung des Springer-Verlags nicht zu teilen. Mathias Döpfner, Verlagschef und Vordenker, schrieb im April 2014 in der »FAZ« einen »offenen Brief« an Eric Schmidt, in dem er die »Abhängigkeit« seines Unternehmens von Google beklagte: »Wir haben Angst vor Google. Ich muss das einmal so klar und ehrlich sagen, denn es traut sich kaum einer meiner Kollegen, dies öffentlich zu tun.« Wer Google kritisierte, sei jedoch nicht gleich auch gegen das Internet, betonte Döpfner. Im Gegenteil, wem an einem intakten Netz gelegen sei, der müsse Google kritisieren. Was Döpfner Sorgen bereitet, ist, dass der Anteil von Google am Online-Werbemarkt in Deutschland von Jahr zu Jahr steigt. Um die von Döpfner als »sozusagen super-marktbeherrschend« empfundene Stellung des Konzerns einzudämmen, hat Springer sich entschieden, gleich an mehreren Fronten den Kampf mit Google zu suchen.

Der Verlag hat nicht nur wesentlich die EU-Kartellklage gegen Google unterstützt, sondern sich auch in der Debatte um das sogenannte Leistungsschutzrecht hervorgetan. Im März 2013 beschloss der Bundestag nach jahrelanger Lobbyarbeit von vielen Medienhäusern ein Gesetz, das es Verlagen ermöglicht, Lizenzgebühren zu verlangen, wenn ihre Texte in Suchmaschinen angezeigt werden. Die Kritik an der Regelung war von Beginn an groß. So hatten etwa die Jugendorganisationen nahezu aller Parteien das Leistungsschutzrecht in einer gemeinsamen Pressemitteilung abgelehnt. »Es ist uns unbegreiflich, dass der Gesetzgeber der Argumentation der Verlegerverbände folgt«, protestierten Junge Union, Jusos, Junge Liberale, Junge Piraten und die Grüne Jugend bereits im November 2012. Im Herbst 2014 lud der Ausschuss »Digitale Agenda« des Bundestages Rechtsexperten dazu ein, das Gesetz zu bewerten. Sie kamen zu dem Ergebnis, dass das Leistungsschutzrecht eine »Katastrophe« sei und abgeschafft gehöre.

Die Auseinandersetzung zwischen den Verlagen und Google ist damit aber längst nicht ausgestanden. Insbesondere Döpfner ist bemüht, ein überzogenes Bild von der Macht des Konzerns zu malen. Er behauptet, dass Google seit dem Kauf von Nest noch genauer wisse, »was die Bürger in den eigenen vier Wänden tun«. Das klingt, als stelle Nest nicht digitale Thermostate her, sondern installiere in jeder Ecke des Hauses Kameras und Abhörgeräte. In seinem offenen Brief versteigt er sich sogar zu dem bemerkenswerten Satz: »Vergesst Big Brother – Google ist besser!« Schlimmer, müsste es eigentlich heißen, denn das ist die Implikation: Schlimmer als der allessehende und -wissende Staat, der in George Orwells Roman »1984« die Bürger terrorisiert.

Überraschend ist diese Panikmache vor allem auch deshalb, weil der Springer-Verlag alles andere als technophob ist. Im Gegenteil, kein anderes europäisches Verlagshaus hat sein Digitalgeschäft so geschickt, klug und erfolgreich entwickelt. Springer schickt sogar immer wieder Manager-Abordnungen für mehrere Monate ins Silicon Valley. Christoph Keese, einst unter anderem Chefredakteur der »Welt am Sonntag« und nun Executive Vice President des Verlags, hat über seine Erfahrungen sogar ein Buch geschrieben: »Silicon Valley – Was aus dem mächtigsten Tal der Welt auf uns zukommt«. Der Verlagsmanager hat das Valley darin treffend analysiert. Aber wenn Keese über Google schreibt, klingt es eher, als würde er die Terrororganisation »Islamischer Staat« beschreiben und nicht ein börsennotiertes Unternehmen, das Gesetzen und Regeln unterliegt: »Es entsteht ein Staat außerhalb des Staates, eine supranationale Institution, die sich der Kontrolle legitimer Volksvertretungen entzieht und das tut, was sie für richtig hält.«

Klar ist, dass Springer in seinem Kampf gegen Google vor allem die eigenen wirtschaftlichen Interessen verfolgt. Trotzdem fühlen sich nun viele in der deutschen Medienwelt anscheinend gezwungen mitzumachen und mindestens ebenso düstere Szenarien zu entwerfen, wie Google systematisch plane, die Weltherrschaft zu übernehmen. Nicht nur unter Wagniskapitalgebern im Silicon Valley wird in solchen Fällen gerne ein dazu passendes Akronym verwandt: FOMO, kurz für »Fear of missing out«, steht für die Angst, bei einem Trend nicht dabei zu sein. Mit der Folge, dass viele, ohne lange nachzudenken, auf eine Entwicklung aufspringen, weil alle anderen es ja auch machen. Google-Bashing scheint ein solcher Trend zu sein, den niemand verpassen möchte. Der Wettlauf der Google-Attacken kulminierte letztlich darin, dass der deutsche Bundeswirtschaftsminister und Vizekanzler Sigmar Gabriel laut über eine Zerschlagung von Google nachdachte.

Hinter den Ängsten, Unsicherheiten und überspitzten Debattenbeiträgen steht am Ende eine größere Entwicklung. Der Kapitalismus und die Wertschöpfung sind dabei, sich in der digitalen Welt zu verändern. Die Frage ist nur: Zum Guten? Oder zum Schlechten? Es ist kein Geheimnis, dass in der Internetwirtschaft immer diejenigen Unternehmen am stärksten sind, die eine Plattform betreiben. Das hat vor allem mit einem Konzept zu tun, das in der Ökonomie als Netzwerkeffekt bekannt ist und das besagt, dass sich die Leistungsfähigkeit und damit der Wert einer Plattform immer weiter erhöhen, wenn sie von immer mehr Menschen genutzt wird. Das führt zu einem Wachstumskreislauf, den der Wagniskapitalgeber Marc Andreessen in einem Interview mit dem »New Yorker« so beschrieben hat: »Mehr Daten verschaffen dir mehr Kunden, die geben dir mehr Daten, wodurch du mehr Kunden bekommst, und so drehst du das Rad immer weiter.«

Die Folge ist: Wer die Plattform beherrscht, steuert das Angebot und die Nachfrage, er setzt die Standards und verdient bei allen

Transaktionen mit. Es gibt viele solcher Plattformen, Amazon betreibt eine für den Online-Handel, Uber für Fahrdienste, Airbnb für Wohnungsvermittlungen. Und allen voran setzt Google auf den Netzwerkeffekt, baut ständig neue Plattformen: mit seinem Online-Anzeigengeschäft, mit seiner Smartphone-Software, mit den selbstfahrenden Autos, der Cloud-Software, den Wearables. Und in Zukunft vielleicht auch mit vernetzten Haushaltsgeräten, Robotern und Baukasten. Der Plattform-Ansatz erlaubt es, neue Ideen und Produkte dank minimaler Grenzkosten schnell weltweit anbieten zu können. Teilnehmer einer Plattform haben den Vorteil, dass ihre Zugangskosten gering sind, und machen deswegen oft ihr eigenes Geschäftsmodell von ihr abhängig. Android etwa wird als kostenlose Lizenz vergeben und lockt damit sowohl Hardware-Hersteller als auch Programmierer. Der Konsument profitiert von neuen Dienstleistungen und Produkten, die günstig oder sogar kostenlos erhältlich sind.

Andererseits: Plattformen führen oft zu ungleichen Verhältnissen im Markt, zu übermäßig dominanten Unternehmen, zu Abhängigkeiten – und damit, zumindest in der Theorie, auch zwangsweise irgendwann zu Nachteilen für den Konsumenten. Insbesondere in Deutschland macht in Bezug auf diese Entwicklung der Begriff vom »Plattform-Kapitalismus« die Runde, der genauso negativ konnotiert ist wie der des »Raubtier-Kapitalismus«, der Private-Equity-Firmen und Hedgefonds vorgeworfen wird. Sind die Internet-Riesen von heute also wie die Heuschrecken von einst: eine Gefahr, die streng kontrolliert werden muss? Sogar eine Bedrohung für die soziale Marktwirtschaft? Ist die Plattform-Wirtschaft eine »Winner-Takes-All«-Wirtschaft, in der die soziale Ungleichheit zunimmt?

In der Diskussion werden oft Begriffe und Geschäftsmodelle durcheinandergeworfen. Die Google-Suchmaschine ist ein Produkt, keine Plattform. Android hingegen ist eine Plattform. So wird etwa auch die sogenannte »Sharing Economy« unter dem Schlagwort des Plattform-Kapitalismus subsumiert, woher ein guter Teil der negativen Besetzung des Begriffs rührt. Denn in der Tat stellt sich die Frage, welche Folgen Geschäftsmodelle wie das von Uber mittelfristig für den Arbeitsmarkt haben. Kritiker fürchten nicht zu Unrecht, dass teilweise die arbeitsrechtlichen Errungenschaften der letzten 50 Jahre unterlaufen werden. Dass die vermeintlich flexiblen »unabhängigen Auftragnehmer«, die als Uber-Fahrer oder Kurier oder Wohnungsvermieter ihr Geld verdienen, nicht mehr sind als ein wachsendes Heer von unterbezahlten Mini-Jobbern. Dass auf diese Weise nach und nach eine Art digitales Prekariat entsteht.

Die Sharing-Economy-Plattformen sind jedoch etwas anders als Hardware- oder Software-Plattformen, die oft Entwicklern und IT-Unternehmen den Markteintritt erleichtern. Der Android-Manager von Google Hiroshi Lockheimer wirft ein: »Ein zentraler Aspekt von Plattformen wie Android ist, dass sie offen für jeden sind.« So ist etwa WhatsApp eine der wichtigsten Android-Anwendungen, gehört aber zu Facebook.

Der eigentliche Kritikpunkt im Hinblick auf digitale Plattformen, wie sie Google baut, ist deswegen ein anderer: Märkte, in denen Netzeffekte eine Rolle spielen, neigen häufig zu Monopolen. Viele der grundlegenden Erkenntnisse zu diesem Phänomen gehen auf die Arbeit von Jean Tirole, Professor an der Universität Toulouse, zurück. Der Wirtschaftsnobelpreisträger hat bereits 2003 argumentiert, dass Internetfirmen als »zweiseitige Plattformen« operieren: Auf der einen Seite stehen die Konsumenten, auf der anderen Seite die Software-Entwickler oder Werbeanbieter. Solche zweiseitigen Märkte hätten eine eingebaute Tendenz, Monopole zu entwickeln, so Tirole in einem Beitrag für das »RAND Journal of Economics«. Allerdings sei es bei diesen neuartigen Monopolen viel schwerer zu erkennen als bei den herkömmlichen, welche Gefahren von ihnen ausgehen. Zwar haben die Internet-Riesen zweifellos in rasendem Tempo eine erhebliche Marktmacht angesammelt. Aber ob sie diese Macht auch missbrauchen, ist eine ganz andere Frage. Während etwa traditionelle Kartelle gezielt die Preise nach oben treiben, hat der wachsende Einfluss von Facebook zunächst keine direkten Konsequenzen für den Nutzer der Plattform. Und trotz der Marktmacht von Google fallen beispielsweise auch die Werbepreise, statt zu steigen. Genauso schwierig ist es, die Nachteile zu ermitteln, mit denen Start-ups zu kämpfen haben, wenn sie versuchen, in neue digitale Märkte einzusteigen, die bereits von einem dominanten Akteur besetzt sind. Microsoft ist trotz seiner einstigen Dominanz inzwischen in vielen Bereichen verdrängt worden. Und bei den sozialen Netzwerken konnte auch die zeitweilige Popularität von MySpace den Aufstieg von Facebook nicht verhindern. Nobelpreisträger Tirole argumentiert in seinem Buch »Competition in Telecommunications« deswegen, dass in der Frage der Monopole nicht alle Industrien gleich behandelt werden dürfen. Vor allem die digitale Welt müsse in Regulierungsfragen gesondert betrachtet werden.

Die Frage ist nur: Welche Kriterien müssen für diese Betrachtung herangezogen werden? Darüber streiten sich die Experten, denn noch sind digitale Monopole ein relativ neues Phänomen. Es fehlt an Daten und Erfahrungswerten. Für Ökonomen sei es »eine der größten Herausforderungen unserer Zeit«, wie mit Unternehmen umgegangen werden soll, »die sich wie freundliche Monopolisten anfühlen«, betont Tim Wu, Professor für Medienrecht an der Columbia University und früher Berater der amerikanischen Kartellbehörde Federal Trade Commission (FTC).

Der Aufstieg so vieler dominanter Unternehmen lässt allerdings wenig Zweifel daran, dass Monopolbildung in der digitalen Welt nicht Zufall, sondern eher Standard ist. Müssen wir also das Entstehen einer übergroßen Marktmacht als unvermeidliche Begleiterscheinung digitaler Produkte akzeptieren?

Manche Experten betonen, dass digitale Monopole keine echten Monopole sind, weil auf den Plattformen keine traditionellen Kauf- und Verkaufsprozesse stattfinden. Gleichzeitig, so die Argumentation, hätten die Internetkonzerne allen Anlass, ihre Kunden bei Laune zu halten, da die Konkurrenten immer nur einen Klick entfernt sind – auch wenn sie scheinbar in einem ganz anderen Markt operieren. So sagt etwa auch Eric Schmidt, dass die größte Konkurrenz im Suchgeschäft für Google der Online-Händler Amazon sei. In einem Gutachten aus dem Jahr 2012, in Auftrag gegeben von Google, aber in Fachkreisen weit beachtet, schreiben die Rechts- und Kartellexperten Robert Bork und Gregory Sidak: »Dass Konsumenten ohne Kosten und unmittelbar zu konkurrierenden Suchmaschinen wechseln können, schränkt den Anreiz für Google erheblich ein, sich wettbewerbsfeindlich zu verhalten.«

Aber ganz so einfach ist es dann doch nicht. Nur weil sich Argumente finden lassen, dass die Internet-Riesen zurzeit wenig Anreiz haben, ihre Marktmacht zu missbrauchen, muss das nicht für immer so bleiben. Die Sitten könnten rauer werden, wenn irgendwann einmal die Geschäfte nicht mehr so gut laufen, wenn plötzlich das Wachstum stagniert, man sich neue Wettbewerber mit aller Macht vom Hals halten möchte und dann auch noch der Druck der Investoren zunimmt, weiterhin die gleichen Profite zu erzielen. Wissenschaft und Politik sind deswegen gleichermaßen gefordert, die Mechanismen der digitalen Ökonomie genauer zu untersuchen.

Denn noch laufen die Interpretationen weit auseinander. Springer-Manager Keese etwa argumentiert, dass das von Joseph Schumpeter vor über 80 Jahren formulierte Konzept der schöpferischen Zerstörung in der Netzökonomie hinfällig geworden sei. Der österreichische Ökonom betrachtete den durch Wettbewerb ausgelösten Prozess, bei dem alte Güter und Produktionsverfahren ständig durch neue ersetzt werden, als Motor der wirtschaftlichen Entwicklung. Dieser Prozess werde in der digitalen Welt aber unterlaufen, glaubt Keese, weil in endloser Folge stets nur ein Monopol das andere ablöse.

Am anderen Ende des Spektrums argumentiert Peter Thiel, der Wagniskapitalgeber und PayPal-Gründer: Monopole seien sogar erstrebenswert, denn in der digitalen Welt seien sie Motoren des Fortschritts und würden Innovation garantieren. Thiel sagt: »Kreative Monopole bedeuten neue Produkte, von denen alle profitieren. Wettbewerb bedeutet keinen Profit für niemanden.« Thiel weiß, dass Monopole »einen schlechten Ruf haben«. Was jedoch seiner Meinung nach vor allem daran liegt, dass »Wettbewerb eine Ideologie ist«. Die Dynamik in der Technologie-Industrie sorge jedoch automatisch dafür, dass immer neue Unternehmen nach oben gespült werden, dass es keine dauerhaften, schädigenden Monopole geben kann – so wie der Microsoft-PC die Dominanz von IBM beendete und das iPhone später Microsoft überrollte. Aus dieser Sicht ist es durchaus möglich, ja sogar wahrscheinlich, dass auch Google eines Tages von einer neuen Plattform ausgebootet werden wird.

Sich solchen Überlegungen offen zu stellen ist jedoch nicht einfach für Ökonomen und Kartellbehörden. Denn traditionell gelten Monopole aus gutem Grund als Problem, das man bekämpfen muss: In der Wirtschaftsgeschichte gibt es keine Beispiele von Monopolen, die sich als harmlos erwiesen. Vor allem bei der Europäischen Union befürchten die Experten, dass Google sich gerade zu solch einem gigantischen Monopol entwickelt. In Brüssel sorgt man sich, dass das Unternehmen durch seine Kapazitäten bei der Datenverarbeitung nicht nur einen Markt, sondern gleich etliche digitale Märkte unter seine Kontrolle bringen könnte. In der EU wird deswegen darüber debattiert, der

Plattform-Ökonomie Ketten anzulegen. So wünschen es sich vor allem Deutschland und Frankreich. Die Wirtschaftsminister beider Länder, Sigmar Gabriel und Emmanuel Macron, haben im Frühjahr 2015 einen gemeinsamen Brief an die EU-Kommission verfasst, in dem sie betonen, dass die wachsende Macht der Internet-Riesen einen »regulativen Rahmen für wesentliche digitale Plattformen« nötig mache.

Der Chef der deutschen Monopolkommission, Daniel Zimmer, betonte dagegen in einem Interview mit dem SPIEGEL: »Wir müssen uns an den Gedanken gewöhnen, dass bei einigen digitalen Diensten sehr starke Marktstellungen bis hin zum Monopol das Ergebnis des normalen Marktgeschehens sein können.« Schon gar nicht sieht der deutsche Kartellwächter einen Grund, Internet-Riesen wie Google oder Facebook zu zerschlagen. »Wir sollten lieber über die Frage nachdenken, ob deutsche Unternehmen durch Regulierung mitunter daran gehindert werden, selbst attraktive Angebote zu entwickeln.« Es sei nicht Aufgabe des Wettbewerbsrechts, die eigene Wirtschaft vor erfolgreicher Konkurrenz aus dem Ausland zu schützen. Entscheidend sei, so der Monopol-Experte, dass ein Anbieter damit rechnen müsse, dass in absehbarer Zeit ein Konkurrent mit einer attraktiveren Idee oder einem besseren Service um die Ecke komme. »Durch diese Aussicht kann sogar ein Monopolist unter dem Druck stehen, die Kundschaft zufriedenzustellen und sein Produkt ständig zu verbessern«, sagt Zimmer.

Sicher ist, dass die Digitalisierung durch ihre speziellen Eigenschaften ein zuvor unvorstellbares, rasend schnelles Wachstum möglich macht, die Kosten für den Einstieg in neue Märkte erheblich verringert und dadurch viele Annahmen hinfällig sind, wie schnell und durchschlagend neue Geschäftsfelder erobert werden können.

Manche sehen den digitalen Kapitalismus deswegen als einen neuen »Verteilungskampf«. Der Chefredakteur des »Handelsblatts«, Hans-Jürgen Jakobs, beschreibt es in einem Kommentar so: »Es geht um die Frage, ob einige wenige Konzerne immer bedeutender werden können und auf immer mehr Branchen ausgreifen, oder ob sich andererseits die Nutzer als Subsistenzwirtschaft organisieren, als eine Art antikapitalistisches Refugium, in dem man noch an das glaubt, was das Medium einst versprochen hat: Selbstbestimmung.«

Auf der anderen Seite träumen manche bereits von der Entstehung einer »neuen Wirtschaftsordnung«: Der einflussreiche Ökonom und Zukunftsforscher Jeremy Rifkin etwa ist überzeugt, dass der Kapitalismus durch den technologischen Wandel in seinen Grundfesten erschüttert werde. Es entstehe eine »hybride Wirtschaft«, zum einen ein kapitalistischer Markt, zum anderen ein neues System des Gemeinguts, so formuliert es Rifkin bei einer Begegnung im Sommer 2014. Wir seien auf dem Weg in eine Art Kostenlos-Gesellschaft, in der die durchtechnisierte Wirtschaft immer produktiver und das Leben für einen Großteil der Menschheit immer besser wird, schreibt der Ökonom in seinem Buch »Die Null-Grenzkosten-Gesellschaft«. Ist Rifkin ein Apologet für die Internetkonzerne? Er verneint das vehement, denn schließlich könnten die »Datenströme von jedem analysiert und verwertet werden«. Rifkin findet es falsch, über die Zerschlagung von Konzernen oder die Verstaatlichung von Daten zu diskutieren. Was es vielmehr brauche, sei eine neue Gewerkschaftsbewegung, wie es sie auch bei vorangegangenen industriellen Revolutionen gegeben habe: »Schon jetzt ist bald die Hälfte der Menschheit dabei, irgendwie digitale Güter zu produzieren, zu teilen, Daten bereitzustellen. Und sie haben keine Interessenvertretung«, sagt Rifkin. »Wir werden wohl bald schon Genossenschaften oder andere Arrangements von den Menschen sehen, die sicherstellen wollen, dass ihre Arbeit und ihre Daten nicht allein von Dritten zu Geld gemacht werden.«

Aufgabe der Politik muss es zweifellos sein, die Regeln der sozialen Marktwirtschaft an die digitale Welt anzupassen, sie muss die neuen Ordnungsprobleme klären. Doch wenn etwa SPD-Chef Gabriel ankündigt, »politische Konsequenzen aus der Google-Debatte« ziehen zu wollen, kann man nur hoffen, dass er eine konstruktive, die Digitalwirtschaft insgesamt voranbringende Regulierung plant. Denn mit der Drohung, US-Konzerne zu zerschlagen, ist auch der europäischen Digitalwirtschaft nicht geholfen.

In Brüssel wird schon lange beklagt, dass die Europäer im Internet- und Technologiegeschäft den USA immer weiter hinterherhinken. EU-Kommissions-Vizepräsident Andrus Ansip und der deutsche EU-Digital-Kommissar Günther Oettinger präsentierten im Frühjahr 2015 deswegen eine Agenda für einen digitalen Binnenmarkt, dank dem hunderttausende neue Arbeitsplätze entstehen sollen und der jährlich 415 Milliarden Euro zum europäischen Bruttoinlandsprodukt beitragen soll. Geplant sind dafür über ein Dutzend Maßnahmen und Gesetzesrevisionen, die über mehrere Jahre mit dem EU-Parlament und den Mitgliedsstaaten diskutiert werden sollen, darunter auch die Vereinheitlichung des Urheberrechts und neue Telekommunikationsregeln.

Es ist dabei von seltsamer Ironie, dass ausgerechnet Oettinger zum Chef-Vordenker der EU in digitalen Fragen ernannt wurde. Der ehemalige Ministerpräsident von Baden-Württemberg ist ein erfahrener Politikprofi, aber auch ein bekennender digitaler Laie. Er sagt gern plakative Sätze wie: »Wer die Daten hat, hat die Macht.« Oder: »Den Staubsauger bringt Google auch gleich mit, saugt die Daten ab und mixt sie in den USA zusammen.« Der CDU-Politiker hat recht, wenn er sagt, dass es eine »Europäisierung der digitalen Politik« brauche, um irgendwann mit den

US-Firmen »auf Augenhöhe zu spielen«. Das Problem ist nur, dass in den Konzernzentralen im Silicon Valley, aber auch unter europäischen Digitalexperten und Ökonomen kaum jemand zu finden ist, der glaubt, dass der in Sachen Technologie und Digitalisierung unbedarfte Kommissar auf Augenhöhe spielt.

Oettinger macht aus seiner Überzeugung keinen Hehl, dass vor allem die amerikanischen Plattform-Unternehmen neue Regeln bräuchten, denn es gehe um die »digitale Souveränität« Europas. Er plant dazu auch eine neue Superbehörde, die gegen Google und andere vorgehen kann. Die Pläne stoßen bei vielen Experten auf Unverständnis. Auch Monopolkommissions-Chef Zimmer sieht »keinen Bedarf« für eine solche Behörde.

Doch auch ganz ohne Superbehörde führt die EU bereits seit Jahren eine ganze Reihe von wettbewerbsrechtlichen Untersuchungen gegen Google. Lange Zeit sah es dabei so aus, als würden sich die Kartellwächter in Brüssel und der Internetkonzern auf einen Vergleich einigen. Doch die 2014 neu angetretene Wettbewerbskommissarin Margrethe Vestager will sich damit nicht zufriedengeben und hat die Ermittlungen noch einmal intensiviert. Im Frühjahr 2015 gab Vestager bekannt, dass nach vorläufiger Auffassung der EU-Kommission Google zumindest in einem Fall gegen EU-Kartellrecht verstößt.

Der Hintergrund: Die von einem kleinen Internet-Unternehmen entwickelte Preisvergleichsseite tauchte nicht mehr bei Google auf. Das Unternehmen verklagte Google deshalb Anfang 2010 wegen Machtmissbrauchs bei der EU-Kommission mit dem Argument: Der Internet-Riese wolle offenbar seinen eigenen Shoppingführer fördern. Im April 2015 gab die Kommission dem Unternehmen grundsätzlich recht. Die Wettbewerbsbehörde in Brüssel verkündete, dass Google seinen eigenen Preisvergleichsdienst auf »seinen allgemeinen Suchergebnisseiten systematisch bevorzugt«. Wer über Google nach einem Produkt im Internet forscht, bekomme in der Regel automatisch »Google Shopping« als einen der Toptreffer angezeigt. Die Wettbewerbskommissarin Margrethe Vestager findet es nicht normal, »dass Google immer an erster Stelle steht«, denn als Quasi-Monopolist habe der Konzern eine besondere Verantwortung gegenüber den Konsumenten. Amit Singhal, Chef von Google Search, hält dagegen: »Wir möchten respektvoll, aber vehement widersprechen.«

Wichtig ist: Es geht in der Entscheidung der EU nicht um die allgemeine beherrschende Stellung von Google in der Internetsuche, sondern nur um den speziellen Bereich der Preisvergleichsportale. Tatsächlich ist die Lage im Hinblick auf die Marktmacht von Google in vielen Bereichen keineswegs so eindeutig, wie es auf den ersten Blick scheint. Gerade bei der einträglichen Suche nach Produkten wandern immer mehr Online-Shopper zu den Portalen oder Apps von Anbietern ab, die eigentlich keine Suchmaschinen sind und dadurch auch in der Marktanteilsanalyse nicht auftauchen: Amazon und eBay etwa, Facebook oder Pinterest. Überraschend ist, dass sich die EU zunächst ausgerechnet auf Online-Shopping-Portale fixiert hat. Google Shopping spielt in diesem Markt kaum eine Rolle. Im Gegenteil, der Bereich gilt schon lange als Schwachpunkt des Konzerns. Offen bleibt deshalb die Frage, wie genau der Verbraucher in diesem Bereich durch die marktbeherrschende Stellung von Google bei der allgemeinen Online-Suche eigentlich geschädigt wird.

Viel gefährlicher in der Auseinandersetzung mit der EU ist für Google die nächste Front, deren Eröffnung Vestager bereits angekündigt hat: Die Wettbewerbshüter interessiert auch, wie das Unternehmen seine Marktmacht bei Betriebssystemen von Smartphones nutzt. Die Wettbewerbskommission geht nun dem Verdacht nach, dass Google »den Marktzugang konkurrierender mobiler Betriebssysteme, Anwendungen und Dienste zum Nachteil der Verbraucher behindert«. Google argumentiert hingegen, dass Android eine Open-Source-Software ist, die von jedem kostenlos genutzt werden kann. Android habe deswegen ganz im Gegenteil den Wettbewerb im Smartphone-Geschäft erheblich gefördert.

Die Vorwürfe der EU in Bezug auf Google Shopping sind vor allem als erste Breitseite zu sehen, ein Eröffnungsschachzug in einer grundlegenden Auseinandersetzung mit dem Konzern. Vergleichbare Untersuchungen gegen den Internetkonzern bei Reiseportalen, Online-Flugbuchungen oder Kartendiensten laufen weiter. Auch hier haben sich Konkurrenten beschwert, dass sie von Google systematisch benachteiligt werden. Google stellt sich deshalb auf eine lange Auseinandersetzung mit der EU ein. Es drohen Strafzahlungen in Milliardenhöhe. Wenn die Kartellwächter in dem einen oder anderen Fall Strafen verhängen, kann der Konzern allerdings immer noch klagen – und bis der Europäische Gerichtshof endgültig entscheidet, könnten viele Jahre vergehen. Aber in den vergangenen Jahren hat Google stets mit allen Mitteln versucht, eine lange rechtliche Auseinandersetzung mit der Wettbewerbsbehörde zu vermeiden, auch weil der Konzern die Beispiele von Microsoft und Intel vor Augen hat: Der Streit der beiden Konzerne mit der EU erwies sich nicht nur als kostspielig, sondern war für die Unternehmen auch eine erhebliche Ablenkung vom Tagesgeschäft. Apple hingegen ist es in einem anderen Fall gelungen, sich mit der EU außergerichtlich zu einigen, und darauf wird auch Google nun hinarbeiten, heißt es in der Firmenzentrale in Mountain View. Intensiv sucht der Konzern hinter den Kulissen nach einer gütlichen Einigung mit der EU. Ob sich die Wettbewerbskommissarin von ihrer Angriffslust abbringen lässt, ist allerdings unsicher. Sie sagt: »Wir werden uns Google weiterhin auch in anderen Bereichen anschauen.«

Das Vorgehen der EU gegen die amerikanischen Tech-Konzerne wird nicht nur im Silicon Valley, sondern auch in Washington zunehmend argwöhnisch verfolgt. Neben Google ist auch Facebook Ziel von Untersuchungen der EU, und die Kommission hat auch das Musikgeschäft von Apple unter die Lupe genommen. In Washington vermutet man angesichts dieser Häufung an Verfahren, dass die zunehmend scharfen Töne aus Europa gegen amerikanische Digitalkonzerne keinen rein wettbewerbsrechtlichen Hintergrund haben – sondern auch einen industriepolitischen. Es wird die Frage gestellt, ob das Vorgehen der EU wirklich dem Verbraucher nutzt – oder nur den Wettbewerbern?

Im Februar 2015 beschwerte sich US-Präsident Barack Obama in einem Interview mit der Online-Nachrichtenseite »Recode«, dass gerade in Bezug auf Google und Facebook »das europäische Vorgehen mehr von wirtschaftlichen Motiven getrieben ist«. Die Angriffe auf die Silicon-Valley-Unternehmen wären »nicht immer ehrlich«, so Obama. Amerikanische Unternehmen hätten »das Internet erfunden, ausgebaut und perfektioniert« auf eine Art und Weise, bei der andere nicht mitgekommen seien. Bei seiner Kritik bezog sich der amerikanische Präsident nicht nur auf die EU-Politik, sondern vor allem auch auf die Lobby-Arbeit europäischer Firmen: »Was da als kluge Positionen zu politischen Fragen dargestellt wird, ist oft nur dazu gedacht, wirtschaftliche Interessen zu fördern.«

Auf einen anderen Aspekt in der Auseinandersetzung mit Google weist die »New York Times« hin. Sie vermutet, dass Google Gefahr läuft, für die Europäer zum »Sündenbock für die Kritik an der alles durchschnüffelnden US-Regierung und der Angst vor Amerikas technologischer Dominanz« zu werden, auch wenn Vestager bei der Vorstellung der Beschwerde gegen Google im April 2015 betonte, sie habe nichts gegen dominante Konzerne, sondern wolle nur europäisches Recht durchsetzen. Zudem komme ein Viertel der Beschwerden aus den USA.

Allerdings war auch in den USA die Debatte um angebliche

Wettbewerbsverzerrungen durch Google Anfang 2015 neu ent-
flammt. Durch eine Panne bei der US-Wettbewerbsbehörde
Federal Trade Commission (FTC) war ein internes Gutachten aus
dem Jahr 2012 bekannt geworden, das eine Klage gegen Google
empfiehlt. Auf 160 Seiten liefert das Papier eine harsche Analyse der Geschäftspraktiken des Konzerns. Die Schlussfolgerung:
Google habe den Wettbewerb gehemmt und seine Monopolstellung missbraucht.

Die FTC hatte über zwei Jahre die Geschäftspraktiken von
Google untersucht. Das Gutachten, das an die Öffentlichkeit
gelangte, wurde daraufhin von der FTC-Abteilung für Wettbewerb
erstellt, andere Abteilungen hingegen sprachen sich gegen eine
Klage aus. 2013 stimmte die Leitung der FTC einstimmig dafür, die
Ermittlungen einzustellen: Es sei klar, dass es vor allem im Suchmaschinengeschäft, dem Fokus der Ermittlungen, »keine rechtliche Grundlage für Maßnahmen« gebe. Der Marktanteil von
Google in den USA ist erheblich geringer als in weiten Teilen der
EU. Experten schätzen ihn auf etwa 75 Prozent. In Deutschland
dagegen erreicht Google einen Marktanteil von bis zu 94 Prozent.

Das FTC-Papier erweist sich auch Jahre nach Einstellung der
Ermittlungen noch als Problem für Google, weil es die bisherige
Argumentation des Konzerns konterkariert, dass die amerika-
nischen Behörden bei ihrer Untersuchung keinerlei Hinweise
auf wettbewerbsrechtliche Verfehlungen gefunden hätten. David
Drummond, Chefjurist von Google, hatte damals betont: »Die
Schlussfolgerung ist eindeutig: Die Dienstleistungen von Google
sind gut für die Nutzer und gut für den Wettbewerb.«

Ähnlich wie in der EU wurden auch die Untersuchungen
in den USA allerdings erheblich von Wettbewerbern angetrieben. Microsoft etwa führt hinter den Kulissen schon lange eine
Kampagne gegen Google. Anders als in Europa spielen in den
USA jedoch Verlage keine Rolle. Stattdessen sind es vor allem

namhafte Konkurrenten in der Digital-Industrie, die vor der Behörde gegen den Konzern aussagten – darunter etwa eBay, Amazon und Yahoo.

Google-Gründer Page ist der Ansicht, dass sich die wettbewerbsrechtlichen Fragen in einem dynamischen Geschäftsumfeld mit der Zeit von selbst klären würden. Entsprechend gelte es, die Voraussetzungen für schnelles Wachstum zu schaffen, denn dadurch würden auch neue Unternehmen entstehen, die neue Produkte entwickeln. »Google in zehn Jahren wird ein ganz anderes Unternehmen sein als heute«, sagt Page.

Auffallend ist, dass die europäischen Mahner vor einer gefährlichen Machtkonzentration in Mountain View dazu neigen, den Erfolg des Unternehmens zu überhöhen. Viele Google-Kritiker sehen zwar die großen Erfolge, blenden aber die Probleme des Konzerns komplett aus. In den USA dagegen wird Google von Wirtschaftsexperten immer wieder vorgehalten, das Unternehmen sei noch immer ein »One-Trick Pony«, ein Zirkuspferd, das nur ein Kunststück beherrscht. Denn die Milliardengewinne des Unternehmens stammen weiterhin zu über 80 Prozent aus dem Online-Anzeigengeschäft – und es gibt deutliche Anzeichen, dass dieses Modell langfristig mit wachsenden Problemen zu kämpfen haben wird.

Abzulesen ist das vor allem am sogenannten CPC, dem Cost-per-Click, zu Deutsch: Preis pro Klick. Das ist die zentrale Kennzahl, wie viel werbetreibende Unternehmen für eine Anzeige zu zahlen bereit sind. Seit mehreren Jahren fällt der CPC-Wert beständig. Um es anders zu sagen: Die Anzeigen, der Kern von Googles Geschäftsmodell seit der Gründung des Unternehmens, verlieren immer mehr an Wert. Der Konzern verfolgt mit Argwohn, dass die Suche nach Produkten oft direkt bei großen Online-Händlern und Preisvergleichsportalen durchgeführt wird – was in den Statistiken zum Suchmaschinenmarkt nicht erfasst wird.

Philipp Schindler, Chef der Global Sales & Operations-Abteilung von Google, betont, er habe »keine generellen Bedenken, was das Werbegeschäft als Form der Monetarisierung angeht«. Anzeigen seien ein fantastisches Modell, um »Konsumenten etwas sehr günstig oder potenziell kostenlos anzubieten«. Aber auch Schindler ist sich bewusst, dass sich die Zeiten ändern. Die Schwierigkeiten von Google, die Klickraten und Preise in Schwung zu bringen, werden für den Konzern vor allem im Vergleich zu dessen vorherigen Erfolgen zum Problem. Für die meisten Unternehmen wäre ein Wachstum von rund 20 Prozent im Kerngeschäft phänomenal. Google aber wuchs zuvor über 35 Prozent im Jahr. Und sich stark verlangsamendes Wachstum, egal von welch hohem Niveau man kommt, ist nie ein gutes Zeichen.

Deswegen sucht Google immer intensiver nach Alternativen. Die Moonshots sollen die Welt verändern, sicher, aber sie sollen auch zusätzliche Standbeine schaffen, andere Einkommensquellen erschließen. Auch deswegen hat Page die Verantwortung für die meisten Produkte auf seine rechte Hand Sundar Pichai übertragen, damit er selbst sich auf Strategie konzentrieren kann. Gleichzeitig erhöhte Page im vierten Quartal 2014 die Ausgaben für Forschung und Entwicklung noch einmal drastisch um 45 Prozent gegenüber dem Vorjahresquartal. Colin Gillis, einer der führenden Tech-Analysten der Wall Street, formulierte es in einem Kommentar so: »Wir sehen das sich verlangsamende Kerngeschäft als einen der Gründe, warum Google so heftig in neue Projekte investiert, weil es neue Produkte braucht, um das Umsatzwachstum wieder in Schwung zu bringen.«

Google experimentiert außerdem zunehmend mit anderen Einnahmemodellen. Der App Store etwa bringt immer mehr Geld ein: 2014 verkaufte Google Anwendungen für rund sieben Milliarden Dollar. Zum Vergleich: Apple spielte im Geschäftsjahr 2014 mit dem eigenen App-Store rund 18 Milliarden Dollar ein.

Die Video-Plattform YouTube testet ein Abo-System, und das selbstfahrende Auto soll sicher nicht mit Anzeigen Geld einspielen. »Es liegt auf der Hand, dass, wenn wir solche neuen Wege gehen, wir auch auf andere Modelle setzen, um Geld zu verdienen«, sagt Global-Operations-Chef Schindler.

Trotzdem häufen sich vor allem in den USA die Stimmen, die unken: Vielleicht wird das nichts mit der jahrzehntelangen Dominanz. Die Moonshots? Nur Luftnummern. Tolle Ideen, mit denen jedoch kein Geld gemacht wird. Google wandele sich langsam zu Microsoft: wichtig, riesig, aber nicht dominant. Die Zukunft gehöre anderen, Facebook etwa. Anfang 2015 schreibt der einflussreiche Tech-Kolumnist der »New York Times« Farhad Manjoo: »Google ist jetzt mächtig, aber nicht für immer.« Die bisherige Stärke des Konzerns, Anzeigen neben Suchergebnisse zu platzieren, könne sich morgen als große Schwäche erweisen. Die Stellung des Konzerns in der Zukunft, schreibt Manjoo, sei alles andere als klar.

Befeuert wird die Kritik, weil Google oft nur langsam vorankam, wenn sich das Unternehmen aus seinem Kerngeschäft herauswagte. Oder sogar krachend scheiterte, etwa mit der Übernahme von Motorola. Es klang so logisch für die Strategen in Mountain View: Ein Smartphone-Betriebssystem plus ein eigener Handyhersteller. Aber Google hatte keine Erfahrung mit Restrukturierungen, scheiterte daran, ein so großes Unternehmen mit einer ganz anderen Kultur in den Konzern zu integrieren.

Das Wohnzimmer als Unterhaltungszentrum der Nutzer ist Ziel aller Tech-Konzerne, Microsoft hat mit der Xbox bereits einen Fuß in der Tür und Apple mit Apple TV. Google entwickelte ein Entertainment-Zentrum namens Nexus Q – das nach schlechten Kritiken jedoch nie auf den Markt kam. Google Glass floppte trotz enormer Kosten. Nicht wenige Investoren fragen, ob nicht bald wenigstens einige der Moonshots auch mal die Atmosphäre verlassen oder ob sie nur viel Geld verbrennen, um dann abzuschmieren.

Am Ende aber sind die eigenen gescheiterten Projekte aber wohl das kleinere Probleme gegenüber den Erfolgen der Konkurrenz. Denn so einzigartig die wirtschaftlichen Erfolge von Google scheinen, sind sie doch replizierbar – zwar nicht von jedem, aber zumindest von anderen ambitionierten Plattformen. Schon seit einiger Zeit sieht es so aus, als finde Google keine Antwort auf Facebook. Das soziale Netzwerk hat sich rasant zu einem breit aufgestellten Internet-Unternehmen gewandelt und dabei vor allem eine erstklassige Anzeigenplattform und ein schlagkräftiges Verkaufsteam geschaffen. 2014 nahm Facebook allein mit mobilen Anzeigen knapp 7,5 Milliarden Dollar ein, 140 Prozent mehr als im Vorjahr. Dazu baut der Online-Riese nun ein eigenes Werbenetzwerk, setzt immer mehr auf Videos und arbeitet an einer Plattform für das Internet der Dinge. Der Facebook-Messenger und der ebenfalls Facebook gehörende Kurznachrichtendienst WhatsApp liegen jeweils schon fast gleichauf mit der Reichweite von Gmail. Das Nachrichtenportal »Business Insider« warnt deswegen, dass Facebook jetzt richtig in Schwung komme, während Google an Fahrt verliere: »Es fühlt sich an, als könnte Google zu Microsoft werden, ein Unternehmen mit brillanten Menschen und brillanten Ideen, die aber zu nichts führen.«

Sicher ist, dass die enorme Dynamik der Digitalisierung nicht nur die analogen Industrien durcheinanderwirbelt, sondern auch die Tech-Branche selbst. Googles Global-Operations-Chef Schindler sieht zwei parallele »Revolutionen«, beide »eine große Herausforderung« für Google. An erster Stelle steht für ihn dabei die Smartphone-Revolution. Doch kann die wirklich ein Problem sein für Google, den Konzern, der das erfolgreichste Smartphone-Betriebssystem der Welt entwickelt hat?

Analysten der Investmentbank Goldman Sachs schätzen, dass Google im Jahr 2014 rund 11,8 Milliarden Dollar mit mobilen Anzeigen verdient hat. Drei Viertel dieser Summe stammten laut Goldman Sachs aber aus Anzeigen, die über Suchen auf iPhone und iPad getätigt wurden. Und das auch nur, weil Google nach Schätzungen von Insidern Milliarden von Dollar im Jahr dafür bezahlt, dass Google die voreingestellte Suchmaschine auf den Geräten ist. Android-Nutzer klicken dagegen offenbar weit weniger auf Anzeigen. Dieses Ungleichgewicht illustriert, wie die zunehmend mobile Welt des Internets das Anzeigengeschäft für Google insgesamt schwieriger macht. Hinzu kommt, dass Werbung auf dem Smartphone generell weniger wert ist als auf dem Desktop. Marktforscher vertreten die Meinung, dass die Google-Anzeigen auf dem Smartphone nicht so effektiv sind wie auf dem Desktop-Computer. Auch weil viele Nutzer auf dem Handy lieber direkt eine App zur Produktsuche nutzen.

Die zweite massive Veränderung, die Schindler sieht, ist der Aufstieg von Video. Bereits Mitte 2014 waren laut dem Netzwerk-Konzern Cisco 84 Prozent des gesamten Internet-Datenverkehrs in den USA Videoübertragungen: YouTube-Clips, mehr oder weniger legal heruntergeladene Serien-Episoden und Filme oder das Angebot in den Online-Videotheken und -Mediatheken der TV-Sender. Die Entwicklung werde sich fortsetzen, glaubt Schindler. Dieser Boom hat massive Auswirkungen auf die Netzwerk-Infrastruktur und auf Werbemodelle. Immer mehr Werbeausgaben fließen zu Anbietern wie Netflix und Facebook. YouTube hingegen ist zwar die mit Abstand populärste Video-Plattform der Welt, aber der Gewinn des Video-Dienstes bleibt hinter den Erwartungen zurück. Google weist die Kennzahlen einzelner Abteilungen nicht aus, aber Insider berichten, dass der Umsatz von YouTube 2014 bei rund vier Milliarden Dollar lag. Zuletzt hat Google den Videodienst massiv mit

Werbekampagnen unterstützt – dadurch stieg zwar die Popularität noch weiter, nicht so sehr aber die Einnahmen.

Aber machen diese Entwicklungen Schindlers Job wirklich »so viel schwerer«, wie er sagt, werden sie Google tatsächlich langfristig zu schaffen machen? »Natürlich kann man die Position einnehmen: Wow, wir sind so groß, und deswegen werden wir auch automatisch weiterhin so erfolgreich sein«, sagt Schindler. »Aber ich sehe das nicht so, und der Grund ist, dass Größe heutzutage keine Rolle spielt.« Der Plattform-Effekt, von dem Google selbst so profitiert, macht es auch kleinen neuen Unternehmen viel leichter, schnell zu wachsen. Durch die Cloud und die ständig wachsenden Rechenkapazitäten sind die Infrastrukturkosten dramatisch gesunken und die Adoptionsraten für neue Technologien und Produkte nach oben geschnellt. »Teilweise dauert es heute nur Wochen, einen Markt zu durchdringen«, sagt Schindler.

Vor Augen hat Google dabei nicht zuletzt den rasanten Aufstieg von WhatsApp: Der Kurznachrichtendienst sammelte mit kaum mehr als einem Dutzend Mitarbeitern in wenigen Jahren hunderte Millionen Nutzer ein. Google wollte WhatsApp kaufen, aber Facebook war schneller – auch weil Mark Zuckerberg bereit war, den scheinbaren Mondpreis von 19 Milliarden Dollar für das Unternehmen zu zahlen. In den vergangenen Jahren entstanden zahlreiche solcher »Einhörner«, wie im Silicon-Valley-Sprech die seltenen, aber von allen Geldgebern gesuchten Start-ups genannt werden, die es mit einer neuen Idee in kürzester Zeit zu einer fast globalen Verbreitung schaffen und deswegen Milliarden von Dollar wert sind. Neben WhatsApp zählen Uber und Airbnb zu den prominentesten Vertretern aus der Familie der Einhörner. Doch mit dem Erfolg steigen die Erwartungen. »Noch vor wenigen Jahren waren alle überglücklich, wenn es ein Start-up auf eine Million Kunden brachte«, sagt Schindler. Dann hieß es, zehn Millionen Nutzer müssen es schon sein. »Heute heißt es sogar bei 100 Millionen: Ohje, viel Glück.«

Insbesondere in Schwellenländern wie China drängen dazu neue Billiganbieter auf den Markt, die zwar einerseits eine Google-Plattform wie Android nutzen – aber nur in stark modifizierten Versionen. Das Start-up Xiaomi etwa fabriziert eines der beliebtesten chinesischen Smartphones – für weniger als 300 Dollar. Weil solche Billiganbieter damit nicht viel Gewinn machen, setzen sie zum Geldverdienen auf ihre eigenen Apps. China ist dazu noch ein besonders schwieriger Fall für Google, weil die Apps des US-Konzerns dort gesperrt sind.

»Ich bin ehrlich gesagt regelrecht paranoid, was die Zukunft angeht, weil alles andere als klar ist, wer hier der Gewinner sein wird«, sagt Schindler. Außerhalb des Silicon Valley denke jeder, Google habe schon gewonnen. »Hier denkt das niemand.« Ähnlich äußert sich auch Eric Schmidt: »Irgendwo in einer Garage hat uns jemand ins Visier genommen, genauso wie wir vor nicht allzu langer Zeit noch in einer Garage arbeiteten.«

Wollen Schmidt und Schindler den Einfluss und die Marktposition von Google kleinreden? Wahrscheinlich. Allerdings endet die Dominanz von Technik-Riesen oft nicht mit einem großen Knall, sondern mit einem langsamen, aber scheinbar unaufhaltsamen Abrutschen. Beispiele dafür gibt es genug. Sicher ist, dass nicht nur bei Google, sondern im gesamten Silicon Valley die von Schindler beschriebene Paranoia tatsächlich allgegenwärtig ist. Jeder hat Clayton Christensens Buch »The Innovator's Dilemma« gelesen, jeder hat das Schicksal von Microsoft und Sony vor Augen. Deswegen war Facebook bereit, 19 Milliarden Dollar für WhatsApp zu zahlen. Deswegen kaufen alle Tech-Riesen jedes Jahr Dutzende von Start-ups auf, die auch nur annähernd so aussehen, als könnten sie das »next big thing« landen. Und dennoch rutschen ihnen die wirklich großen Neuentdeckungen immer wieder durch die Maschen, obwohl die klügsten Köpfe im Silicon Valley doch eigentlich über nichts anderes nachdenken. So wie Steve Ballmer und Bill Gates ursprünglich weder den iPod noch das iPhone als Revolution erkannten, so wurden auch Uber und Airbnb zunächst als wenig erfolgversprechende Geschäftsmodelle abgetan. Airbnb fand lange überhaupt keine Geldgeber. Der genaue Lauf des Fortschritts, die nächste Bresche, die von der Digitalisierung in die Welt geschlagen wird, ist selbst für Mark Zuckerberg, Larry Page oder Tim Cook kaum vorherzusehen.

Diese Angst vor dem langsamen Abstieg erklärt zumindest teilweise die Dünnhäutigkeit, mit der Google auf die Kartellverfahren in Europa und die Debatte um die Macht des Konzerns reagiert. Den Google-Managern ist durchaus bewusst, dass die Probleme von Microsoft auch mit einem Kartellverfahren in Europa, mit einer globalen Debatte um den übergroßen Einfluss des Software-Riesen begann, während sein Geschäftsmodell aus verschiedenen Richtungen unter Beschuss geriet. Aber es gibt noch einen zweiten Aspekt, warum die Konzernführung zuletzt immer wieder so verschnupft wirkte: Google will gemocht werden. Anderen dominanten Industrien und Konzernen war es immer weitgehend egal, was der Rest der Welt über sie dachte: Ölmultis, die die Umwelt scheinbar skrupellos ausbeuten, Investmentbanker, die die Welt fröhlich in den finanziellen Abgrund ritten. Die meisten Google-Ingenieure zucken dagegen unmerklich zusammen, sobald es um die Motive für das Datensammeln geht. Vor allem die deutschen Manager und Ingenieure reagieren oft pikiert, sichtbar angefressen, wenn sie auf die Verdächtigungen angesprochen werden, mit all den gesammelten Daten vielleicht Böses im Schilde zu führen.

»Dieser bizarre Vorwurf zum Beispiel, wir hätten Nest gekauft, um damit die Leute zu Hause auszuspionieren, das ist so ein

Schwachsinn«, sagt Schindler. Beschäftigen sich die deutschen Mitarbeiter damit, wie in Europa, insbesondere aber in der eigenen Heimat über Google diskutiert wird? »Ja, sehr viel sogar«, sagt Daniel Holle, der Produktmanager von Android Auto. »Ich glaube, die Leute in Europa sehen nicht das gesamte Bild, was Google eigentlich wirklich macht.«

Niels Provos, der Kryptographie-Experte, ist »ein bisschen traurig und frustriert«, denn er sei in Deutschland mit »kritischem Denken« aufgewachsen, habe in der Schule gelernt, sich immer selbst ein Bild zu machen. »Aber immer wenn ich jetzt nach Deutschland reise, treffe ich all die Leute, die sich über Google beschweren, ohne zu reflektieren, was da eigentlich behauptet wird.« Provos weiß, dass es viel Überzeugungsarbeit brauchen wird, um sein Ziel zu erreichen: »Ich möchte nach Deutschland fahren und die Leute sagen hören: Mensch, Niels, wir sind froh, dass du bei Google arbeitest und dich um Sicherheit kümmerst.« Doch der Weg zu diesem Wunschszenario scheint noch erstaunlich weit – auch weil es Google in der Vergangenheit allzu oft nicht für nötig hielt, sein Vorgehen und seine Motive zu erklären.

Was also muss passieren? »Wir müssen transparent sein bei allem, was wir tun und wie wir es tun«, sagt Eschelbeck, der Abteilungsleiter für Sicherheit und Datenschutz. Aus diesem Gedanken heraus hat Google im Sommer 2015 die Einstellungsmöglichkeiten seiner Nutzer für Privatsphäre und Sicherheit überarbeitet. Sämtliche Optionen, etwa zum Speichern der Nutzeraktivitäten und zur Anzeige von Werbung, lassen sich nun zentral von den Nutzern verwalten. Dabei lässt sich auch der eigene Datenschatten – was genau Google an Informationen einsammelt – detailliert nachvollziehen. »Um Glaubwürdigkeit aufzubauen, muss die Öffentlichkeit verstehen, was hier passiert«, sagt Eschelbeck. Er weiß aber auch: »Das kann nicht über Nacht passieren, sondern wird noch viel Zeit brauchen.«

9
Die Zukunft: Aufstieg der Maschinenintelligenz oder Abstieg eines Internet-Riesen?

Müssen wir uns vor Googles Ambitionen fürchten? Wenn es nach Hollywood und der Mehrzahl der popkulturellen Werke, die sich mit der digitalisierten Zukunft auseinandersetzen, ginge, dann wäre die Antwort ein einhelliges Ja. Zuletzt häuften sich Bücher und Filme, die trostlose Zukunftsszenarien entwerfen, wobei die Misere zumindest teilweise immer irgendwie durch einen Google-ähnlichen Konzern verursacht wird. Im Kino-Hit »Ex Machina« etwa stellt sich heraus, dass der brillante Gründer einer Suchmaschinen-Firma insgeheim all die gesammelten Daten dazu nutzt, einen denkenden, menschenähnlichen Roboter zu schaffen. Und Autor Dave Eggers beschreibt in seinem Bestseller »The Circle« eine sich entwickelnde Techno-Diktatur, Stück für Stück errichtet, Stein um Stein geschichtet wie ein riesiges digitales Gefängnis. In seinem Roman erfüllen die digitalen Machthaber den Menschen zwar viele Träume – doch dafür nehmen sie ihnen die Freiheit, und sie nehmen ihnen vor allem das Humane. In Eggers' »Circle«-Welt geht der Einzelne unter. Er zählt nicht mehr. Er begibt sich freiwillig in eine totalitäre Welt, in der es keine Politik mehr gibt, keinen Staat, sondern nur noch den Zwang zum Glück durch den einen Digitalkonzern.

All das sind wilde Fantasieszenarien, aber sie durchdringen die Popkultur genauso wie das Feuilleton und fließen in die generelle Debatte um unsere digitale Zukunft mit ein. Warum scheint es so viele Menschen zu ängstigen, wenn ein Unternehmen alles daransetzt, die Welt mit Technologie zu verbessern? Warum häufen sich die Warnungen, Befürchtungen, Sorgen statt die Hoffnung, Begeisterung, Unterstützung? Das selbstfahrende Auto verspricht der größte Schritt für die menschliche Mobilität seit Jahrzehnten zu werden. Der Knowledge Graph verbindet alle Informationen der Welt, und die Suchmaschine macht sie jedem überall zugänglich. Glauben wir nicht mehr daran, dass Wissen Freiheit fördert? Kann man ernsthaft gegen billige Smartphones, Krebsbekämpfung, Lebensverlängerung sein?

Zumindest ein Teil des Problems scheint darin zu liegen, dass Google eine Anomalie ist. Ein seltsamer Sonderling. Die Menschheit zu beglücken, schreiben sich normalerweise nur Fantasten, Sekten und manche Regierungen auf die Fahnen. Welchem Unternehmen nimmt man schon ab, Produkte aus Edelmut zu entwickeln? Welches mächtige Unternehmen in der Geschichte war am Ende nicht nur ein egoistisches Vehikel zum Geldverdienen? Alle Erfahrungen raten zur Vorsicht, zur Skepsis. Google geht es sicherlich nicht um die Eroberung der Welt, aber darum, die Zukunft zu formen. Diese Unterscheidung ist wichtig, und doch scheinen die Grenzen zwischen dem einen und dem anderen Ziel in unseren Köpfen immer wieder zu verschwimmen.

So viel ist klar: Google will eine neue Kommunikationswelt schaffen. Nicht nur eine Reihe von digitalen Produkten, sondern eine in sich geschlossene Vision aus Smartphones und anderen Geräten, schnellem Internet auf dem Boden und aus der Luft, mit der Software, die alles antreibt und Zugangsportal für den Nutzer ist. Mit dem Projekt Google Fi versucht sich der Konzern nun auch als Mobilfunkanbieter. Aber was ist mit all den anderen, scheinbar zusammenhanglosen Projekten, den immer neuen Ankündigungen von Tochterunternehmen für Sonderprojekte, von Versuchslaboren und Forschungsunterfangen? Im Sommer 2015 stellte Page aus heiterem Himmel das Projekt Sidewalk Labs vor: eine separate Geschäftseinheit mit dem Ziel, das Leben in Städten durch Technologie zu verbessern. Vor allem in dichten Ballungsräumen will Google eine klügere, grünere, menschenfreundlichere Infrastruktur schaffen. Leiter des Tochterunternehmens ist Daniel L. Doctoroff, ehemals Chef des Finanz- und Medien-Riesen Bloomberg und später als stellvertretender Bürgermeister von New York zuständig für Stadtentwicklung. Sidewalk Labs soll eine »urbane Innovations-Firma« sein, die Technologien entwickelt, um die Lebenshaltungskosten zu verringern, Transportsysteme effizienter zu machen, Umweltbelastungen einzudämmen und den Energieverbrauch zu senken. Über »Smart Cities« und Umweltkonzepte wird in vielen Städten diskutiert, es wird an grünen Dächern und an einem dichten Netzen aus Ladestationen für elektrische Autos gearbeitet. Aber wie immer denkt Google nicht in punktuellen Projekten, sondern will all die Ideen konzentrieren und dann skalieren.

Page hat die Idee für Sidewalk Labs mit Doctoroff gemeinsam entwickelt, es ist eines seiner Lieblingsprojekte, in das er persönlich stark involviert ist. Er beschreibt es so: »Mit urbaner Technologie lässt sich das Leben von Milliarden von Menschen auf der ganzen Welt verbessern. Wir wollen die bestehenden Bemühungen enorm beschleunigen und die alltäglichen Probleme von Stadtbewohnern lösen.« Sidewalk ist ein Paradebeispiel dafür, wie Page denkt, denn er sieht dabei »große Möglichkeiten, die Welt besser zu machen und damit zugleich Geld zu verdienen«.

Das neue Unternehmen soll dabei selbst Technologien entwickeln, aber auch Partnerschaften schließen. Als Vorbild dient Calico, Googles Forschungsprojekt zur Lebensverlängerung, das sich unter anderem mit einem Pharmaunternehmen zusammengetan hat, um für 500 Millionen Dollar ein Forschungszentrum zu bauen, das ausschließlich Krankheiten erforscht, von denen nur ältere Menschen betroffen sind. Durch diese strategischen

Partnerschaften und eigene Forschung soll Sidewalk Technologien entwickeln, hofft Page, um den wuchernden Metropolen der »Dritten Welt« zu helfen und Städte in aller Welt den hohen Urbanisierungsraten trotzen zu lassen.

Ist Page am Ende ein Sozialromantiker? Der Google-Gründer hat sicherlich Züge eines Träumers, eines Utopisten. Er arbeitet nicht nur auf wirtschaftliche Ziele hin, sondern erklärtermaßen auf gesellschaftliche. Utopisten sind idealistische Reformer, die daran glauben, dass die menschliche Gesellschaft perfektioniert werden kann. Solche Visionen durchziehen fast die gesamte Menschheitsgeschichte, sind schon bei dem antiken Philosophen Platon zu finden. In seinem Werk »Politeia«, in dem er über den idealen Staat nachdenkt, träumt Platon von einer Elite aus Philosophenherrschern, ausgebildet in jahrzehntelangen Schulungen, um die zivilisierte Gesellschaft voranzubringen. Vor allem im 19. Jahrhundert entwickelten sich zahlreiche utopische Bewegungen als Reaktion auf die Industrialisierung und die Auswüchse des Kapitalismus. Sie strebten nach einer egalitären Gesellschaft ohne Geld, in der jeder nur an dem arbeitet, was ihm Spaß macht. In dieser Linie steht schließlich auch die Hippie-Kultur der 1960er Jahre, entstanden wesentlich in San Francisco und noch immer eine prägende Unterströmung für die Kultur des Silicon Valley mit ihren Idealen von Selbstversorgung und Weltverbesserung. Am Ende aber waren die Utopisten immer zum Scheitern verurteilt. Deswegen auch wirken die Visionen des Google-Gründers einerseits so vertraut und werden gleichzeitig so kritisch gesehen.

Sind die Moonshots von Google kaum mehr als eine neue Variante solcher immer wiederkehrenden Sozialfantasien: die Lebensverlängerung, die Welt der selbstfahrenden Roboter-Autos, die grünen Städte, das Internet für alle? Kurzlebige Träume, Luftnummern, die sich nicht realisieren lassen? Eine Art Esperanto der Technologie: eine Idee, die irgendwie gut klingt, aufwendig umgesetzt, die ihre Ziele am Ende aber nie erreichen wird. Das Risiko des Scheiterns besteht zumindest. Facebook baut an einer immer besseren Werbeplattform, Apple dominiert das Hardwaregeschäft und die Smartphone-Profite, und die Autokonzerne verwenden viel Energie darauf, den entstehenden Markt für selbstfahrende Autos alleine unter sich aufzuteilen. Wenn das Suchmaschinengeschäft ins Stottern gerät, wenn all die Visionen in fünf Jahren keine Profite abwerfen, dann wird sich Google vielleicht ganz schnell auf das beschränken müssen, was die Kritiker des Konzerns schon jetzt als seinen einzigen Inhalt sehen: Daten sammeln, Anzeigen verkaufen und eine möglichst starke Monopolstellung in vielen Bereichen sichern.

Aber so weit ist es noch lange nicht. Für die absehbare Zukunft ist Google das vielleicht spannendste Langzeitexperiment der Welt: Lässt sich wirklich zehntausenden von Menschen systematisch Innovationsbereitschaft und Kreativität antrainieren? Lässt sich alleine durch Willen und das nötige Geld der Fortschritt der Zivilisation beschleunigen? Es wird interessant zu beobachten sein, ob Google trotz aller Bemühungen nicht doch noch dem »Innovator's Dilemma« zum Opfer fällt. Mit der Umstrukturierung des Konzerns und der Einführung des Dachkonzerns Alphabet glaubt Page einen wichtigen Schritt getan zu haben, um dieses Schicksal zu vermeiden. Das Aufteilen des Konzerns in verschiedene Unternehmen unter einem Dach soll die vielen Bemühungen entflechten, die Bürokratie überschaubar und die Strukturen flexibel halten. Andererseits: Wenn die wirklich spannenden Themen, die wilden Zukunftsträume nur noch bei Alphabet stattfinden und nicht mehr im neuen, verschlankten Google, das nach und nach zur reinen Profitmaschine degradiert wird, könnte das dem so wichtigen Kerngeschäft erheblich schaden. Denn dann würden die besten und klügsten Ingenieure vielleicht lieber gleich zu X oder den Medizinforschern um

Andy Conrad wechseln. Die Folge wären Stagnation und genau das langsame Abdriften in die Mittelmäßigkeit, das Page so dringend verhindern will.

Selbst wenn das Experiment gelingt, wenn die positiven Seiten der Techno-Fantasien von Page nach und nach zum Tragen kommen sollten, stehen ihrer Umsetzung große Fragen über die langfristigen Konsequenzen entgegen: Welche Auswirkungen hat die Digitalisierung auf den Arbeitsmarkt? Auf die Gerechtigkeit in der Gesellschaft? Führt die Plattform-Ökonomie zu einer wachsenden Masse von digitalen Mini-Jobbern? Eine durchtechnologisierte Welt herbeizusehnen mit immer klügeren Maschinen, immer smarterer Software scheint in vielen Belangen erstrebenswert. Aber so groß die Vorteile auch sein mögen, so sicher scheint auch, dass sich zumindest zwischenzeitlich gesellschaftliche und ökonomische Verwerfungen nicht vermeiden lassen werden.

Google steuert nicht zufällig just in dem Moment auf den Höhepunkt seines Einflusses zu, in dem Rechenkraft, Digitalisierung und Fortschritte in der künstlichen Intelligenz zu einem neuen, zweiten Maschinenzeitalter zusammenzufließen scheinen. Unter Ökonomen gibt es eine sich seit einigen Jahren immer weiter zuspitzende Debatte darüber, wie dieses Zeitalter aussehen wird, welche Folgen der rasante technologische Fortschritt für die Strukturen von Volkswirtschaften und Arbeitsmärkten hat. Vernichtet die digitale Revolution mehr Jobs, als sie schafft? Droht eine weltweite strukturelle Arbeitsmarktkrise?

Im Wesentlichen ausgelöst und vorangetrieben wurde die Debatte von Andrew McAfee und Erik Brynjolfsson, zwei Wirtschaftswissenschaftlern, die seit langem schon zu den Auswirkungen der Informationstechnologie auf Wirtschaft und Arbeit forschen. Weltweites Aufsehen erregte ihr 2011 erschienenes Buch »Race Against the Machine«, in dem beschrieben wird, wie der durchschnittliche Arbeitnehmer zunehmend durch Roboter und Software ersetzt zu werden droht.

McAfee ist weder Kulturpessimist noch technophob. Im Gegenteil. Er ist Direktor am Center for Digital Business des MIT in Cambridge. Hier, am Ufer des Charles River mit der gegenüberliegenden Skyline von Boston, wurden die Grundlagen der modernen Computertechnologie mitentwickelt und der Weg ins digitale Zeitalter wesentlich vorangetrieben. Trifft man McAfee in seinem Institut am MIT, begegnet man keinem verstaubten Akademiker, sondern einem energischen und streitlustigen Forscher mit durchdringendem Blick. Bei einer ganzen Reihe von Unterhaltungen über mehrere Jahre hinweg wird McAfee bei jeder Begegnung zunehmend sicherer, »dass noch zu unseren Lebzeiten eine Science-Fiction-Welt möglich wird, in der die Wirtschaft weitgehend automatisiert ist und eine Heerschar von Robotern viele Jobs übernommen hat.« Sollen wir diese ferne Hightech-Welt denn herbeisehnen? »Natürlich!«, betont McAfee mit aufgerissenen Augen, als wundere er sich, wie man auch nur etwas anderes denken könne. »Es ist eine Welt ohne Plackerei und voller Wohlstand.«

Aber der Weg dorthin könnte beschwerlich werden. McAfee und sein MIT-Kollege Brynjolfsson warnen: Die westlichen Volkswirtschaften müssten sich auf eine »tektonische Verschiebung in der Arbeitswelt« einstellen. Und auch die asiatischen Länder bleiben davon nicht verschont: In der Auseinandersetzung Mensch gegen Maschine werden viele Arbeiter in den chinesischen Werkhallen den Kürzeren ziehen. Der weltweite Einsatz von Computern ist in den vergangenen Jahren so viel besser, billiger und effizienter geworden, dass der Mensch nicht mehr länger nur in einzelnen Branchen ersetzbar ist – der Autoarbeiter am Fließband etwa –, sondern in immer mehr Berufsfeldern: Kassiererinnen werden durch Selbstbedienungskassen verdrängt, Mitarbeiter von Fluggesellschaften durch Check-in-Automaten,

Börsenhändler durch Algorithmen und Reisebüros durch Internetangebote. Diese Entwicklung ist schon seit rund einem Jahrzehnt offensichtlich. McAfee sagt: »Das alles ist bislang nur ein Vorgeschmack, in den nächsten fünf bis zehn Jahren werden wir den Wandel weltweit erst richtig zu spüren bekommen.«

Dass dieser Wandel stattfinden wird, ist weitgehend unumstritten. Doch längst nicht alle Ökonomen sind überzeugt, dass ein neues Maschinenzeitalter gleich auch die Volkswirtschaften der Industrienationen revolutionieren muss. Unterschiedlich beantwortet wird etwa die Frage, ob wir die Möglichkeiten der Digitalisierung inzwischen schon weitgehend erschöpft haben oder nicht. »Einige meiner Kollegen sagen: »Computer mögen ja eine tolle Sache sein, die uns 50 Jahre lang Großartiges beschert haben. Aber nun ist die goldene Ära des Computers zu Ende«, sagt McAfee. »Das ist eine Position, der ich kategorisch widerspreche.« McAfee und Brynjolfsson haben mittlerweile ein zweites Buch veröffentlicht, in dem sie anhand von Unmengen an Wirtschaftsdaten und Statistiken detailliert aufzeigen, dass die Technologisierung der Welt immer noch unterschätzt wird. In »The Second Machine Age: Wie die nächste digitale Revolution unser aller Leben verändern wird« untermauern die Ökonomen ihre These, dass ein neues Maschinenzeitalter heraufzieht, das in den kommenden Jahren Wirtschaft und Arbeitswelt völlig auf den Kopf stellen wird. Vor allem, »weil Hard- und Software immer mehr Dinge beherrschen, die eben noch als einzigartige menschliche Fähigkeiten galten«, wie McAfee betont.

Die Angst vor den ökonomischen Folgen des technischen Fortschritts ist nicht neu. Schon John Maynard Keynes hatte 1930 vor einer »neuen Krankheit« gewarnt, die er »technologische Arbeitslosigkeit« nannte. Ähnliche Befürchtungen wurden laut, als Computer erstmals die Büros eroberten. Bei diesen früheren Automatisierungsschüben blieben die Verwerfungen in der Arbeitswelt allerdings kleiner als erwartet, und auch bei großen Veränderungen passten sich die Volkswirtschaften und ihre Arbeitsmärkte bislang stets zügig an. Unterm Strich entstanden mehr Arbeitsplätze in neuen Industrien, als in alten verloren gingen. Warum sollte das nun im Fall der digitalen Revolution anders sein, die in den vergangenen Jahrzehnten doch neue globale Konzerne und weltweit zahllose neue Arbeitsplätze hervorgebracht hat?

Es gibt, mag man einwenden, einen gravierenden Unterschied zu früheren Technologieschüben: Bislang wurde vor allem körperliche Arbeit durch Maschinen ersetzt, zum Beispiel Fließbandarbeiter in der Autoindustrie durch Roboter. Diese waren lange zu teuer und zu unflexibel, um sie in großem Stil einzusetzen, was sich seit einigen Jahren rasant ändert. Zudem beschränkt sich der Wandel nicht mehr auf die Automatisierung von Fabriken oder den Einsatz von Robotern, sondern greift jetzt auf andere Tätigkeitsbereiche über. Ein Großteil der Jobs in der modernen Gesellschaft ist am Ende nichts anderes als eine Form von Informationsverarbeitung. Je strukturierter die Aufgabe ist, desto eher kann sie auch von einer Maschine erledigt werden. »Seit Jahren schon lässt sich das an sinkenden Gehältern in besonders betroffenen Berufsgruppen ablesen«, sagt McAfee. Immer öfter ist die Maschine heutzutage kostengünstiger, weswegen auch Schreibtisch- und Dienstleistungsjobs in immer größerer Zahl automatisiert werden, sei es durch elektronische Buchhaltung, Online-Handel oder Computerisierung vieler Bürotätigkeiten. Die Grenze dessen, was als Routinejob gilt und deswegen von einem Computer erledigt werden kann, verschiebt sich ständig. Und damit auch die Frage, welche Berufe der technologische Fortschritt als Nächstes überflüssig machen wird. Kassierer? Bibliothekare? Steuerberater? Mediziner? McAfee sagt: »Ich bin überzeugt: Falls der weltbeste medizinische Diagnostiker nicht schon heute ein Computer ist, dann wird er es auf jeden Fall sehr bald sein.«

Eine längere Phase struktureller Arbeitslosigkeit, bedingt durch diese Verschiebungen, hält er für bedauerlich, aber unvermeidlich: »Ich wünschte, es wäre anders.«

Die beiden MIT-Professoren sind nicht allein mit ihrer Warnung. Politiker und Ökonomen aller ideologischen Lager teilen inzwischen die Bedenken, dass explodierende Rechnerleistungen und eine totale Vernetzung nun die Voraussetzungen geschaffen haben, unsere Arbeitswelt radikal zu verändern. »Kann Innovation für eine große Anzahl von Arbeitnehmern zum Problem werden, sogar für den gesamten Arbeitsmarkt? Viele sagen nein, aber die Wahrheit ist, es kann durchaus passieren«, betonte etwa der liberale Wirtschaftsnobelpreisträger Paul Krugman in einer Kolumne für die »New York Times«. Richard Posner, konservativer Juraprofessor an der University of Chicago, argumentiert in einem gemeinsamen Essay mit dem Wirtschaftsnobelpreisträger Gary Becker, dass die Wirtschaft einen zu schnellen technologischen Fortschritt nicht absorbieren könne: »Die Folge ist explodierende Arbeitslosigkeit, die wiederum zu sinkenden Einkommen, fallender Produktion und noch schwächerer Nachfrage nach Arbeitskräften führt.« In seinem Buch »Rise of the Robots: Technology and the Threat of a Jobless Future« beschreibt Martin Ford, Technologie-Experte und selbst Software-Unternehmer, wie nach den Massenentlassungen im Zuge der weltweiten Finanzkrise viele Unternehmen darauf verzichtet haben, ihre Ränge wieder aufzufüllen: Weil sie feststellten, dass die Informationstechnologie ihnen in vielen Bereichen zu expandieren erlaubt, ohne wieder mehr Personal einstellen zu müssen. In der Krise sind also, vor allem in den USA, Jobs für immer verloren gegangen. In Zukunft werde sich die Entwicklung hin zu immer kleineren Belegschaften noch verstärken. Ford zitiert dazu den Gründer eines Start-ups, dass sich auf die Automatisierung der Hamburger-Produktion in Fast-Food-Restaurants spezialisiert hat: »Unsere Maschinen sollen Menschen nicht effizienter machen. Sondern sie komplett ersetzen.«

Google-Gründer Page sagt, dass er sich viel mit diesem Thema beschäftigt, dass er McAfee gelesen habe und viele anderen Abhandlungen über die Zukunft der Arbeit. »Ich glaube, der Wandel wird enorm sein«, betont Page. Wenn die Informationstechnologie mehr und mehr Jobs ersetze, werde sich auch zwangsläufig ändern, wie wir arbeiten, und diese Entwicklung sei nicht zu stoppen. Auch in diesem Fall folgt Page seiner grundsätzlichen Philosophie, Herausforderungen mit Optimismus zu begegnen, so etwas wie Zukunftsangst und Kulturpessimismus gar nicht erst aufkommen zu lassen. »Ja, diese Veränderungen können beängstigend sein, aber sie bieten große Möglichkeiten, Dinge besser zu machen.« Der Google-Gründer sieht eine technologielastige Arbeitswelt voraus mit mehr Flexibilität, mit Angestellten, die ihre Zeit besser einteilen können und insgesamt weniger arbeiten müssen. »So wie jetzt ist es auch längst nicht optimal für die allermeisten Menschen«, sagt Page. »Jeden Tag von neun bis fünf bei irgendeinem großen Unternehmen zu arbeiten, aber es macht keinen Spaß.« Er sehe viele Menschen, die Schwierigkeiten hätten, genügend Zeit mit ihren Kindern zu verbringen, vor allem berufstätige Alleinerziehende. Page erhofft sich eine Zukunft, in der Technologie langfristig nicht zu Jobverlusten, sondern zu »solchen Produktivitätsgewinnen führt, dass die Menschen weniger hart arbeiten müssen«. Das sei ein erstrebenswertes Ziel. »Wir sollten keine Angst davor haben, dass nicht alle die gleichen Jobs haben wie vor 20 Jahren, denn das war ohnehin noch nie so«, sagt Page.

Zahlreiche Daten belegen eine deutliche Tendenz: Während viele Unternehmen immer weniger in Personal investieren, geben sie für Informationstechnologie mehr aus. Diese Entwicklung geht nicht nur zu Lasten der insgesamt verfügbaren Jobs, sondern trägt auch zu einer gesellschaftlichen Verschiebung bei, die verschiedene Ursprünge hat und schon länger zu beobachten ist: Die Wohlstandsgewinne werden überproportional von den oberen Einkommensgruppen eingesteckt. Der Druck auf die unteren Einkommensgruppen nimmt dagegen zu: Mit der Technisierung steigt die Komplexität der Jobs – und wächst die Konkurrenz um die Arbeitsplätze, die weniger Fähigkeiten und Bildung verlangen. Wenn es weniger Jobs gibt, nimmt der Lohndruck automatisch zu. Verstärkt die Digitalisierung also tendenziell die Schere zwischen Arm und Reich? »So ist es«, sagt McAfee. »Ein immer größerer Anteil des Wohlstands kommt einem immer kleineren Anteil der Bevölkerung zugute. Der Prozess beschleunigt sich durch den technischen Fortschritt.« Die Konsequenz ist ein sich stetig erhöhender Druck auf die Mittelschicht in den Industrieländern. »Das ist eine Entwicklung, die mich zutiefst beunruhigt«, betont der Ökonom. Die zunehmende Aushöhlung der Mittelschicht – in den USA weit ausgeprägter als in Europa – macht sich schon seit den 1980er Jahren bemerkbar und ist vor allem in den Einkommensstatistiken ablesbar. McAfee und andere halten es dabei nicht für einen Zufall, dass der Beginn dieser Entwicklung genau mit dem einsetzenden Siegeszug des PC zusammenfällt. Zwar haben in den vergangenen Jahrzehnten auch viele politische Entscheidungen die Krise der Mittelschicht verstärkt, doch McAfee gibt der Informationstechnik zumindest eine Mitschuld. Denn vor allem die gut bezahlten Jobs wie Buchhalter oder Produktionsleiter seien zunehmend wegrationalisiert worden. »Nicht jede Technologie kommt allen Schichten gleichermaßen zugute«, sagt McAfee. »Einige Technologien begünstigen die gut Ausgebildeten, andere das Kapital.« Und wieder andere beförderten die Entstehung von Superreichen und einer Art Kaste von Techno-Superstars. Ähnlich argumentiert auch der Informatiker und Digitalisierungs-Philosoph Jaron Lanier, der einst den Begriff der virtuellen Realität populär machte. Er warnt in sei-

nem Buch »Wem gehört die Zukunft?«, dass in einem technolo-
gisierten Kapitalismus die globale Mittelschicht zum großen Verlierer werde, während sich parallel eine immer mächtigere digitale
Unternehmer-Elite bilde.

In »The Second Machine Age« führen die MIT-Ökonomen
McAfee und Brynjolfsson das Beispiel von Instagram an, der
beliebten Foto-App, die nur eine Handvoll Angestellte benötigt,
um quasi Kodak zu ersetzen, den einstigen Weltkonzern mit zu
Hochzeiten 145 000 Mitarbeitern. McAfee ist dennoch überzeugt,
dass trotz der Umwälzungen in der Arbeitswelt, die durch die
Digitalisierung ausgelöst werden, die neuen Möglichkeiten am
Ende die Nachteile überwiegen werden, wirtschaftlich wie gesell-
schaftlich. »Wenn ich zwischen den zwei Welten wählen müsste,
ich würde mich für die Instagram-Welt entscheiden.«

Aber ist der Optimismus von McAfee und Page wirklich die
richtige Antwort, mit diesen zwei Gesichtern des Fortschritts
umzugehen? Einerseits haben Milliarden von Menschen die Möglichkeit bekommen, so viele Fotos zu machen, wie sie wollen,
und diese mit jedermann auf der ganzen Welt zu teilen. Andererseits hat Instagram nicht annähernd so viele Jobs geschaffen,
wie Kodak verloren gegangen sind. Führen selbstfahrende Autos
zu einer saubereren Umwelt und weniger verstopften Straßen,
oder machen sie nach und nach alle Taxi-, Laster- und Busfah-
rer der Welt arbeitslos?

All das sind große Fragen, und es sind politische Fragen. Sie
brauchen politische Antworten. Deshalb ist es entscheidend, dass
der Dialog über die Zukunft nicht nur technologisch oder tech-
nokratisch, sondern auch politisch geführt wird. Nur wer klare
Leitlinien hat, ist einigermaßen sicher davor, permanent zwischen
hysterischer Euphorie und panischem Pessimismus zu schwan-
ken. Es braucht Ideen, langfristige Pläne, um die drohenden Verwerfungen in der Arbeitswelt abzufedern. Sowohl McAfee als

auch »Rise of the Robots«-Autor Ford plädieren zum Beispiel für ein garantiertes Mindesteinkommen. »Wenn wir uns Sorgen machen, dass die Leute sich kein anständiges Leben mehr leisten können, weil sie keinen Job finden, dann sollten wir ihnen eben das Geld direkt aushändigen, egal ob sie Arbeit haben oder nicht«, so der MIT-Ökonom. Auch Ford argumentiert für »drastische Antworten der Politik«, eine größere Umverteilung, damit die konsumgetriebenen Volkswirtschaften nicht abgewürgt werden. Denn Maschinen fahren nicht in den Urlaub, und sie kaufen sich auch keine neuen Jeans.

Ob die Einführung eines bedingungslosen Grundeinkommens nun sinnvoll ist oder nicht (worüber sich trefflich streiten und ganze Bücher schreiben lässt), einig sind sich fast alle Experten zumindest in einem Punkt: Sie drängen auf grundlegende Änderungen des Bildungssystems, um jüngere Generationen besser auf die technologisierte Welt und die kommenden Veränderungen einzustellen. Dabei geht es weniger darum, noch mehr Informatiker und Programmierer auszubilden, sondern vielmehr darum, mehr Gewinner in einer Wissensgesellschaft zu produzieren. Auch damit die Innovationsgewinne nicht mehr so unverhältnismäßig wie bisher vor allem bei Investoren und Unternehmern hängen bleiben. »Die wesentliche Frage ist: Wie bringen wir Kindern bei, kreativ zu sein, unternehmerisch zu denken?«, sagt McAfee. Unser gegenwärtiges Bildungssystem sei darauf nicht eingestellt. »Ich glaube, es ist nicht zu zynisch, wenn ich sage: Es ist dafür gemacht, anständig ausgebildete, gehorsame Fabrikarbeiter und Büroangestellte hervorzubringen«, so der Ökonom. »Die aber brauchen wir heute nicht mehr.«

Die von McAfee und immer mehr Experten vorgetragene Analyse zu den Folgen der Technologisierung für die Wirtschaft zeigt: Es geht nicht um Aktionismus, um ein schnelles Durchgreifen der Politik und die Zerschlagung einzelner Konzerne.

Die politische Auseinandersetzung darf nicht von Panikmache getrieben sein oder die bereits weitverbreitete Tendenz stärken, Wagenburgen um alte Errungenschaften zu bauen. Das ist eines der großen Missverständnisse in der Debatte um die Digitalisierung. Es kann nicht darum gehen, mal eben neue Regeln für digitale Plattformen zu finden. Ein bisschen hier anpassen, ein bisschen dort einschränken. Die Auseinandersetzung muss grundsätzlicher sein: Wir brauchen neue Maßstäbe für eine neue Zeit. Die Ideen des vergangenen Jahrhunderts lassen sich nicht einfach übertragen in die digitale Welt. Genauso wie einst die Verkehrsregeln für Pferdedroschken nicht in eine Welt voller Autos passten, lassen sich Drohnen nicht wie Passagierflugzeuge betrachten.

Die Debatte um Maßstäbe wird schwierig und vielschichtig. Die »New York Times« etwa warnte vor einem möglichen »Zeitalter des digitalen Imperialismus«, denn Smartphones und Apps transportierten am Ende auch kulturelle Werte. Und es sei klar, um die Werte welcher Nation es da vor allem gehe. 2013 hatten acht der zehn größten Internet-Unternehmen ihren Sitz in den USA. Aber 81 Prozent ihrer Kunden kamen aus dem Rest der Welt. Die entscheidende Frage dabei sei nicht, ob die Technologie-Firmen, ähnlich wie einst Hollywood, eine klare Vision verbreiteten, wie die Welt sein solle. Sondern wie die Welt mit dieser Einseitigkeit der Digitalisierung umgehe.

Ist Google also nun Welteroberer oder Weltverbesserer? Datenkrake oder digitaler Reformer? Die Antworten auf diese Fragen fallen oft so konträr aus, werden oft so schwarz und weiß diskutiert, weil viele Innovationen komplett unterschiedlich bewertet werden können. Ein Diagnostik-Armband warnt uns vor Krankheiten, könnte aber auch Krankenkassen mitteilen, wer höhere Beiträge zahlen muss oder sogar als unversicherbar gilt. Neuronale Netzwerke sortieren unsere Fotoalben, lernen aber auch,

Gesichter zu erkennen, und könnten damit die staatliche Überwachung erleichtern.

Google selbst, der Ingenieurs-Konzern, verbindet mit Technologie automatisch Fortschritt. Die Gründer und ihre Führungsmannschaft sind sich der Nebenwirkungen ihrer Erfindungen durchaus bewusst, aber sie sind auch sicher, dass am Ende die Vorteile immer die Nachteile überwiegen werden. Das war der ursprüngliche Sinn des Google-Mottos »Don't be evil«: Wenn die Absichten gut sind, werden auch die Folgen gut sein. Insbesondere, wenn man die Alternativen in Betracht zieht.

Andrew Conrad, der Chef von Google Life Sciences, beschreibt es so: »Unsere fundamentale Mission ist, Krankheit zu verhindern. Ich fordere jeden heraus, einen Grund zu finden, wie das schlecht sein kann, wo da die finsteren Hintergedanken sein sollen.« Vor einer Weile hat Conrad einen Bericht in einer französischen Zeitung gelesen, in dem darüber spekuliert wurde, dass die Mediziner von Google am Ende auch nichts anderes wollten, als möglichst viele Daten einzusammeln und diese dann zu Werbezwecken zu verwenden. »Gesteht uns doch wenigstens zu, dass wir keine kompletten Idioten sind«, sagt der Biologe. »Wir entwickeln ein Nanopartikel-Labor und bauen extrem komplizierte Maschinen, nur um damit Reklame zu verkaufen, na klar.« Mit vielen Dingen ließe sich einfacher Profit machen. »Ich will aber nicht nach Öl bohren, sondern, wenn es irgendwie geht, lieber daran arbeiten, eine endlose, umweltneutrale Energiequelle zu entdecken.« Warum? »Weil es einfach so viel cooler ist.«

Die Begeisterung, mit der die viele Googler täglich zur Arbeit gehen, ist erstaunlich. Sie sind motiviert von dem Glauben, an etwas Besonderem, Weltbewegendem, »Coolem« zu arbeiten. Warum, fragt Conrad, soll es nicht ein gutes Geschäftsmodell sein, Gutes zu tun?

Andererseits: Ist es nicht naiv, sich nur auf das Positive zu kon-

zentrieren? Ausschließlich dem von Page so nachdrücklich einge-
forderten Optimismus zu folgen? Vielleicht. Auch weil die Zweischneidigkeit vieler Entwicklungen und der gesamten digitalen
Welt nicht einfach außer Acht gelassen werden kann. Sind all
die hehren Ziele doch nur Maskerade, zumindest ein bisschen?
»So wird es ja von Anfang an gesagt: Die großen Pläne seien nur
eine PR-Geschichte, eine Lüge, die wollen in Wahrheit nur Geld
machen«, sagt Philipp Schindler. »Aber das stimmt nicht. Larry
und Sergey und wir alle hier glauben wirklich zutiefst daran,
dass wir die Welt zum Besseren verändern können.« Weit über
den globalen Zugang zu Informationen, weit über das Internet
hinaus.

Wird die Welt in der durchtechnologisierten, digitalen Zukunft,
an der Google so konzentriert arbeitet, so viel besser sein, dass es
sich lohnt, die Nebenwirkungen in Kauf zu nehmen? »Das ist die
große Frage«, sagt Schindler. »Darüber müssen wir diskutieren,
ernsthaft und präzise, philosophisch und ohne Tabus.«

Dank

Mein Dank gebührt an erster Stelle meiner Frau Diana, ohne deren Geduld, Rat und kluge Einsichten dieses Buch nie zustande gekommen wäre. Zutiefst dankbar bin ich auch meinen Eltern für ihre unermüdliche Unterstützung – nicht nur bei diesem Projekt.

Sehr verbunden bin ich zudem allen SPIEGEL-Kollegen und Freunden, die mir beim Verfassen dieses Buches mit Anregungen und Kritik geholfen haben: Dieter und Lore Benz, Markus Brauck, Klaus Brinkbäumer, Ullrich Fichtner, Erik Grundmann, Alexander Jung, Isabell Hülsen, Armin Mahler, Eduard Razum, Marcel Rosenbach, Thomas Tuma, Ole Tillmann.

Eine große Hilfe waren die unermüdlichen Rechercheurinnen der SPIEGEL-Redaktionsvertretung in New York: Nina Bröer, Sarah Girner, Kerstin Hofmann, Tanja Liebing-Zivanovic.

Das SPIEGEL-Dokumentationsteam, geleitet von Rainer Lübbert und mit der Hilfe von Klaus Falkenberg, Anna Kovac, Peter Lakemeier, Nicola Naber, Thomas Riedel, Regina Schlüter-Ahrens, Thomas Schmidt und Holger Wilkop, prüfte gewohnt sicher und genau auf sachliche Richtigkeit.

Besonders danken möchte ich den Dutzenden Gesprächspartnern bei Google, die sich viel Zeit genommen haben, um endlose Fragen zu beantworten – auch die unangenehmen. Möglich wurden diese Begegnungen und vielen Besuche im Googleplex durch den Einsatz und die Unterstützung von Maggie Shiels, Kay Oberbeck, Rachel Whetstone und Jessica Powell.

Hinzu kommen die vielen Kenner des Unternehmens, die Insider und Experten aus dem Silicon Valley, die ihren persönlichen Blick auf Google mit mir geteilt, dabei aber um Diskretion gebeten haben. Ihre Einschätzungen waren eine große Bereiche-rung.

Angelika Mette beim SPIEGEL-Verlag und Karen Guddas bei der DVA haben das Buchprojekt von Beginn an betreut und mir als umsichtige Lektoren sehr geholfen. Vielen Dank für die tolle Zusammenarbeit.

Register

»Häufig muss ich in das Gehirn hineinschneiden –
etwas, was ich überhaupt nicht gern tue.«

Wie arbeitet ein Hirnchirurg? Wie fühlt es sich an, in
das Organ zu schneiden, mit dem Menschen denken und
träumen? Und wie geht man damit um, wenn das Leben
eines Patienten von der eigenen Heilkunst abhängt?
Operationen am Innersten des Menschen sind immer
mit unkalkulierbaren Risiken verbunden. Henry Marsh,
einer der besten Neurochirurgen Großbritanniens, erzählt
beeindruckend offen, selbstkritisch und humorvoll von den
Ausnahmesituationen, die seinen Arbeitsalltag ausmachen.
Seine Geschichten handeln vom Heilen und Helfen, vom
Hoffen und Scheitern, von fatalen Fehlern und von der
Schwierigkeit, die richtige Entscheidung zu treffen.

PENGUIN VERLAG